谨以此书献给我挚爱一生的父母！

——孟猛

数字时代图书馆学情报学青年论丛（第三辑）

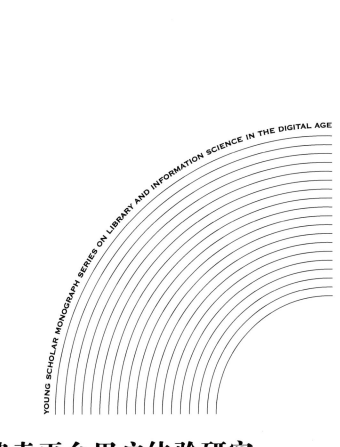

YOUNG SCHOLAR MONOGRAPH SERIES ON LIBRARY AND INFORMATION SCIENCE IN THE DIGITAL AGE

移动视觉搜索平台用户体验研究

Study on User Experience of Mobile Visual Search Platform

孟 猛 著

WUHAN UNIVERSITY PRESS
武汉大学出版社

图书在版编目(CIP)数据

移动视觉搜索平台用户体验研究/孟猛著.—武汉：武汉大学出版社,2023.12

数字时代图书馆学情报学青年论丛. 第三辑

ISBN 978-7-307-24193-0

Ⅰ.移…　Ⅱ.孟…　Ⅲ.数字图书馆—研究　Ⅳ.G250.76

中国国家版本馆 CIP 数据核字(2023)第 231222 号

责任编辑:王智梅　　　责任校对:李孟潇　　　版式设计:马　佳

出版发行:**武汉大学出版社**　　(430072　武昌　珞珈山)

（电子邮箱:cbs22@ whu.edu.cn　网址: www.wdp.com.cn）

印刷:武汉邮科印务有限公司

开本:720×1000　　1/16　　印张:24.25　　字数:358 千字　　插页:3

版次:2023 年 12 月第 1 版　　　2023 年 12 月第 1 次印刷

ISBN 978-7-307-24193-0　　　定价:92.00 元

前　言

在"互联网+"和大数据时代背景下，移动视觉搜索（Mobile Visual Search，MVS）作为新一代互联网服务模式，具有重要的研究价值、社会效益和广阔的市场应用前景。然而，与国外相比，国内MVS应用还存在巨大差距。尽管已有一些应用案例，但是尚未得到广泛应用，使用率并不高，用户黏性较差，这主要是因为MVS平台用户体验不佳，从而阻碍了用户对MVS平台的采纳和使用。因而，快速、准确地把握影响MVS平台用户体验的主要因素是推动MVS平台快速发展的重要前提，而系统严谨地对MVS平台用户体验进行学术研究是十分必要的。

回顾以往文献发现，国内外学者对MVS的相关研究大多集中于基础理论、技术发展、模式机制与应用实践等，MVS用户意向行为的相关研究还处于探索阶段。到目前为止，国内外鲜见MVS平台用户体验方面的研究文献。MVS作为新一代信息检索技术，因其技术原理、产品特点以及检索方式等方面的不同，已有的研究成果并不能对MVS环境下的用户体验做很好地解释，尚需对MVS用户行为意向作进一步研究，尤其是从用户行为视角开展MVS平台用户体验研究。有鉴于此，本书从用户行为视角开展了MVS平台用户体验研究，提出了MVS平台用户体验影响因素，开发了MVS平台用户体验影响因素量表，并通过实证分析MVS平台用户体验影响因素的作用机理，提出了MVS平台用户体验的提升策略，以期为 MVS 平台的管理者、设计者及运营商提供理论借鉴与实践指导，进而采取有效措施改善用户体验，优化 MVS 平台应用。

首先，根据国内外 MVS 相关文献分析和半结构化访谈资料扎根分析的结果，经综合分析，提出了 MVS 平台用户体验影响因素，主要由三个主范畴因素和九个副范畴因素构成。其中，主范畴因素分别为信息质量、系统质量和服务质量，副范畴因素包括准确性、真伪性、完整性、便利性、及时性、可达性、灵活性、有形性和移情性。与现有的 IS 领域的相关研究相比，本书针对 MVS 平台提出了 MVS 平台用户体验影响因素及其作用机理理论框架（UX3Q），所得到的结果更具体、更确切、更符合实际，避免了因应用领域、使用情景等方面存在差异，而导致现有 IS 领域用户体验影响因素对 MVS 平台适用性存在异议的问题。同时，本书还拓展了信息系统成功模型三个质量因素之间关系，证实了图式理论。

其次，在 MVS 平台用户体验影响因素研究的基础上，对 MVS 平台用户体验影响因素量表进行开发，得到了正式的"MVS 平台用户体验影响因素量表"，共由 19 个测量题目构成。其中，"准确性、完整性"两个副范畴构念由 7 个题目来测量；"快捷性、灵活性"两个副范畴构念由 9 个题目来测量；"移情性"由 3 个题目来测量。与现有 IS 领域的量表相比，本书针对 MVS 这一新兴领域，不仅开发了稳健而实用的 MVS 用户体验影响因素量表，而且所得到的量表更加具体，也便于更有针对性地提出提升策略，同时避免了引用量表时面临应用领域、使用情景以及量表语义等方面差异的问题，还丰富了 IS 领域量表方面的研究。

然后，从用户体验全过程的视角出发，将 S-O-R 模型与 EDT 模型整合，结合系统特征、认知要素、情感体验和期望失验等，构建了 MVS 平台用户体验概念模型并进行了实证研究。研究结果显示，准确性和完整性正向显著影响信息质量，灵活性正向显著影响系统质量，移情性正向显著影响服务质量；系统质量正向显著影响信息质量和服务质量，信息质量正向显著影响服务质量；信息质量、服务质量正向显著影响感知有用性，服务质量正向显著影响感知愉悦性；感知愉悦性正向显著影响感知易用性，感知易用性正向显著影响感知有用性；感知有用性正向显著影响有用性失验，感知易用性正向显著影响易用性失验，感知愉悦性正向显著影响愉悦性失验；感知有用性、有用性失验、愉悦性失验正向显著影响满意度，满意度正向显著影响持续使用意向。在与前人的研究结果相比的基础上，对这些研究结果进行了分析与讨论，形成了本研究的结论。与现有的 MVS 平台用户行为意向模型相比，本研究不但关注用户的认知要素，而且考虑到用户的情感体验和期望失验，构建了 MVS 平台用户体验概念模型，并通过实证研究揭示了 MVS 平台用户体验影响因素的作用机理，进一步丰富了 IS 领域用户体验的研究成果。

最后，根据 MVS 平台用户体验影响因素的作用机理，主要从"信息质量、系统质量和服务质量"三个视角提出了 MVS 平台用户体验的提升策略，以期为 MVS 平台的管理者、设计者及运营商提供参考与借鉴。

本书共分为 7 章：

第 1 章，绪论。在对研究背景和意义进行介绍的基础上，回顾评述国内外 MVS 和用户体验研究现状，发现研究的空白点，确定研究视角并找出研究问题；界定本书相关核心概念，提出具体的研究问题；阐述本书所采用的相关研究方法，并进行研究框架设计。

第 2 章，理论基础。介绍本书在模型构建、实证结果讨论时所需的相关理论模型，包括用户体验层次模型（Jesse James Garrett 的用户体验五层次模型、Donald Arthur Norman 的设计三层次）、用户体验评估模型（Peter Morville 的蜂窝模型、Whitney Quesenbery 的 5E 模型、Sascha Mahlke 的基本用户体验过程模型）、期望失验理论、S-O-R 模型和 D&M 的 IS 成功模型。

第 3 章，MVS 平台用户体验影响因素的构成研究。采用文献调查法对国内外 MVS 相关研究文献进行梳理、分析及归纳总结，发现了影响 MVS 平台用户使用行为的相关因素。为了使 MVS 平台用户体验的影响因素更具有针对性和说服力，采用半结构化访谈法对 MVS 平台用户开展一对一的深度访谈，并采用扎根理论方法分析提炼影响 MVS 平台用户体验的相关因素。最后，根据国内外 MVS 相关文献分析和半结构化访谈资料扎根分析的结果，经综合分析，提出 MVS 平台用户体验影响因素。

第 4 章，MVS 平台用户体验影响因素量表的开发研究。首先，在 MVS 平台用户体验影响因素研究的基础上，对主范畴因素和副范畴因素进行构念(潜变量)定义，并对副范畴构念的测量题目进行操作型定义。其次，在初始量表设计完成后，对初始量表内容进行了效度评估和适应性调研，并根据反馈意见对初始量表进行了修订。最后，通过探索性因子分析和验证性因子分析，得到正式的"MVS 平台用户体验影响因素量表"。

第 5 章，MVS 平台用户体验模型构建与实证研究。首先，从用户体验全过程的视角出发，将 S-O-R 模型与 EDT 模型整合，结合系统特征、认知要素、情感体验和期望失验等，构建 MVS 平台用户体验概念模型。其次，根据图式理论、期望失验理论和已有的相近研究成果，提出 MVS 平台用户体验概念模型中各构念(潜变量)之间的关系的研究假设。然后，根据正式的"MVS 平台用户体验影响因素量表"和借鉴国内外相关文献中已有成熟量表，形成最终的"MVS 平台用户体验概念模型各构念的测量量表"，并在此基础上进行"MVS 平台用户体验调查问卷"设计和数据采集。最后，采用 SmartPLS 3.0 分析数据，在排除 CMV 的影响下对测量模型和结构模型进行了评估，并对本书结果进行了分析与讨论。

第 6 章，MVS 平台用户体验提升策略研究。根据得到的 MVS 平台用户体验影响因素的作用机理，主要从信息质量、系统质量和服务质量三个视角提出 MVS 平台用户体验提升策略，以期为 MVS 平台的管理者、设计者及运营商提供参考与借鉴。

第 7 章，结语。对本书的结论进行归纳总结。在此基础上，提出本研究的实践启示和理论贡献，指出本研究的局限性和未来的研究方向。

由于时间仓促及笔者水平所限，书中难免存在一些不足之处，恳请同行专家及读者批评指正（mengmeng@ catas.cn）。

本书的研究得到海南省重点研发计划项目（编号：ZDYF2021 GXJS007）的资助。

中国热带农业科学院科技信息研究所
海南省热带作物信息技术应用研究重点实验室
孟　猛
2023 年 10 月 22 日

目　　录

1 绪 论

1.1 研究背景与意义

1.1.1 研究背景

国际电信联盟(International Telecommunication Union，ITU)①发布的《2017 年全球信息通信技术事实与数字》显示，预计到 2017 年年底全球移动宽带用户将达到 43 亿。中国互联网络信息中心(CNNIC)②发布的第 42 次《中国互联网络发展状况统计报告》显示，截至 2018 年 6 月，我国网民规模为 8.02 亿，手机网民规模达7.88 亿，占比达 98.3%；手机网络购物用户规模达到 5.57 亿，占手机网民的 70.7%。iiMedia Research(艾媒咨询)发布的《2018Q1

① 国际电信联盟(ITU).2017 年全球信息通信技术事实与数字［EB/OL］.［2018-05-18］.https://www.itu.int/en/ITU-D/Statistics/Documents/facts/ICTFactsFigures2017.pdf.
② 中国互联网络信息中心(CNNIC).第 42 次中国互联网络发展状况统计报告［EB/OL］.［2018-08-21］.http://www.cnnic.net.cn/gywm/xwzx/rdxw/20172017_7047/201808/P020180820603445431468.pdf.

中国移动搜索市场研究报告》数据显示，① 2018 年第一季度，中国移动搜索用户规模增至 6.66 亿人，增长率为 0.91%。

随着移动互联网飞速发展和移动智能终端日益普及，移动智能终端逐步取代 PC 机作为接入移动互联网的入口。各大搜索引擎公司在改进 PC 端 Web 页面搜索的同时，也在积极开发移动终端搜索类 APP，这种从 Web 页面到 APP 的搜索变化，更能满足用户对搜索移动化、即时性的需求。当前，移动智能终端已经发展成为强大的图像和视频处理设备，不仅配备了高分辨率摄像头、彩色显示器和硬件加速图形，而且越来越多地配备了全球定位系统（Global Positioning System，GPS），并连接到宽带无线网络。② 这些条件使得基于内容的图像检索（Content-based Image Retrieval，CBIR）技术的新型增强现实应用程序，即"移动视觉搜索（Mobile Visual Search，MVS）"，变得越来越流行和普及。③ 所谓 MVS，是指利用移动智能终端获取用户视觉接近对象的图像或视频（视觉对象）为检索项，通过移动互联网搜索视觉对象关联信息的一种交互式信息检索方式。④ 此类应用程序（平台）可用于识别产品、艺术品、印刷媒体和地标等，诸如 Google Goggles⑤、Nokia's Point and Find⑥、

---

① 艾媒咨询. 2018Q1 中国移动搜索市场研究报告[EB/OL]. [2018-05-20]. http://report.iimedia.cn/report.jsp? reportId=2442.

② Girod B, Chandrasekhar V, Chen D M, et al. Mobile Visual Search[J]. IEEE Signal Processing Magazine, 2011, 28(4):61-76.

③ Luo J, Lang B. Efficient Geometric Re-ranking for Mobile Visual Search[M]//Computer Vision-ACCV 2012 Workshops. Springer Berlin Heidelberg, 2013:520-532.

④ Girod B, Chandrasekhar V, Grzeszczuk R, et al. Mobile Visual Search: Architectures, Technologies, and the Emerging MPEG Standard[J]. IEEE Multimedia, 2011, 18(3):86-94;朱庆华. 大数据环境下数字资源移动视觉搜索机制[J]. 情报资料工作, 2016(04):5;赵宇翔, 朱庆华. 大数据环境下移动视觉搜索的游戏化机制设计[J]. 情报资料工作, 2016(04):19-25.

⑤ https://www.google.com/mobile/goggles

⑥ http://www.pointandfind.nokia.com/

Kooaba①、oMoby②、Mobile Acuity③、LinkMe Mobile④、Amazon/
SnapTell⑤、GazoPa⑥、CLIC2C⑦、Wizup⑧、TinEye⑨、Vuforia⑩、
Flow⑪、Moodstocks⑫、WeKnowIt Image Recognizer⑬ 以及淘宝的
"拍立淘"、京东的"拍照购"、搜狗的"拍照搜衣"、当当的"拍照
购"、拍图购、衣+、手机百度、手机360搜索、微软识花、形
色等。

    MVS 技术克服了基于文本的信息检索(Text-based Information
Retrieval, TBIR)系统固有的局限性,例如语义模糊性和语言的抽
象表达。随着大数据时代的到来,基于视觉的信息提取、分析和检
索将比其他信息处理方法更具优势⑭。然而,作为一种新兴的领
域,MVS 面临着以下独特的挑战⑮:①较大的查询视觉差异;②
严格的内存和计算约束;③网络带宽限制;④即时搜索体验。为了
克服这些独特的挑战,学者们主要从技术算法视角开展了诸如关键

① http://www.kooaba.com/
② http://www.omoby.com/
③ http://www.mobileacuity.com/
④ http://www.linkmemobile.com
⑤ https://flow.a9.com/
⑥ http://www.gazopa.com/
⑦ http://www.clic2c.com/
⑧ http://www.wizup.mobi/
⑨ http://ideeinc.com/products/tineyemobile/
⑩ https://www.vuforia.com
⑪ https://flow.a9.com
⑫ https://moodstocks.com/
⑬ http://www.weknowit.eu/wkiimagerecognizer/
⑭ Sun Huiguang. Mobile visual search [D]. Master of Engineering by
Research thesis,School of Electrical,Computer and Telecommunications Engineering,
University of Wollongong,2013. http://ro.uow.edu.au/theses/4108.
⑮ Liu W,Mei T,Zhang Y. Instant Mobile Video Search With Layered Audio-
Video Indexing and Progressive Transmission[J]. IEEE Transactions on Multimedia,
2014,16(8):2242-2255;Liu W,Ma H,Qi H,et al. Deep learning hashing for mobile
visual search[J]. Eurasip Journal on Image & Video Processing,2017(1):17.

点检测、特征提取与表示、特征索引与匹配、几何一致性验证、体系结构、系统框架、搜索算法、系统应用、交互式系统和视觉数据集构建等方面的研究。此外，也有学者为了使数字图书馆能够更好地利用 MVS 这种信息服务模式，从模式机制视角开展了数字图书馆 MVS 信息服务模式和机制建设等方面的研究。

综上所述，随着移动互联网、移动智能终端以及云计算的迅速崛起，无论是学术界还是工业界，都对 MVS 这一新兴领域给予了广泛的关注。MVS 作为新一代互联网服务模式，具有重要的研究价值、社会效益和广阔的市场应用前景。然而，与国外相比，国内 MVS 应用还存在巨大差距。因此，快速准确地把握影响 MVS 平台用户体验的主要因素是推动 MVS 平台快速发展的重要前提，而系统严谨地对 MVS 平台用户体验进行学术研究是十分必要的。

回顾以往文献发现，国内外学者对 MVS 的相关研究大多集中于基础理论、技术发展、模式机制与应用实践等，MVS 用户意向行为的相关研究还处于探索阶段。到目前为止，国内外鲜见 MVS 平台用户体验方面的研究文献。MVS 作为新一代信息检索技术，因其技术原理、产品特点以及检索方式等方面的不同，已有的研究成果并不能对 MVS 环境下的用户体验进行很好的解释，尚需对 MVS 用户行为意向作进一步研究，尤其是从用户行为视角开展 MVS 平台用户体验研究。Zhang 等①指出，虽然许多研究者对 TBIR 的用户行为进行了研究，但是对 CBIR 的用户行为却知之甚少，尤其是移动设备上 CBIR 的用户行为。基于此，本书拟从用户行为视角开展 MVS 平台用户体验研究，并试图解决以下三个具体问题：

一是哪些因素影响 MVS 平台用户体验？MVS 作为新一代互联

---

① Zhang M, Qiu G, Alechina N, et al. A Preliminary Examination of the User Behavior in Query-by-Drawing Portrait Painting Search on Mobile Devices [C]// International Conference on Advances in Mobile Computing & Multimedia. ACM, 2015:117-121.

网服务模式，使用率并不高，用户黏性较差，究竟是哪些因素影响 MVS 平台用户体验，目前尚不清楚。现有 IS 领域用户体验影响因素未必符合并适用于 MVS 平台，而且由于应用领域、使用情景等方面存在差异，用户体验影响因素也会有所不同。

二是这些影响因素如何测量？MVS 作为一种新兴的研究领域，如果直接引用现有 IS 领域量表，会面临应用领域、使用情景以及量表语义等方面差异的问题，因此该研究具有针对性地进行量表开发，从而解决这些问题。此外，在 IS 领域用户行为研究中，大多数研究者直接对信息质量、系统质量和服务质量三个设计特征进行测量。可这种测量方式未免有些过于笼统，所得到的结果不够具体和明细，也不便于更有针对性地提出提升策略。

三是这些影响因素对 MVS 平台用户体验作用机理如何？这就要从用户体验全过程的视角出发，将 S-O-R 模型与 EDT 模型整合，结合系统特征、认知要素、情感体验和期望失验等，构建了 MVS 平台用户体验概念模型，并通过实证研究揭示了 MVS 平台用户体验影响因素的作用机理，以便于为 MVS 平台的管理者、设计者及运营商提出 MVS 平台用户体验的提升策略。

1.1.2 研究意义

（1）本书具有以下理论意义：

第一，本书针对 MVS 平台，构建 MVS 平台用户体验影响因素及其作用机理理论框架（UX3Q），发现 MVS 平台用户体验影响因素，使所得结果更具体、更确切、更符合实际，避免因应用领域、使用情景等方面存在差异，而导致现有 IS 领域用户体验因素对 MVS 平台适用性存在异议的问题。同时，本书还拓展了信息系统成功模型三个质量因素之间的关系，证实了图式理论。

第二，本书通过开发 MVS 平台用户体验影响因素量表，使所得到的量表更加具体，也便于更有针对性地提出提升策略，同时避免了引用量表时面临应用领域、使用情景以及量表语义等方面差异的问题，还丰富了 IS 领域量表方面的研究。

第三，本书从用户体验全过程的视角出发，将 S-O-R 模型与 EDT 模型整合，结合系统特征、认知要素、情感体验和期望失验等，构建了 MVS 平台用户体验概念模型，并通过实证研究揭示了 MVS 平台用户体验影响因素的作用机理，进一步丰富了 IS 领域用户体验的研究成果。

(2)本书具有以下实践意义：

第一，本书可以帮助 MVS 平台的管理者、设计者及运营商发现影响 MVS 平台信息质量的关键因素，以便采取有效措施加强产品视觉对象数据集的构建，从而提高 MVS 平台搜索出的产品图片等信息的准确性和完整性。

第二，MVS 平台系统质量直接影响用户体验的交互效果，本书可以帮助 MVS 平台的管理者、设计者及运营商发现影响用户与 MVS 平台进行良好交互的关键因素，以便于采取有效措施设计更自然的用户交互模式，从而给用户带来良好的体验。

第三，MVS 作为新一代互联网服务模式，用户在使用 MVS 平台的过程中可能会有不适应或不知所措的感觉，本书可以帮助 MVS 平台的管理者、设计者及运营商发现影响 MVS 平台服务质量的关键因素，以便于采取有效措施为用户提供更多的关心和支持，帮助用户更好地使用 MVS 平台。

1.2 国内外研究现状及评述

1.2.1 移动视觉搜索研究现状及评述

随着移动互联网飞速发展以及移动智能终端日益普及，移动搜索已成为信息检索领域的研究热点，尤其是 MVS 这种新一代信息搜索技术更成为了信息检索领域非常重要的前沿课题。目前，从必应学术、谷歌学术、百度学术以及 Web of Science、LISA、EI、ACM、CCF 和 CNKI 等数据库检索的文献来看，学术界对 MVS 的相关研究，主要集中在关键点检测、特征提取与表示、特征索引与匹配、几何一致性验证、体系结构与模式机制、系统框架与搜索算法、系统应用与交互式系统、视觉数据集构建与数据库压缩以及 MVS 产品比较与标准化等方面。

1.2.1.1 关键点检测

特征提取通常从图像中找到突出的关键点开始，① 然而移动终端拍摄的随意性以及外界环境因素的影响造成了巨大的视觉变异，这就要求关键点在背景杂乱、前景遮挡、物体变形、抖动模糊、视角变化、尺度变化、旋转变化、光照变化等条件下是可重复的。为了实现尺度的不变性，通常使用图像金字塔在多个尺度上计算关键点；② 为了实现旋转不变性，每个关键点周围的图像补丁都定向在主梯度的方向上；③ 并通过归一化每个图像补丁中灰度值像素的均值和标准差来补偿光照变化。④

国外关于关键点检测子研究成果颇丰，Harris 和 Stephens⑤ 提

---

① Girod B, Chandrasekhar V, Chen D M, et al. Mobile Visual Search[J]. IEEE Signal Processing Magazine,2011,28(4):61-76.

② Lowe D G. Distinctive Image Features from Scale-Invariant Keypoints[J]. International Journal of Computer Vision,2004,60(2):91-110.

③ Girod B, Chandrasekhar V, Grzeszczuk R, et al. Mobile Visual Search: Architectures, Technologies, and the Emerging MPEG Standard [J]. IEEE Multimedia,2011,18(3):86-94.

④ Mikolajczyk K, Tuytelaars T, Schmid C, et al. A Comparison of Affine Region Detectors[J]. International Journal of Computer Vision,2005,65(1-2):43-72；Girod B, Chandrasekhar V, Chen D M, et al. Mobile visual search[J]. IEEE signal processing magazine,2011,28(4):61-76.

⑤ Harris C, Stephens M. A combined corner and edge detector [C]// Proceedings of the 4th Alvey Vision Conference. Manchester, UK: The Plessey Company,1988:147-151.

出一种基于图像灰度的关键点检测子——Harris Corner。Mikolajczy
等①考虑了尺度空间理论，提出了一种应用拉普拉斯高斯进行自动
尺度选择的关键点检测子——Harris-Laplacian。Lowe② 在尺度不变
特征变换(Scale Invariant Feature Transform, SIFT)算法中应用高斯
差分滤波器，提出了尺度不变特征变换高斯差分关键点检测子—
SIFT DoG。此外，还有一些关键点检测子，诸如加速鲁棒特征
(Speeded Up Robust Feature, SURF)③、良好特征追踪、最大稳定
极值区域、中心环绕极值、加速分段测试特征、Hessian affine 以及
Hessian blobs 等。由于不同关键点检测子在可重复性和复杂性方面
提供了不同权衡，Mikolajczyk 和 Schmid④ 在一个通用框架内对
SIFT、梯度位置和方向直方图(Gradient Location and Orientation
Histogram, GLOH)、方向可调滤波器、差分不变量、复数滤波器
和不变矩等关键点检测子的性能进行了评估，实验结果显示，
GLOH 性能最佳，SIFT 紧随其后，在低维描述符中梯度矩和方向可
调滤波器性能最佳。

1.2.1.2　特征提取

全局特征是指可以表示整体图像的特征，常见的全局特征包
括颜色特征、纹理特征和形状特征，如颜色直方图、纹理直方图
等。局部特征则是指从具有局部显著结构的图像区块(如边缘、

---

①　Mikolajczyk K, Schmid C. Indexing based on scale invariant interest
points[C]//In: 8th IEEE International Conference on Computer Vision, Vancouver,
Canada, 2001(1): 525-531.

②　Lowe D G. Distinctive Image Features from Scale-Invariant Keypoints[J].
International Journal of Computer Vision, 2004, 60(2): 91-110.

③　Bay H, Ess A, Tuytelaars T, et al. Speeded-Up Robust Features [J].
Computer Vision & Image Understanding, 2008, 110(3): 404-417.

④　Mikolajczyk K, Schmid C. A performance evaluation of local descriptors
[J]. IEEE transactions on pattern analysis and machine intelligence, 2005, 27(10):
1615-1630.

角点、斑块等)中提取的视觉特征。尽管传统全局特征(如颜色、形状、纹理等)可能会产生较好效果,但是在移动环境下全局特征已无法满足对视觉特征的新需求。① 下面主要介绍局部特征提取。

1999 年以来,Lowe② 提出的 SIFT 描述符仍是计算机视觉中最流行的描述符,该描述符对放缩、旋转、光照变化、视角变化以及噪声失真具有高度的判别力和鲁棒性。然而,SIFT 描述符的尺寸比较大,有时甚至比捕获图像还大,这使得它不适合直接用于 MVS 系统。因此,后续研究主要集中于如何将 128 维的 SIFT 描述符降低到低维空间。③ 例如,Datar 等④的局部敏感哈希 SIFT,Ke 等⑤的主成分分析 SIFT,以及 Shakhnarovich⑥ 的相似敏感编码 SIFT 等。此外,还有一些学者提出了 GLOH、压缩梯度直方图、二进制鲁棒独立基本特征、ORB(Oriented FAST and Rotated BRIEF)、二进制鲁棒不变可扩展关键点、快速视网膜关键点等描述符。然而,MVS 是在带宽有限的无线网络环境下进行的,大数据量传输带来的上行查询传输延迟,将直接影响用户体验。近年来,学者们

① 贾佳,唐胜,谢洪涛,等. 移动视觉搜索综述[J]. 计算机辅助设计与图形学学报,2017,29(6):1007-1021.

② Lowe D G. Object Recognition from Local Scale-Invariant Features[C]// Proc of IEEE International Conference on Computer Vision,1999,99(2):1150-1157.

③ Du Y, Li Z, Qu W, et al. MVSS: Mobile Visual Search Based on Saliency[C]//IEEE, International Conference on High Performance Computing and Communications & 2013 IEEE International Conference on Embedded and Ubiquitous Computing. IEEE,2013:922-928.

④ Datar M, Immorlica N, Indyk P, et al. Locality-sensitive hashing scheme based on p-stable distributions [C]//Twentieth Symposium on Computational Geometry. ACM,2004:253-262.

⑤ Ke Y, Sukthankar R. PCA-SIFT: a more distinctive representation for local image descriptors[C]//IEEE Computer Society,2004:506-513.

⑥ Shakhnarovich G. Learning task-specific similarity [D]. PhD thesis, Massachusetts Institute of Technology,2005.

的研究工作更多地关注描述符紧凑提取①、描述符改进②、描述符评估③等方面。此外，还有学者从分层结构化多视图特征④、局部强度比较⑤和三维（3D）对象视频序列特征⑥等方面开展了描述符相关研究。

1.2.1.3 特征表示

视觉对象特征表示是 MVS 的关键环节，为进一步减少无线网络传输流量、降低网络延迟，MVS 领域的特征表示研究主要包括

---

① Ji R, Duan L Y, Chen J, et al. Towards low bit rate mobile visual search with multiple-channel coding ［ C ］//ACM International Conference on Multimedia. ACM, 2011:573-582; Chen D, Tsai S, Chandrasekhar V, et al. Residual enhanced visual vector as a compact signature for mobile visual search［ J ］. Signal Processing, 2013, 93(8):2316-2327; Ji R, Duan L Y, Chen J, et al. Mining compact bag-of-patterns for low bit rate mobile visual search［ J ］. IEEE Transactions on Image Processing A Publication of the IEEE Signal Processing Society, 2014, 23(7):3099-3113.

② Seo J J, Yoona K R. Modified Speeded Up Robust Features (SURF) for Performance Enhancement of Mobile Visual Search System［ J ］. Journal of Broadcast Engineering, 2012, 17(2):388-399; Zeng K, Wu N, Kang K Y. A Color Boosted Local Feature Extraction Method for Mobile Product Search［ J ］. International Journal on Recent Trends in Engineering & Technology, 2014, 10(2):78-84.

③ Chatzilari E, Liaros G, Nikolopoulos S, et al. A comparative study on mobile visual recognition ［ C ］//International Workshop on Machine Learning and Data Mining in Pattern Recognition. Springer, Berlin, Heidelberg, 2013:442-457.

④ Lyu X, Li H, Flierl M. Hierarchically Structured Multi-view Features for Mobile Visual Search［ C ］//Data Compression Conference. 2014:23-32.

⑤ Na S I, Lee K D, Lee S J, et al. Intensity comparison based compact descriptor for mobile visual search［ C ］//Frontiers of Computer Vision. IEEE, 2013:103-106.

⑥ Yabushita H, Osawa T, Shimamura J, et al. Mobile visual search for 3-D objects: Matching user-captured video to single reference image ［ C ］//Consumer Electronics. IEEE, 2013:122-123.

二进制哈希、特征量化等。在二进制哈希研究方面，Chang 等①提出了一种基于哈希位袋（Bag of Hash Bit，BoHB）的 MVS 系统，在该系统中，整个图像被表示为 BoHB。Qi 等②提出了一种参数少、低延迟和高精度的深度哈希方法，用于构建 MVS 的二进制哈希代码。Zhang 等③提出了一种基于 BoHB 的 MVS 方案，该方案可以显著减少从移动设备到服务器的数据传输量。此外，Zhao 等④根据人类视觉系统（HVS）的稀疏编码原理，采用了局部邻域保持哈希函数来建立 SIFT 特征的二进制稀疏表达式。在特征量化研究方面，Zhang 等⑤为了解决 MVS 的准确性和快速传输问题，提出了一种与费希尔向量（Fisher Vector，FV）互补的方法。Lin 等⑥提出了一个多码本学习和查询专用码本生成方法，以减少在极低比特率 MVS 中出现的词汇编码中的冗余码字。Zhou 等⑦提出了一种大规模移

① Chang S F, Chung H, Lin T H, et al. Mobile product search with Bag of Hash Bits and boundary reranking[C]//IEEE Conference on Computer Vision and Pattern Recognition. IEEE Computer Society, 2012:3005-3012.

② Qi H, Liu W, Liu L. An efficient deep learning hashing neural network for mobile visual search[C]//2017 IEEE Global Conference on Signal and Information Processing (GlobalSIP). IEEE, 2017:701-704.

③ Zhang Q, Li Z, Du Y, et al. A Novel Progressive Transmission in Mobile Visual Search[C]//IEEE, International Conference on Dependable, Autonomic and Secure Computing. IEEE, 2014:259-264.

④ Zhao B, Zhao H W, Liu P P, et al. A New Mobile Visual Search System Based on the Human Visual System[J]. Applied Mechanics & Materials, 2013, 461 (461):792-800.

⑤ Zhang G, Zeng Z, Zhang S, et al. Transmitting informative components of fisher codes for mobile visual search [C]//IEEE International Conference on Acoustics, Speech and Signal Processing. IEEE, 2015:1136-1140.

⑥ Lin J, Duan L Y, Chen J, et al. Learning multiple codebooks for low bit rate mobile visual search[C]//IEEE International Conference on Acoustics, Speech and Signal Processing. IEEE, 2012:933-936.

⑦ Zhou W, Yang M, Li H, et al. Towards Codebook-Free: Scalable Cascaded Hashing for Mobile Image Search[J]. IEEE Transactions on Multimedia, 2014, 16 (3):601-611.

动图像搜索的无码本算法。Zhang 等①提出了一种以短视频片段为查询对象的 MVS 解决方案，并为查询视频生成了一个紧凑而具有区分性的时空费希尔矢量（TSFV）。Chen 等②针对在移动端提取紧凑视觉描述符时，树结构向量量化器会占用较大内存，提出了一种修剪树结构向量量化器方案。此外，还有学者为了减少无线网络传输流量、降低网络延迟，开展了分层稀疏编码③、多层级小波分解④和词汇分解⑤等在 MVS 中的应用研究。

1.2.1.4　特征索引

为了实现 MVS 在大型图像数据库中快速而准确的匹配，必须对大型图像数据库中局部特征进行索引，目前主要有两种索引方法⑥：第一种方法涉及尝试搜索近似最近邻（Approximate Nearest Neighbor，ANN），例如 Lowe⑦采用最优节点优先策略对 SIFT 描述

①　Zhang X, Wang Y, Liu Z, et al. Selectively Aggregated Fisher Vectors of Query Video for Mobile Visual Search［C］//IEEE Second International Conference on Multimedia Big Data. IEEE, 2016:334-341.

②　Chen J, Duan L Y, Ji R, et al. Pruning tree-structured vector quantizer towards low bit rate mobile visual search［C］//IEEE International Conference on Acoustics, Speech and Signal Processing. IEEE, 2012:965-968.

③　Yang X, Liu L, Qian X, et al. Mobile visual search via hievarchical sparse coding［C］//IEEE International Conference on Multimedia and Expo. IEEE, 2014:1-6.

④　Miao S, Li Z, Qu W, et al. Progressive transmission based on wavelet used in mobile visual search［J］. International Journal of Embedded Systems, 2014, 6(2/3):114-123.

⑤　Khaire P S. Mobile Visual Search: A Low Transmission Overhead Framework Based on Vocabulary Decomposition［J］. International Journal of Innovative and Emerging Research in Engineering, 2015, 2(3):118-122.

⑥　Ling-Yu Duan, Jie Chen, Chunyu Wang, et al. Key Technologies in Mobile Visual Search and MPEG Standardization Activities［J］. ZTE Communications, 2012, 10(2):57-66.

⑦　Lowe D G. Distinctive Image Features from Scale-Invariant Keypoints［J］. International Journal of Computer Vision, 2004, 60(2):91-110.

符进行 ANN 搜索。高维空间内的 ANN 搜索主要通过哈希技术来实现,① 例如局部敏感哈希。② 第二种方法涉及词袋(Bag-of-Words, BoW)模型,③ 通过量化特征空间以实现更快的速度。然而,随着图像数据库大幅度地增加,BoW 和倒排索引会占用大量内存空间。目前,学者们主要通过压缩倒排索引或稳定点过滤方法来减少倒排索引文件的大小。例如,Chen 等④针对倒排索引占用大量内存会阻碍图像数据库的可伸缩性,并减慢内存拥塞服务器上的进程,提出了一个用于基于图像检索的倒排索引压缩方法。Wang 等⑤针对 SIFT 等高维局部特征的索引机制不够快,而大量低维特征不能保证高精度,提出了一种用于 MVS 的全自动离线稳定点过滤方法。

① 贾佳,唐胜,谢洪涛,等. 移动视觉搜索综述[J]. 计算机辅助设计与图形学学报,2017,29(6):1007-1021.

② Andoni A, Indyk P. Near-Optimal Hashing Algorithms for Approximate Nearest Neighbor in High Dimensions[J]. Communications of the ACM, 2008, 51(1):117-122; Wang J, Shen H T, Song J, et al. Hashing for Similarity Search: A Survey[OL]. [2019-06-25]. https://arxiv. org/pdf/1408. 2927. pdf.

③ Sivic J, Zisserman A. Video Google: A Text Retrieval Approach to Object Matching in Videos[C]//IEEE International Conference on Computer Vision. IEEE Computer Society, 2003: 1470; Nister D, Stewenius H. Scalable recognition with a vocabulary tree[C]//Computer vision and pattern recognition, 2006 IEEE computer society conference on. Ieee, 2006, 2: 2161-2168; Xie H, Gao K, Zhang Y, et al. Efficient feature detection and effective post-verification for large scale near-duplicate image search[J]. IEEE TRANSACTIONS on multimedia, 2011, 13(6): 1319-1332.

④ Chen D M, Tsai S S, Chandrasekhar V, et al. Inverted Index Compression for Scalable Image Matching[C]//Data Compression Conference. IEEE, 2010.

⑤ Wang Y, Chen K, Zhou Y, et al. An Improved Offline Stable Point Filtering Method for Mobile Search Application[C]//International Conference on Information Engineering and Computer Science. IEEE, 2009:1-5.

1.2.1.5　几何一致性验证

为了解决 BoW 模型出现错误匹配的问题，几何验证①成为获得合理检索精度的重要后处理步骤，特别是对于低分辨率图像。为此，学者们提出了许多几何一致性验证方法，这些方法主要分为两类②：①局部几何信息一致性验证；②全局几何信息一致性验证。在局部几何信息一致性验证研究方面，Luo 和 Lang③认为两个真正匹配的局部特征不仅应在相似的空间上下文中，而且应具有一致的空间关系，因此应同时引入上下文相似性和空间相似性来描述几何一致性。Gao 等④为了防止查询扩展中的查询偏移，预先消除扩展特征引起的错误匹配，将每个特征的代表性视点用于有效的几何一致性验证，以支持快速和准确的特征匹配。此外，Lyu 等⑤针对描述符匹配结果可能包含异常值，使用多视图基础矩阵（Multi-View Fundamental Matrix），对层级提升算法进行适当的几何验证，以提高 MVS 的性能。在全局几何信息一致性验证研究方面，1981 年由

①　Jegou H，Douze M，Schmid C. Hamming Embedding and Weak Geometric Consistency for Large Scale Image Search［M］//Computer Vision-ECCV 2008. OAI，2008：304-317；Lowe D G. Distinctive Image Features from Scale-Invariant Keypoints［J］. International Journal of Computer Vision，2004，60（2）：91-110；Philbin J，Chum O，Isard M，et al. Object retrieval with large vocabularies and fast spatial matching［C］//Computer Vision and Pattern Recognition，2007. CVPR '07. IEEE Conference on. IEEE，2007：1-8.

②　衡星. 基于几何信息的近相似图像检索［D］. 电子科技大学，2016：3-4.

③　Luo J，Lang B. Efficient Geometric Re-ranking for Mobile Visual Search［M］//Computer Vision-ACCV 2012 Workshops. Springer Berlin Heidelberg，2013：520-532.

④　Gao K，Zhang Y，Zhang D，et al. Accurate off-line query expansion for large-scale mobile visual search［J］. Signal Processing，2013，93（8）：2305-2315.

⑤　Lyu X，Li H，Flierl M. Hierarchically Structured Multi-view Features for Mobile Visual Search［C］//Data Compression Conference. 2014：23-32.

Fischler 和 Bolles① 提 出 的 随 机 抽 样 一 致 性（Random Sample Consensus，RANSAC）算法是最流行的全局几何信息一致性验证方法。Yang 等②在移动地标图像搜索系统中，将 BoW 模型和倒排文件应用于索引和匹配，为了进一步消除误报，该系统采用基于 RANSAC 的几何验证作为后处理步骤。尽管 RANSAC 算法精度较高，但是 RANSAC 算法需要耗费比较多的计算时间。为此，Jegou 等③提出了弱几何一致性验证方法，该方法以牺牲一定的精度为代价，极大地提高了验证速度。此外，还有学者基于几何统计方法④和嵌入式 3D 几何评分⑤开展了相关研究。

除以上所述各方面的研究之外，在 MVS 体系结构与模式机制研究方面，有学者开展了 MVS C/S 体系结构⑥以及 MVS 框架

① Fischler M A，Bolles R C. Random sample consensus：a paradigm for model fitting with applications to image analysis and automated cartography［J］. Communications of the ACM，1981，24(6)：381-395.

② Yang X，Pang S，Cheng K T T. Mobile image search with multimodal context-aware queries［C］//Computer Vision and Pattern Recognition Workshops. IEEE，2010：25-32.

③ Jégou H，Douze M，Schmid C. Improving Bag-of-Features for Large Scale Image Search［J］. International Journal of Computer Vision，2010，87(3)：316-336.

④ Zhang M，Li S，Lin X，et al. Fast verification via statistical geometric for mobile visual search［J］. Multimedia Systems，2016，22(4)：525-534.

⑤ Wu H，Li H，Flierl M. An embedded 3D geometry score for mobile 3D visual search［C］//IEEE，International Workshop on Multimedia Signal Processing. IEEE，2017：1-6.

⑥ Girod B，Chandrasekhar V，Grzeszczuk R，et al. Mobile Visual Search：Architectures，Technologies，and the Emerging MPEG Standard ［J］. IEEE Multimedia，2011，18(3)：86-94；张兴旺，黄晓斌. 国外移动视觉搜索研究述评［J］. 中国图书馆学报，2014，40(3)：114-128；Vajda P，Ivanov I，Goldmann L，et al. On optimal solutions for mobile image retrieval applications［EB/OL］. ［2019-08-26］. http://infoscience. epfl. ch/record/167602/files/Article. pdf.

（模型）①的研究；有学者构建了不同应用情形下的 MVS 框架（模型），诸如文化遗产②、数字人文③、智慧图书馆④等；有学者为了在数字图书馆能够更好地利用 MVS 这种信息服务模式，从模式机制视角开展了数字图书馆 MVS 服务模式和机制建设等方面的研究⑤。此外，还有学者从用户需求出发设计了移动互联网、

① 张兴旺,郑聪. 领域导向的数字图书馆移动视觉搜索引擎建设研究[J]. 图书与情报,2016(05):40-47;赵宇翔,朱庆华. 大数据环境下移动视觉搜索的游戏化机制设计[J]. 情报资料工作,2016,(04):19-25;董晶,吴丹. 基于移动视觉搜索技术的智慧公共文化服务模型研究[J]. 图书与情报,2018(02):16-23;曾子明,周知. 大数据环境下面向科研用户的移动视觉搜索模型研究[J]. 情报理论与实践,2017,40(08):126-130,98.

② 曾子明,宋扬扬. 面向文化遗产领域的移动视觉搜索模型研究[J]. 图书馆论坛,2019,39(03):64-71.

③ 曾子明,秦思琪. 面向数字人文的移动视觉搜索模型研究[J]. 情报资料工作,2018(06):21-28.

④ 曾子明,秦思琪. 智慧图书馆移动视觉搜索服务及其技术框架研究[J]. 情报资料工作,2017(04):61-67;曾子明,宋扬扬. 基于 SoLoMo 的智慧图书馆移动视觉搜索服务研究[J]. 图书馆,2017(07):92-98;曾子明,秦思琪. 去中心化的智慧图书馆移动视觉搜索管理体系[J]. 情报科学,2018,36(01):11-15,60;曾子明,蒋琳. 融合情境的智慧图书馆移动视觉搜索服务研究[J]. 现代情报,2019,39(12):46-54;李默. 基于深度学习的智慧图书馆移动视觉搜索服务模式研究[J]. 现代情报,2019,39(05):89-96.

⑤ Zhu Q,Ma T. A Research Framework for Mobile Visual Search of Digital Library[C]//KLISS 2016 Proceedings of Korean Library and Information Science Society,2016(1):215-223;张兴旺,李晨晖. 数字图书馆移动视觉搜索机制建设的若干关键问题[J]. 图书情报工作,2015,59(15):42-48;李晨晖,张兴旺,秦晓珠. 基于大数据的文化遗产数字图书馆移动视觉搜索机制建设研究[J]. 情报理论与实践,2018,41(04):139-144,133;张亭亭,赵宇翔,朱庆华. 数字图书馆移动视觉搜索的众包模式初探[J]. 情报资料工作,2016,(04):11-18;韩玺,张玥,朱庆华. 基于移动视觉搜索的图书馆、档案馆、博物馆资源融合服务模式研究[J]. 情报资料工作,2018(02):63-70;李默. 数字图书馆个性化移动视觉搜索机制研究[J]. 图书馆理论与实践,2019(02):107-112.

16

专业领域、流媒体三种场景下的视觉资源组织模式。① 在 MVS 系统框架与搜索算法研究方面，有学者针对 MVS 面临的挑战，结合 MVS 基本流程的各模块所需关键技术，开展了如何提高 MVS 检索性能的系统框架研究；② 有学者为了增强用户搜索体验、提高系统检索性能，开展了 MVS 相关技术算法的集成、改进与优化等研究。③ 在 MVS 系统应用与交互式系统研究方面，有学者在

---

① 何秀美,朱庆华,沈超. 用户场景驱动的移动视觉搜索资源组织研究[J]. 图书馆学研究,2019(04):46-52.

② Liu X, Hull J J, Graham J, et al. Mobile Visual Search, Linking Printed Documents to Digital Media[C]. Proceedings of the IEEE Conference on Computer Vision and Pattern Recognition, 2010; Qi H, Stojmenovic M, Li K, et al. A Low Transmission Overhead Framework of Mobile Visual Search Based on Vocabulary Decomposition[J]. IEEE Transactions on Multimedia, 2014, 16(7): 1963-1972; Peng P, Li J, Li Z N. Quality-aware Mobile Visual Search[J]. Procedia-Social and Behavioral Sciences, 2014, 147: 383-389; Çalışır F, Baştan M, Özgür Ulusoy, et al. Mobile multi-view object image search[J]. Multimedia Tools & Applications, 2017, 76(10): 1-24; Duan L Y, Ji R, Chen Z, et al. Towards Mobile Document Image Retrieval for Digital Library[J]. IEEE Transactions on Multimedia, 2014, 16 (2): 346-359; 齐云飞,赵宇翔,朱庆华. 关联数据在数字图书馆移动视觉搜索系统中的应用研究[J]. 数据分析与知识发现,2017,1(01):81-90; 胡蓉,唐振贵,朱庆华. 混合需求驱动的文内视觉资源移动视觉搜索框架[J]. 情报学报,2018,37(03):285-293.

③ Patel H. Visual Search Application For Android[D]. San Jose: San Jose State University, 2012: 17-33; Shen X, Lin Z, Brandt J, et al. Mobile Product Image Search by Automatic Query Object Extraction [M]//Computer Vision-ECCV 2012. Springer Berlin Heidelberg, 2012: 114-127; Yang D S, Lee Y H. Mobile image retrieval using integration of geo-sensing and visual descriptor[C]//Network-Based Information Systems (NBiS), 2012 15th International Conference on. IEEE, 2012: 743-748; Mennesson J, Tirilly P, Martinet J. Elementary block extraction for mobile image search [C]//IEEE International Conference on Image Processing. IEEE, 2014: 3958-3962; Li H, Flierl M. Mobile 3D visual search using the Helmert transformation of stereo features[C]//IEEE International Conference on Image Processing. IEEE, 2014: 3470-3474.

诸如文档①、杂志②、画廊③、旅游④、地标⑤、购物⑥、视频⑦、博物馆⑧、图书馆⑨和植物⑩等领域开展了 MVS 应用方面的研究；

① Tsai S S,Chen H,Chen D,et al. Mobile visual search on printed documents using text and low bit-rate features [C]//IEEE International Conference on Image Processing. IEEE,2011:2601-2604;Tsai S S,Chen H,Chen D,et al. Mobile visual search using image and text features [C]//Signals,Systems and Computers. IEEE, 2012:845-849;Tsai S S,Chen H,Chen D M,et al. Mobile Visual Search with Word-HOG Descriptors[C]//Data Compression Conference. IEEE,2015:343-352.

② Chen X, Koskela M.Mobile visual search from dynamic image databases[C]//Scandinavian Conference on Image Analysis. Springer-Verlag, 2011, 6688:196-205.

③ Xu G,Li X,Zhou H,et al. The Mobile Visual Search Guiding System Based on SIFT [J]. International Journal of Future Generation Communication and Networking,2016,9(6):165-178.

④ Premchaiswadi W. A mobile image search for tourist information system[C]//Wseas International Conference on Signal Processing, Computational Geometry and Artificial Vision. World Scientific and Engineering Academy and Society (WSEAS),2009:62-67.

⑤ Li D,Chuah M C.EMOVIS:An Efficient Mobile Visual Search System for Landmark Recognition[C]//IEEE Ninth International Conference on Mobile Ad-Hoc and Sensor Networks. IEEE,2014:53-60.

⑥ Nodari A, Ghiringhelli M, Zamberletti A, et al. A mobile visual search application for content based image retrieval in the fashion domain[C]//International Workshop on Content-Based Multimedia Indexing. 2012:1-6.

⑦ Chen D,Cheung N M,Tsai S,et al. Dynamic selection of a feature-rich query frame for mobile video retrieval [C]//Image Processing (ICIP), 2010 17th IEEE International Conference on. IEEE, 2010:1017-1020; Liu W, Mei T, Zhang Y. Instant Mobile Video Search With Layered Audio-Video Indexing and Progressive Transmission[J]. IEEE Transactions on Multimedia,2014,16(8):2242-2255.

⑧ 钟志鹏,王涌天,陈靖,刘越.一个基于移动视觉搜索技术的博物馆导览系统[J].计算机辅助设计与图形学学报,2012,24(04):555-562.

⑨ 孙翌,周锋,张浩.移动视觉搜索在特色资源服务中的应用实践[J].现代情报,2017,37(09):107-113.

⑩ 闫亚婷.基于移动视觉搜索的户外植物知识拓展学习系统的研究与实现[D].华中师范大学,2016:18-50;黄丽姿.基于服务融合的数字图书馆移动视觉搜索研究[D].华中师范大学,2019:32-47.

有学者对多模式联合搜索系统①和多点触控交互式搜索系统②等进行了研究。在数据集构建与数据库压缩研究方面，有学者针对计算机视觉文献中常用数据集（如 ZuBuD、Oxford Buildings、INRIA Holidays、University of Kentucky、Image Nets 等）在 MVS 应用中的局限性，开展了服务器端数据集构建方面的研究；③ 有学者为了解决无线网络上的慢速传输或繁忙服务器上的拥塞会严重降低用户体

① Wang Y, Mei T, Wang J, et al. JIGSAW: interactive mobile visual search with multimodal queries[C]//ACM International Conference on Multimedia. ACM, 2011:73-82; Li H, Wang Y, Mei T, et al. Interactive Multimodal Visual Search on Mobile Device[J]. IEEE Transactions on Multimedia, 2013, 15(3):594-607; Sivakumar P, Perumal Sankar S, Praksh M, et al. An Efficient Interactive Mobile Visual Search Using Multipart Region based Matching (MRM) Algorithm[J]. Australian Journal of Basic & Applied Sciences, 2014:7-11; Bagul M R E, Gaikwad K P. Interactive Robust Multitudinous Visual Search on Mobile Devices[J]. International Journal of Computer Science & Mobile Computing, 2014, 3(12):83-89.

② Zhang N, Mei T, Hua X S, et al. Tap-to-search: Interactive and contextual visual search on mobile devices[C]//IEEE, International Workshop on Multimedia Signal Processing. IEEE, 2011:1-5; Aher K V, Waykar S B. Interactive Image Search for Mobile Devices[EB/OL]. [2019-12-26]. http://www. inase. org/library/2015/zakynthos/bypaper/COMPUTERS/COMPUTERS-75. pdf; Sang J, Mei T, Xu Y Q, et al. Interaction Design for Mobile Visual Search[J]. IEEE Transactions on Multimedia, 2013, 15(7):1665-1676; Muneesawang P, Zhang N, Guan L. Interactive Mobile Visual Search and Recommendation at Internet Scale[M]//Multimedia Database Retrieval. Springer International Publishing, 2014:101-130.

③ Chandrasekhar V R, Chen D M, Tsai S S, et al. The stanford mobile visual search data set[C]//ACM Conference on Multimedia Systems. ACM, 2011:117-122Ji R, Duan L Y, Chen J, et al. PKUBench: A context rich mobile visual search benchmark[C]//IEEE International Conference on Image Processing. IEEE, 2011:2545-2548.

验的问题,对移动端数据库压缩进行了研究。① 在 MVS 产品比较
与标准化研究方面,有学者为了能给产业界研发与完善 MVS 平台
提供新的方向和思路,以及学术界研究 MVS 平台提供参考和帮助,
开展了国内外 MVS 应用案例分析比较研究。② 另外,在学术界的
推动下,为了解决 MVS 的互操作性问题,创建统一的图像存储库
接口,国际标准化组织 ISO/IEC SC29/WG11(MPEG)提供了用于标
准化多媒体存储库查询语言的标准 ISO/IEC 15938-12:2008③ 和标
准化 CDVS 的标准 ISO/IEC DIS 15938-13:2014④;国际标准化组
织 ISO/IEC SC29/WG1(JPEG)提供了图像元数据互操作性问题解

① Chen D M, Girod B. Memory-Efficient Image Databases for Mobile Visual Search[J]. IEEE Multimedia, 2014, 21(1):14-23;Damade M K, Kulkarni R A, Bano S. Mobile Visual Search:Memory Efficient Image Database[J]. International Journal of Innovative and Emerging Research in Engineering, 2015, 2(3):209-213;Matsuzaki K, Uchida Y, Sakazawa S, et al. Local feature reliability measure using multiview synthetic images for mobile visual search[C]//Iapr Asian Conference on Pattern Recognition. IEEE, 2015:156-160.

② Nikolopoulos S, Nikolov S G, Kompatsiaris I. Study on Mobile Image Search[C]//NEM Summit:Implementing Future Media Internet. 2011;张兴旺,黄晓斌. 国外移动视觉搜索研究述评[J]. 中国图书馆学报,2014,40(3):114-128;马腾腾,赵宇翔,朱庆华. 国外移动视觉搜索产品的比较分析研究[J]. 图书馆杂志,2016(9):81-88;史昱天,韩玺,朱庆华,等. 国内主流移动视觉搜索工具的比较研究[J]. 图书馆学研究,2017(21):65-71.

③ Doller M, Tous R, Gruhne M, et al. The MPEG Query Format:Unifying Access to Multimedia Retrieval Systems[J]. Multimedia IEEE, 2008, 15(4):82-95;Gruhne M, Tous R, Delgado J, et al. MP7QF:An MPEG-7 Query Format[C]//International Conference on Automated Production of Cross Media Content for Multichannel Distribution. IEEE Computer Society, 2007:15-18;ISO/IEC 15938-12:2008. Information Technology-Multimedia Content Description Interface-Part 12:Query Format[S]. 2008.

④ ISO/IEC DIS 15938-13. Information technology-multimedia content descriptor interface-part 13:Compact descriptors for visual search[S]. 2014.

决方案的标准 ISO/IEC 24800：2010。① Tous 和 Delgado② 通过对 ISO/IEC 15938-12 和 ISO/IEC 24800 的研究，发现了与这两个标准整合以及它们涵盖视觉搜索场景方式有关的一些问题，并向标准化委员会提出了解决方案。在 MVS 用户意向行为研究方面，陈明红等③以使用与满足理论(Uses and Gratifications，U&G)为框架，通过整合信息质量、系统质量和服务质量这三个前因变量，构建了 MVS 行为意向模型，并以手机百度识图为例进行了实证研究。范哲和刘轶伦④基于 TAM 模型与移动搜索行为意向影响的相关研究，构建了 AR/图像/二维码识别搜索的行为意向模型，并实证研究了感知有用性与感知易用性对 MVS 用户行为意向的影响。

由前述可知，国内外学者对 MVS 的相关研究主要集中在关键点检测、特征提取与表示、特征索引与匹配、几何一致性验证、体系结构与模式机制、系统框架与搜索算法、系统应用与交互式系统、数据集构建与数据库压缩以及 MVS 产品比较与标准化等，MVS 用户意向行为的相关研究还处于探索阶段。到目前为止，尚未发现 MVS 平台用户体验方面的研究文献。然而，MVS 作为新一代信息检索技术，因其技术原理、产品特点以及检索方式等方面的不同，尚需对 MVS 用户行为意向作进一步研究，尤其是从用户行为视角开展 MVS 平台用户体验研究。

① ISO/IEC 24800-3：2010. Information technology-JPSearch-Part 3：JPSearch Query format［S］. 2010；ISO/IEC 24800-2：2011. Information technology-JPSearch-Part 2：Registration，identication and management of schema and ontology［S］. 2011.

② Tous R，Delgado J. Standards for query formalization in mobile visual search［C］//International Conference on Mobile Multimedia Communications. Springer，Berlin，Heidelberg，2011：180-193；Tous R，Delgado J. Uniform query formalization in mobile visual search：From standards to practice［J］. Signal Processing Image Communication，2012，27(8)：883-892.

③ 陈明红，甄慧琳，韦芷晴，张玉子，徐玮婕. 移动视觉搜索行为意向模型及实证研究[J]. 图书馆论坛，2018(12)：1-10

④ 范哲，刘轶伦. 感知有用与易用对用户移动视觉搜索行为意向的影响分析[J]. 情报资料工作，2020，41(1)：79-86.

1.2.2 用户体验研究现状及评述

自 20 世纪 70 年代阿尔文·托夫勒(Alvin Toffler)在《未来的冲击》①一书中提出"体验经济"以来,用户对产品的需求不再局限于追求功能性满足,而是更多地开始注重心理需求,因此用户体验研究越来越受到学术界和工业界的关注。用户体验的概念是由美国认知心理学家、用户体验设计师唐纳德·A. 诺曼(Donald Arthur Norman)等②在 20 世纪 90 年代中期提出。近年来,随着交互式体验、可用性、情感体验、感性工学以及用户体验设计等方面的研究如雨后春笋般涌现,用户体验的内涵和内容也在不断扩展。因此,为了全面了解当前国内外用户体验相关研究现状,笔者对必应学术、谷歌学术、百度学术,以及 Web of Science、Elsevier ScienceDirect、SpringerLink、ACM、Emerald、CCF 和 CNKI 等数据库进行了检索,通过对文献梳理、分析及归纳总结,发现国内外学者关于用户体验的研究,大多集中在用户体验的要素、模型、测评和提升等方面。

1.2.2.1 用户体验的要素研究

国外学者针对用户体验的要素研究,主要集中在用户体验的设计要素和感知要素两个方面。在用户体验的设计要素方面,唐纳德·A. 诺曼(Donald Arthur Norman)③指出,一项设计必须考虑本能(Visceral)、行为(Behavior)和反思(Reflective)三种不同的层次。

---

① [美]阿尔文·托夫勒;蔡伸章译.未来的冲击[M].北京:中信出版社,2006:128.

② Norman D, Miller J, Henderson A. What you see, some of what's in the future, and how we go about doing it: HI at Apple Computer[C]//Conference Companion on Human Factors in Computing Systems. 1995:155.

③ [美]唐纳德·A. 诺曼. 情感化设计[M]. 何笑梅等,译.北京:中信出版集团,2015:48-75.

加瑞特(Jesse James Garrett)①认为,用户体验从逻辑和架构上可分为五个层面和十个设计要素。其中,五个层面包括战略层、范围层、结构层、框架层和表现层;十个设计要素包括产品目标、用户需求、功能规格、内容需求、交互设计、信息架构、界面设计、导航设计、信息设计和感知设计。Vyas 等②提出了用户体验的 APEC 设计框架,即审美(Aesthetic)、实用(Practical)、情感(Emotional)和认知(Congnitive)框架。在用户体验的感知要素方面,Davis③ 在技术接受模型中把感知有用性和感知易用性作为用户接受系统的重要因素。Mahlke④ 指出,用户体验中感知因素包括感知有用性、易用性、感知享乐和视觉吸引力四个方面。Hassenzahl⑤ 考虑到情感因素,将用户体验中的非技术特征分为三类:享受、美学和娱乐。类似的还有学者将乐享、美学和愉悦作为用户体验中的非技术特征。⑥ Postrel⑦ 认为用户体验由功能、内涵和愉悦三个方面构

① [美]加瑞特. 用户体验要素:以用户为中心的产品设计[M]. 范晓燕,译.北京:机械工业出版社,2011:28-30.

② Vyas D, van der Veer G C. APEC:A framework for designing experience[EB/OL]. [2019-05-11]. https://www. researchgate. net/publication/251990033_APEC_A_Framework_for_Designing_Experience.

③ Davis F D. Perceived usefulness, perceived ease of use, and user acceptance of information technology[J]. MIS Quarterly,1989,13(3):319-340.

④ Mahlke S. Factors influencing the experience of website usage[C]//CHI '02 Extended Abstracts on Human Factors in Computing Systems. ACM,2002:846-847.

⑤ Hassenzahl M. The Quality of Interactive Products:Hedonic-Needs, Emotions and Experience [M]. Ghaoui C. Encyclopedia of Human-Computer Interaction,2005.

⑥ Mahlke S. Understanding users' experience of interaction[C]//Proceedings of the 2005 annual conference on European association of cognitive ergonomics. University of Athens,2005:251-254.

⑦ Postrel V. The substance of style:How the rise of aesthetic value is remaking commerce,culture,and consciousness[M]. New York:Harper Perennial,2004:179-180.

成。Park 等①指出用户体验的元素包括可用性、情感和用户价值。这一划分与 Kim 等②的研究成果一致。Law 和 Schaik③认为感知享乐、实用质量、美感与满意度是主要的用户体验构念。安德森（Stephen P. Anderson）④认为用户体验包括功能性、可用性、易用性、愉悦性和可靠性。Michalco 等⑤的研究结果表明，当期望得到确认时，用户倾向于将他们的评级与期望同化；相反，如果产品质量与期望不一致，用户倾向于将他们的评级与期望进行对比，并给出与失验程度相关的评级。结果还表明，期望失验可以更广泛地应用于用户体验分析，即使这些分析与期望失验无关。与此类似，有学者指出在分析用户体验时，不仅要包括用户的认知要素和情感体验，还应考虑用户使用前的期望。⑥ Hassenzahl 等⑦认为满足普遍

---

① Park J, Han S H, Kim H K, et al. Modeling user experience: A case study on a mobile device[J]. International Journal of Industrial Ergonomics, 2013, 43(2): 187-196.

② Kim H K, Han S H, Park J, et al. The definition of user experience through a literature survey[C]//Proceedings of the 2009 Fall Conference of the Korean Institute of Industrial Engineers. 2009.

③ Law E L C, Van Schaik P. Modelling user experience-An agenda for research and practice[J]. Interacting with computers, 2010, 22(5): 313-322.

④ [美]安德森. 怦然心动:情感化交互设计指南(修订版)[M]. 侯景艳等,译.2版. 北京:人民邮电出版社,2015:11-12.

⑤ Michalco J, Simonsen J G, Hornbæk K. An exploration of the relation between expectations and user experience[J]. International Journal of Human-Computer Interaction, 2015, 31(9): 603-617.

⑥ Bevan N. What is the difference between the purpose of usability and user experience evaluation methods[C]//The UXEM Workshop at 12th IFIP Conference on Human-Computer Interaction, Uppsala, Sweden, 2009; Nascimento R, Limeira C D, de Pinho A L S, et al. Emotion, Affectivity and Usability in Interface Design[M]. Design, User Experience, and Usability. User Experience Design Practice. Springer International Publishing, 2014: 339-346.

⑦ Hassenzahl M, Diefenbach S, Göritz A. Needs, affect, and interactive products-Facets of user experience[J]. Interacting with Computers, 2010, 22: 353-362.

的心理需求，诸如胜任性、关系性、普及性、激励、价值、安全感或自主性，是互动技术积极体验的主要来源。此外，Schmitt① 将用户体验划分为感官（Sense）、情感（Feel）、思考（Think）、行动（Act）和关联（Relate）五个过程，合称体验之轮，并指出为了扩大体验的吸引力，应努力创造两个或更多战略体验模块（Strategic Experiential Modules，SEMs）的混合体验和综合体验。

国内学者对用户体验的要素研究起步较晚，大多借鉴国外的用户体验理论或模型。胡昌平和邓胜利②认为可以从宏观和微观两方面分析信息构建中的用户体验要素。在此基础上，从宏观要素出发，组合各种微观要素，构建综合的用户体验系统。廖小丽和胡媛③基于用户体验理论，从功能、技术、美学三方面对团购网站信息构建关键因素进行了研究。孙利④基于认知心理学理论，将用户体验划分为功能、审美、意义和情感四类体验，并根据它们之间的相互关系构建了情感驱动的体验格式塔。曲霏和张慧颖⑤在梳理相关研究文献的基础上，对高校虚拟社区体验的内涵进行界定，并结合不同学者对体验维度的划分，提出了高校虚拟社区用户体验的四个维度，即感官体验、情感体验、行为体验和思考体验。王玉凤等⑥从用户体验视角出发，通过综合运用深度访谈法和卡片分类法等研究方法，分析了视频新闻用户体验影响因素，提出了由预期、

① Schmitt B. Experiential marketing[J]. Journal of marketing management, 1999,15(1-3):53-67.

② 胡昌平,邓胜利. 基于用户体验的网站信息构建要素与模型分析[J]. 情报科学,2006,24(3):321-325.

③ 廖小丽,胡媛. 基于用户体验的团购网站信息构建模型研究[J]. 图书情报工作,2012,56(10):138-143.

④ 孙利. 用户体验形成基本机制及其设计应用[J]. 包装工程,2014(10):29-32.

⑤ 曲霏,张慧颖. 高校虚拟社区用户体验的量表设计与实证分析[J]. 天津大学学报(社会科学版),2016,18(1):38-43.

⑥ 王玉凤,孙宇,宫承波. 基于视频新闻的用户体验要素模型探究[J]. 当代传播,2018(05):101-106.

进程和反馈三个维度构成的 EPF 用户体验因素模型。王丙炎和张卫①通过用户深度访谈和问卷调查法，分析了手机阅读平台用户体验的影响因素。在此基础上，采用探索性因子分析法进一步提出了手机阅读平台用户体验的影响因素，主要包括内容版式、辅助工具、资源量、操作易用性、个性化、交互性和价格。王晰巍和任明铭②通过对 10 位典型用户访谈资料进行扎根分析，发现了移动阅读工具用户体验影响因素，主要包括感知物理示能性、社会性价值、情感满足、阅读价值认知和内部组织环境。明均仁和张俊③利用扎根理论对高校师生半结构化访谈资料进行分析，得到了高校移动图书馆 APP 用户满意度影响因素，由系统特征、界面特征和个体差异三个主范畴构成。此外，王靖芸和魏群义④采用 Meta 文献定量分析方法，对国内外移动图书馆用户体验相关文献的研究内容进行了综合分析。结果表明，移动图书馆用户体验的影响因素主要有系统环境、信息内容、使用意愿、感知有用性、感知易用性、社会影响和个人价值。国内外用户体验的要素构成，如表 1-1 所示。

表 1-1   国内外用户体验的要素构成

分类	具体要素	参考文献
用户体验	本能层次、行为层次、反思层次	唐纳德 · A. 诺曼⑤

① 王丙炎,张卫. 手机阅读平台用户体验影响因子分析[J]. 出版科学,2016,24(05):91-96.

② 王晰巍,任明铭. 移动阅读工具对用户体验的影响因素研究[J]. 现代情报,2019,39(02):73-84.

③ 明均仁,张俊. 高校移动图书馆 APP 用户满意度的影响因素[J]. 图书馆论坛,2018,38(04):84-94.

④ 王靖芸,魏群义. 移动图书馆用户体验影响因素 Meta 分析[J]. 国家图书馆学刊,2018,27(05):44-53.

⑤ [美]唐纳德·A. 诺曼. 情感化设计[M]. 何笑梅等,译.北京:中信出版集团,2015:48-75.

续表

分类	具体要素	参考文献
设计要素	战略层、范围层、结构层、框架层、表现层	加瑞特①
	审美、实用、情感、认知	Vyas 等②
理性要素（认知）	感知有用性、感知易用性	Davis③；Mahlke④
	功能性、可用性、易用性	安德森⑤
	功能	Postrel⑥
	可用性	Park 等⑦；Kim 等⑧

———————

① ［美］加瑞特. 用户体验要素：以用户为中心的产品设计［M］. 范晓燕，译. 北京：机械工业出版社，2011：28-30.

② Vyas D, van der Veer G C. APEC：A framework for designing experience［EB/OL］.［2019-05-11］. https：//www. researchgate. net/publication/251990033_APEC_A_Framework_for_Designing_Experience.

③ Davis F D. Perceived usefulness, perceived ease of use, and user acceptance of information technology［J］. MIS Quarterly，1989，13（3）：319-340.

④ Mahlke S. Factors influencing the experience of website usage［C］//CHI '02 Extended Abstracts on Human Factors in Computing Systems. ACM，2002：846-847.

⑤ ［美］安德森. 怦然心动：情感化交互设计指南（修订版）［M］. 侯景艳，胡冠琦，译. 2版. 北京：人民邮电出版社，2015：11-12.

⑥ Postrel V. The substance of style：How the rise of aesthetic value is remaking commerce, culture, and consciousness［M］. New York：Harper Perennial，2004：179-180.

⑦ Park J, Han S H, Kim H K, et al. Modeling user experience：A case study on a mobile device［J］. International Journal of Industrial Ergonomics，2013，43（2）：187-196.

⑧ Kim H K, Han S H, Park J, et al. The definition of user experience through a literature survey［C］//Proceedings of the 2009 Fall Conference of the Korean Institute of Industrial Engineers. 2009.

续表

分类	具体要素	参考文献
理性要素（认知）	实用质量	Law 和 Schaik①
	功能、技术	廖小丽和胡媛②
	内容版式、辅助工具、资源量、操作易用性、个性化、交互性	王丙炎和张卫③
	感知物理示能性	王晰巍和任明铭④
	系统特征、界面特征	明均仁和张俊⑤
	系统环境、信息内容、感知有用性、感知易用性	王靖芸和魏群义⑥
	感官体验	曲霏和张慧颖⑦

---

① Law E L C, Van Schaik P. Modelling user experience-An agenda for research and practice[J]. Interacting with computers,2010,22(5):313-322.

② 廖小丽,胡媛. 基于用户体验的团购网站信息构建模型研究[J]. 图书情报工作,2012,56(10):138-143.

③ 王丙炎,张卫. 手机阅读平台用户体验影响因子分析[J]. 出版科学,2016,24(05):91-96.

④ 王晰巍,任明铭. 移动阅读工具对用户体验的影响因素研究[J]. 现代情报,2019,39(02):73-84.

⑤ 明均仁,张俊. 高校移动图书馆 APP 用户满意度的影响因素[J]. 图书馆论坛,2018,38(04):84-94.

⑥ 王靖芸,魏群义. 移动图书馆用户体验影响因素 Meta 分析[J]. 国家图书馆学刊,2018,27(05):44-53.

⑦ 曲霏,张慧颖. 高校虚拟社区用户体验的量表设计与实证分析[J]. 天津大学学报(社会科学版),2016,18(1):38-43.

续表

分类	具体要素	参考文献
感性要素 （情感）	感知享乐、美感	Law 和 Schaik①
	享受、美学、娱乐	Hassenzahl②； Mahlke③
	用户期望	Michalco 等④ Bevan⑤ Nascimento 等⑥
	感知享乐、视觉吸引力	Mahlke⑦
	愉悦	Postrel⑧

---

① Law E L C, Van Schaik P. Modelling user experience-An agenda for research and practice[J]. Interacting with computers,2010,22(5):313-322.

② Hassenzahl M. The Quality of Interactive Products: Hedonic-Needs, Emotions and Experience [M]. Ghaoui C. Encyclopedia of Human-Computer Interaction,2005.

③ Mahlke S. Understanding users' experience of interaction[C]//Proceedings of the 2005 annual conference on European association of cognitive ergonomics. University of Athens,2005:251-254.

④ Michalco J, Simonsen J G, Hornbæk K. An exploration of the relation between expectations and user experience [J]. International Journal of Human-Computer Interaction,2015,31(9):603-617.

⑤ Bevan N. What is the difference between the purpose of usability and user experience evaluation methods[C]//The UXEM Workshop at 12th IFIP Conference on Human-Computer Interaction,Uppsala,Sweden,2009.

⑥ Nascimento R,Limeira C D,de Pinho A L S,et al. Emotion,Affectivity and Usability in Interface Design [M]. Design, User Experience, and Usability. User Experience Design Practice. Springer International Publishing,2014:339-346.

⑦ Mahlke S. Factors influencing the experience of website usage[C]//CHI '02 Extended Abstracts on Human Factors in Computing Systems. ACM,2002:846-847.

⑧ Postrel V. The substance of style: How the rise of aesthetic value is remaking commerce,culture,and consciousness [M]. New York: Harper Perennial, 2004:179-180.

续表

分类	具体要素	参考文献
感性要素（情感）	情感	Park 等①；Kim 等②
	美学	廖小丽和胡媛③
	情感体验	曲霏和张慧颖④
	情感满足	王晰巍和任明铭⑤

1.2.2.2　用户体验的模型研究

（1）结构性模型。

国外学者在用户体验结构性模型研究方面，侧重于构建用户体验评估的结构性模型。例如，信息架构师彼得·莫维里（Peter Morville）提出一个用于评估用户体验的蜂窝模型，⑥ 该模型的组成元素包括可用的（Usable）、有用的（Useful）、可达的（Accessible）、

①　Park J,Han S H,Kim H K,et al. Modeling user experience:A case study on a mobile device[J]. International Journal of Industrial Ergonomics,2013,43(2)：187-196.

②　Kim H K,Han S H,Park J,et al. The definition of user experience through a literature survey [C]//Proceedings of the 2009 Fall Conference of the Korean Institute of Industrial Engineers. 2009.

③　廖小丽,胡媛. 基于用户体验的团购网站信息构建模型研究[J]. 图书情报工作,2012,56(10)：138-143.

④　曲霏,张慧颖. 高校虚拟社区用户体验的量表设计与实证分析[J]. 天津大学学报(社会科学版),2016,18(1)：38-43.

⑤　王晰巍,任明铭. 移动阅读工具对用户体验的影响因素研究[J]. 现代情报,2019,39(02)：73-84.

⑥　Peter Morville. User Experience Design [EB/OL]. [2019-05-12]. http://semanticstudios. com/user_experience_design/

可找到的(Findable)、可靠的(Credible)、有价值的(Valuable)和合意的(Desirable)。用户界面设计师奎瑟贝利(Whitney Quesenbery)以用户体验目标为视角提出了 5E 模型,① 该模型由有效的(Effective)、有效率的(Efficient)、吸引的(Engaging)、容错(Error tolerant)和易学(Easy to learn)构成。Rodden 等② 为了衡量用户体验质量并提供可操作的数据,创建了以用户为中心度量的 HEART 框架,该框架由幸福感(Happiness)、参与(Engagement)、采纳(Adoption)、保留(Retention)和任务成功(Task success)五个部分组成。Robert③ 提出了由品牌(Branding)、可用性(Usability)、功能性(Functionality)和内容(Content)四个相互依存元素构成的用户体验量化模型。此外,还有学者构建了整合用户认知要素、情感体验等的概念框架,Goh 和 Karimi④ 通过结合 UX 和 TAM 文献中的认知、情感、美学和象征意义构念,提出了一种基于用户体验的交互式移动科技接受模型。Minge 和 Thüring⑤ 根据心理学研究,假设感知产品质量与交互过程中所引发的情绪之间存在双向关系,在 Thüring 和 Mahlke⑥ 的研究基础上,构建了用户体验构成模型(CUE 模型),该模型包含技术特征感知、非技术特征感知和情绪反应

① Quesenbery W. Balancing the 5Es of Usability[J]. Cutter IT Journal, 2004,17(2):4-11.

② Rodden K,Hutchinson H,Fu X. Measuring the user experience on a large scale:user-centered metrics for web applications[C]//Proceedings of the SIGCHI Conference on Human Factors in Computing Systems. ACM,2010:2395-2398.

③ Robert R. How to quantify the user experience[EB/OL].[2019-05-12]. https://www.sitepoint.com/quantify-user-experience/.

④ Goh J C L, Karimi F. Towards the development of a 'user-experience' technology adoption model for the interactive mobile technology[C]//International Conference on HCI in Business. Springer,Cham,2014:620-630.

⑤ Minge M,Thüring M. Hedonic and pragmatic halo effects at early stages of user experience[J]. International Journal of Human-Computer Studies,2018,109:13-25.

⑥ Thüring M, Mahlke S. Usability, aesthetics and emotions in human-technology interaction[J]. International journal of psychology,2007,42(4):253-264.

等，如图 1-1 所示。

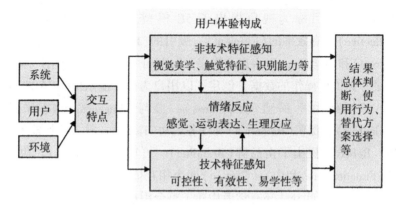

图 1-1　用户体验构成模型（CUE 模型）

（资料来源：Minge 和 Thüring①）

国内学者在用户体验结构性模型研究方面，侧重于构建用户体验设计的概念框架。例如，赵宇翔和薛翔②将 Zhao 等③的关于感知示能性的理论框架（如图 1-2 所示）引入移动音乐 App 的用户体验设计之中，结合音乐信息情境延伸出的感知参与示能性，构建了移动音乐 App 用户体验设计中感知示能性概念模式框架。孙晓枫等④在阐述技术进化定律、Kano 模型和用户体验需求的基础上，分析了基于需求进化定律和 Kano 模型的用户需求，并提出了基于

①　Minge M,Thüring M. Hedonic and pragmatic halo effects at early stages of user experience[J]. International Journal of Human-Computer Studies,2018,109:13-25.

②　赵宇翔,薛翔. 移动音乐 App 用户体验设计中感知示能性的理论构建与验证:基于版本数据的内容分析[J]. 图书馆论坛,2019,39(05):67-78.

③　Zhao Y,Liu J,Tang J,et al. Conceptualizing perceived affordances in social media interaction design [C]//Aslib Proceedings. Emerald Group Publishing Limited,2013,65(3):289-303.

④　孙晓枫,赵新军,钟莹. 基于技术进化定律的用户体验设计模型研究[J]. 工业技术经济,2017,36(10):145-150.

需求进化定律和 Kano 模型的用户体验设计模型。王陆军①通过对情景感知和用户体验相关概念等方面的介绍，提出了基于情景感知的移动应用用户体验设计模型。此外，赵宇翔等②从动因视角出发，通过整合相关理论构建了社会化媒体中用户体验设计(User Experience Design，UED)的动因支撑模型，在此基础上，根据社会化媒体的特征提炼出相关的 UED 原则并附实例说明。

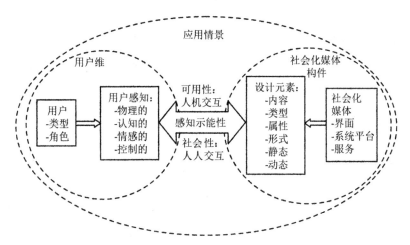

图 1-2　社会化煤体用户体验设计中感知示能性的概念框架
(资料来源：Zhao 等③)

(2)实证性模型。

国外学者在用户体验实证性模型研究方面有很多成果。例如，

———————

　　① 王陆军. 基于情景感知的移动应用用户体验设计研究[D]. 北京邮电大学,2014:19-20.

　　② 赵宇翔,张苹,朱庆华. 社会化媒体中用户体验设计的理论视角:动因支撑模型及其设计原则[J]. 中国图书馆学报,2011,37(5):36-45.

　　③ Zhao Y,Liu J,Tang J,et al. Conceptualizing perceived affordances in social media interaction design [C]//Aslib Proceedings. Emerald Group Publishing Limited,2013,65(3):289-303.

Huang 等①以愉悦—唤醒—支配(PAD)模型为基础，构建了在线游戏用户体验对口碑影响的意向行为模型。实证结果显示，功能性体验、享乐性体验和社会性体验正向显著影响愉悦、唤醒和支配，进而影响消费者传播口碑的意愿。Palau-Saumell 等②以 UTAUT-2 为理论基础，提出了移动餐馆搜索和预订(MARSR)使用意向模型。实证结果显示，使用 MARSR 的动机依次为：习惯、感知可信度、享乐动机、价格节约导向、努力期望、绩效期望、社会影响和便利条件。Bilgihan③ 通过整合信任、心流体验和品牌，构建了千禧一代对酒店预订网站忠诚度的综合模型。研究结果表明，对于千禧一代消费者来说，信任、心流体验和品牌正向显著影响在线购物的忠诚度，而且在线购物的实用性和享乐性也是影响该群体忠诚度的重要因素。O'Brien 和 Toms④ 根据用户参与度的六个因素——集中注意力、感知可用性、美学、耐久性、新颖性和参与感，提出了用户参与度结构模型，并通过实证确定各个因素之间的关系。Zhang 和 Li⑤采用实证研究的方法，探讨了用户感知 IT 的情感质量对其认知评价的影响。实证结果表明，感知有用性和感知易用性调节感知情感质量对使用意愿的影响。也就是说，IT 设计师不仅要注意有用性(IT 是否适合任务或工作)和易用性(人机交互领域的长期目

---

① Huang M, Ali R, Liao J. The effect of user experience in online games on word of mouth: A pleasure-arousal-dominance (PAD) model perspective [J]. Computers in Human Behavior, 2017, 75: 329-338.

② Palau-Saumell R, Forgas-Coll S, Sánchez-García J, et al. User acceptance of mobile apps for restaurants: an expanded and extended UTAUT-2[J]. Sustainability, 2019, 11(4): 1210.

③ Bilgihan A. Gen Y customer loyalty in online shopping: An integrated model of trust, user experience and branding[J]. Computers in Human Behavior, 2016, 61: 103-113.

④ O'Brien H L, Toms E G. The development and evaluation of a survey to measure user engagement [J]. Journal of the American Society for Information Science and Technology, 2010, 61(1): 50-69.

⑤ Zhang P, Li N. The importance of affective quality[J]. Communications of the ACM, 2005, 48(9): 105-108.

标），还要注意情感质量（情感反应的唤起程度）。此外，还有一些经典 IS 模型，Davis① 于 1985 年在其博士论文中提出了科技接受模型（TAM），是最为经典的 IS 模型。Wixom 和 Todd② 在 TAM 模型的基础上，将对系统的信念和态度与对使用系统的信念和态度区分开来，从而构建连接用户满意度和技术接受文献的理论逻辑，即技术使用集成模型。Xu 等③以 Wixom 和 Todd④ 的技术使用集成模型为基础，引入服务质量（SQ），提出了 3Q 模型并进行了实证研究。

国内学者在用户体验实证性模型研究方面，大多借鉴国外的用户体验相关理论或模型。例如，裴一蕾等⑤等以 TAM 模型为基础，从用户体验视角出发，构建了搜索引擎用户体验与用户忠诚的关系模型，并进行了实证研究。彭柯等⑥基于 TAM 模型、信息构建理论和需求理论，构建了数字阅读平台用户体验影响因素模型。实证结果表明，数字阅读平台用户体验受到需求满足、信息构建、享乐性、易用性、有用性的正向显著影响，享乐性、易用性受到信息构建的正向显著影响。李君君和曹园园⑦从用户体验视角出发，结合 TRA、TPB、TAM 等技术采纳理论模型，构建了基于用户体验的电

① Davis F D. A technology acceptance model for empirically testing new end-user information systems：Theory and results［D］. Ph. d. dissertation Massachusetts Institute of Technology，1986：24.

② Wixom B H，Todd P A. A theoretical integration of user satisfaction and technology acceptance［J］. Information systems research，2005，16(1)：85-102.

③ Xu J D，Benbasat I，Cenfetelli R T. Integrating service quality with system and information quality：an empirical test in the e-service context［J］. MIS Quarterly，2013，37(3)：337-352.

④ Wixom B H，Todd P A. A Theoretical Integration of User Satisfaction and Technology Acceptance［J］. Information Systems Research，2005，16(1)：85-102.

⑤ 裴一蕾,薛万欣,李丹丹. 基于 TAM 的搜索引擎用户体验与用户忠诚关系的实证研究［J］. 情报科学,2017,V35(1)：84-87.

⑥ 彭柯,胡蓉,朱庆华. 数字阅读平台的用户体验影响因素实证研究［J］. 数字图书馆论坛,2015(11)：2-10.

⑦ 李君君,曹园园. 基于用户体验的电子政务门户网站公众采纳行为的实证研究［J］. 现代情报,2015,35(12)：25-30.

子政务门户网站的采纳模型。实证结果显示，浏览、功能、交互和信任四个维度的体验都对公众的采纳行为有着不同程度的影响。陈娟等①在充分考虑系统、用户和使用环境与用户体验之间的关系的基础上，构建了基于 APEC 的移动社交平台用户体验影响因素模型，并进行了实证研究。研究结果表明，移动社交平台的功能和交互对用户体验显著正向影响，情感感知对功能、交互与用户体验之间的中介作用显著。陈娟和邓胜利②构建了社会化问答平台的用户体验模型，并以"知乎"用户为调查对象，采用回归分析法进行了实证研究。研究结果显示，视觉吸引力和需求满足正向显著影响用户体验，情感对需求满足、交互体验和用户体验之间的关系有显著的中介作用。齐炳金和武忠③构建了移动社会化媒体中用户体验与人际信任、知识共享、参与水平的理论模型。实证结果表明，关联体验、行动体验、参与水平、人际信任正向显著影响知识共享。黄务兰等④构建了移动图书馆用户体验模型并进行了实证研究。研究结果显示，易学习性、界面设计、易记忆性、兼容性、及时性和安全性均正向显著影响移动图书馆用户体验效果。李君君等⑤从用户体验的动态阶段出发，结合用户体验要素，提出了包含期望、交互和决策三个阶段的用户体验动态框架，在此基础上，构建了移动数字阅读用户体验动态行为模型。研究结果发现，在用户体验期望阶段，感官层体验和认知层体验正向显著影响感知易用性，认知层体验和反思层体验正向显著影响感知有用性，反思层体验正向显著影响感知愉悦；在用户体验交互阶段，期望确认程度正向显著影响感

---

① 陈娟,钟雨露,邓胜利. 移动社交平台用户体验的影响因素分析与实证——以微信为例[J]. 情报理论与实践,2016,39(1):95-99.

② 陈娟,邓胜利. 社会化问答平台用户体验影响因素实证分析——以知乎为例[J]. 图书情报工作,2015,59(24):102-108.

③ 齐炳金,武忠. 移动社会化媒体用户体验与知识共享的关系研究[J]. 情报理论与实践,2015,38(03):35-39.

④ 黄务兰,张涛. 基于结构方程模型的移动图书馆用户体验研究——以常州大学移动图书馆为例[J]. 图书馆志,2017,36(04):80-89.

⑤ 李君君,叶凤云,曹园园. 移动数字阅读用户体验动态行为模型及实证研究[J]. 现代情报,2019,39(03):24-34,149.

知有用性和感知愉悦；在用户体验决策阶段，满意度正向显著影响
持续采纳意向，期望确认程度通过中介变量对持续采纳意向产生了
影响。与此类似，还有一些学者开展了移动图书馆用户体验实证模
型研究。① 此外，谢金文和邹霞②以用户期望为中介变量，内容质
量、视觉效果和系统效率为自变量，用户体验为因变量，构建了移
动新闻媒体用户体验模型。实证结果显示，内容质量、视觉效果、
系统效率和用户期望对用户体验有正向显著影响，用户期望还受到
内容质量、视觉效果和系统效率的正向显著影响。陈明红等③在使
用与满足理论的基础上，引入信息质量、系统质量和服务质量作为
外生变量，构建了移动视觉搜索行为意向模型，并以手机百度识图
为例开展了实证研究。范哲和刘轶伦④基于 TAM 模型与移动搜索
行为意向影响的相关研究，构建了 AR/图像/二维码识别搜索的行
为意向模型，并实证研究了感知有用性与感知易用性对 MVS 用户
行为意向的影响。

1.2.2.3 用户体验的测评研究

（1）测评指标。

国内外学者们在用户体验测评指标体系研究方面成果丰硕。
Pendell 和 Bowman⑤ 采用有效性、效率和满意度 3 个可用性维度，

---

① 姚媛，许天才. 移动图书馆用户体验评价结构模型研究[J]. 国家图书
馆学刊,2018,27(05):32-43;乔红丽. 移动图书馆用户体验的结构方程模型分
析[J]. 情报科学,2017,35(02):56-62;金小璞,毕新. 基于结构方程的移动图
书馆用户体验满意度模型研究[J]. 情报科学,2017,35(11):94-98,131.

② 谢金文,邹霞. 移动新闻用户体验模型构建及实证研究——基于上海
5 所高校学生的调查[J]. 西南民族大学学报(人文社科版),2017,38(7):119-
124.

③ 陈明红,甄慧琳,韦芷晴,张玉子,徐玮婕. 移动视觉搜索行为意向模
型及实证研究[J]. 图书馆论坛,2018:1-10.

④ 范哲,刘轶伦. 感知有用与易用对用户移动视觉搜索行为意向的影响
分析[J]. 情报资料工作,2020,41(01):79-86.

⑤ Pendell K D,Bowman M S. Usability study of a library's mobile website:An
example from Portland State University[J]. Information technology and libraries,
2012,31(2):45-62.

对波特兰州立大学(PSU)图书馆移动网站的可用性进行了测试。ChanLin 和 Hung① 选取系统可学习性、可控性、内容呈现和效率四个准则，评估了图书馆移动网站的可用性。Pu 等② 选取信息质量、系统质量、系统满意度和系统效率 4 个构念，对大学生使用移动图书馆 APP 系统的满意度进行了评估。Yeh 和 Fontenelle③ 采用有效性、效率和满意度 3 个可用性维度，对科罗拉多大学(CU)安舒茨医学校区健康科学图书馆移动网站的可用性进行了评估。施国洪和王凤④ 研究设计了高校移动图书馆服务质量评价体系，由服务证据、服务信任、服务移情、服务响应和服务可靠 5 个评价要素和22 个评价指标构成。魏群义等⑤ 构建了重庆大学微信图书馆用户体验评价指标体系，由功能体验、感官体验、情感体验、交互体验和社会影响 5 个一级指标和 21 个二级指标构成。金小璞和毕新⑥ 采用因子分析方法提取了基于用户体验的移动图书馆服务质量主要影响因素，包括界面设计、信息内容、系统功能 3 个方面。吴丹和冉爱华⑦ 提出了由技术、操作、整合和价值四个维度构成的移动阅读应用评价体系。此外，还有一些学者提出了适用于图书馆移动

---

① ChanLin L J,Hung W H. Usability and evaluation of a library mobile web site[J]. The Electronic Library,2016,34(4):636-650.

② Pu Y H,Chiu P S,Chen T S,et al. The design and implementation of a Mobile Library APP system[J]. Library hi tech,2015,33(1):15-31.

③ Yeh S T,Fontenelle C. Usability study of a mobile website:the Health Sciences Library,University of Colorado Anschutz Medical Campus,experience[J]. Journal of the Medical Library Association,2012,100(1):64-68.

④ 施国洪,王凤. 基于用户体验的高校移动图书馆服务质量评价体系研究[J]. 情报资料工作,2017(06):62-67.

⑤ 魏群义,李艺亭,姚媛. 移动图书馆用户体验评价指标体系研究——以重庆大学微信图书馆平台为例[J]. 国家图书馆学刊,2018,27(05):21-31.

⑥ 金小璞,毕新. 基于用户体验的移动图书馆服务质量影响因素分析[J]. 情报理论与实践,2016,39(06):99-103.

⑦ 吴丹,冉爱华. 移动阅读应用的用户体验比较研究[J]. 现代图书情报技术,2015(Z1):73-79.

Web 服务①、移动图书馆②、移动学习类 APP③ 等的用户体验测评指标体系。

除以上用户体验测评指标体系之外，刘阳和朱君璇④提出了由界面外观设计、个性化功能及服务、程序设计及优化 3 个方面构成的移动社交网络用户体验评价体系。金燕⑤从用户体验的角度，建立了由信息价值、系统性能和用户满意度 3 个一级指标构成的协同内容创建系统质量评价指标体系。此外，还有一些学者从不同的视角出发构建了不同的测评指标体系，诸如数字饮食指南 APP⑥、健康养生类 APP⑦、信息质量⑧、移动应用⑨等的用户体验评价指标体系。国内外用户体验的测评指标构成，如表 1-2 所示。

① Wang C Y, Ke H R, Lu W C. Design and performance evaluation of mobile web services in libraries: A case study of the Oriental Institute of Technology Library[J]. The Electronic Library, 2012, 30(1): 33-50.

② 沈军威, 倪峰, 郑德俊. 移动图书馆平台的用户体验测评[J]. 图书情报工作, 2014, 58(23): 54-60.

③ 张熠, 朱琪, 李孟. 用户体验视角下国内移动学习 APP 评价指标体系构建——基于 D-S 证据理论[J]. 情报杂志, 2019, 38(02): 187-194.

④ 刘阳, 朱君璇. 基于移动社交网络的用户体验动态测量研究[J]. 情报理论与实践, 2018, 41(06): 106-110.

⑤ 金燕. 基于用户体验的协同内容创建系统质量保证措施——以百度百科为例[J]. 情报理论与实践, 2016, 39(03): 6-9+25.

⑥ Caivano S, Ferreira B J, Domene S M Á. Evaluation of the usability of a mobile Digital Food Guide based on user perception[J]. Ciencia & saude coletiva, 2014, 19(5): 1437-1446.

⑦ 杨雪梅, 李信, 沈丽宁. 用户体验视角下 APP 评价指标体系构建[J]. 数字图书馆论坛, 2017(2): 59-66.

⑧ 金燕, 杨康. 基于用户体验的信息质量评价指标体系研究——从用户认知需求与情感需求角度分析[J]. 情报理论与实践, 2017, 40(2): 97-101.

⑨ Zhang D, Adipat B. Challenges, methodologies, and issues in the usability testing of mobile applications [J]. International journal of human-computer interaction, 2005, 18(3): 293-308; Coursaris C, Kim D. A Qualitative Review of Empirical Mobile Usability Studies [C]//Connecting the Americas. 12th Americas Conference on Information Systems, AMCIS 2006, Acapulco, México, August 4-6, 2006. DBLP, 2006.

表1-2 国内外用户体验的测评指标构成

具体指标	参考文献
有效性、效率、满意度	Pendell 和 Bowman① Yeh 和 Fontenelle② Coursaris 和 Kim③
系统可学习性、可控性、内容呈现、效率	ChanLin 和 Hung④
信息质量、系统质量、系统满意度、系统效率	Pu 等⑤
可用性	Caivano 等⑥
有效性、顾客满意度	Wang 等⑦
简单性、易学性、效率、有效性、可记忆性、可理解性、学习绩效、错误数量、用户满意度	Zhang 和 Adipat⑧

---

① Pendell K D, Bowman M S. Usability study of a library's mobile website: An example from Portland State University [J]. Information technology and libraries, 2012, 31(2):45-62.

② Yeh S T, Fontenelle C. Usability study of a mobile website: the Health Sciences Library, University of Colorado Anschutz Medical Campus, experience [J]. Journal of the Medical Library Association, 2012, 100(1):64-68.

③ Coursaris C, Kim D. A Qualitative Review of Empirical Mobile Usability Studies [C]//Connecting the Americas. 12th Americas Conference on Information Systems, AMCIS 2006, Acapulco, México, August 4-6, 2006. DBLP, 2006.

④ ChanLin L J, Hung W H. Usability and evaluation of a library mobile web site[J]. The Electronic Library, 2016, 34(4):636-650.

⑤ Pu Y H, Chiu P S, Chen T S, et al. The design and implementation of a Mobile Library APP system[J]. Library hi tech, 2015, 33(1):15-31.

⑥ Caivano S, Ferreira B J, Domene S M Á. Evaluation of the usability of a mobile Digital Food Guide based on user perception[J]. Ciencia & saude coletiva, 2014, 19(5):1437-1446.

⑦ Wang C Y, Ke H R, Lu W C. Design and performance evaluation of mobile web services in libraries: A case study of the Oriental Institute of Technology Library[J]. The Electronic Library, 2012, 30(1):33-50.

⑧ Zhang D, Adipat B. Challenges, methodologies, and issues in the usability testing of mobile applications [J]. International journal of human-computer interaction, 2005, 18(3):293-308.

续表

具体指标	参考文献
界面外观设计、个性化功能及服务、程序设计及优化	刘阳和朱君璇①
服务证据、服务信任、服务移情、服务响应、服务可靠	施国洪和王凤②
信息价值、系统性能、用户满意度	金燕③
功能体验、感官体验、情感体验、交互体验、社会影响	魏群义等④
界面设计、信息内容、系统功能	金小璞和毕新⑤
技术、整合、操作、价值	吴丹和冉爱华⑥
功能性、可用性、易用性	杨雪梅⑦
感官体验、认知体验、技术体验、服务体验、情感体验、价值体验	沈军威等⑧

① 刘阳,朱君璇.基于移动社交网络的用户体验动态测量研究[J].情报理论与实践,2018,41(06):106-110.

② 施国洪,王凤.基于用户体验的高校移动图书馆服务质量评价体系研究[J].情报资料工作,2017(06):62-67.

③ 金燕.基于用户体验的协同内容创建系统质量保证措施——以百度百科为例[J].情报理论与实践,2016,39(03):6-9,25.

④ 魏群义,李艺亭,姚媛.移动图书馆用户体验评价指标体系研究——以重庆大学微信图书馆平台为例[J].国家图书馆学刊,2018,27(05):21-31.

⑤ 金小璞,毕新.基于用户体验的移动图书馆服务质量影响因素分析[J].情报理论与实践,2016,39(06):99-103.

⑥ 吴丹,冉爱华.移动阅读应用的用户体验比较研究[J].现代图书情报技术,2015(Z1):73-79.

⑦ 杨雪梅,李信,沈丽宁.用户体验视角下 APP 评价指标体系构建[J].数字图书馆论坛,2017(2):59-66.

⑧ 沈军威,倪峰,郑德俊.移动图书馆平台的用户体验测评[J].图书情报工作,2014,58(23):54-60.

续表

具体指标	参考文献
愉悦性、可靠性、可获取性、有用性、交互性	张熠等①
基于认知的信息质量评价指标、基于情感的信息质量评价指标	金燕②

（2）测评方法。

在国内外用户体验测评研究中，常用的测评方法有问卷调查法、启发式评估法、发声思考法、综合评价法、深度访谈法、卡片分类法、系统日志挖掘法以及生理行为评价法等。问卷调查法是用户体验测评最常用的方法，将用户体验的构成细分成相应的指标，根据指标设计相应的问题与评分选项。③ ChanLin 和 Hung④ 采用问卷调查法，调查 336 名学生，对图书馆移动网站的可用性进行了评价。启发式评估法一般邀请 3~5 位可用性专家或工程师来评价产品或系统的可用性问题。Fung 等⑤以哈佛大学和香港中文大学为标杆，采用启发式评估法对香港大学图书馆移动网站的可用性进行了评估。还有学者采用启发式评估法对沙特阿拉伯西部地区的两所

① 张熠,朱琪,李孟.用户体验视角下国内移动学习 APP 评价指标体系构建——基于 D-S 证据理论[J].情报杂志,2019,38(02):187-194.

② 金燕,杨康.基于用户体验的信息质量评价指标体系研究——从用户认知需求与情感需求角度分析[J].情报理论与实践,2017,40(2):97-101.

③ 丁一,郭伏,胡名彩等.用户体验国内外研究综述[J].工业工程与管理,2014,19(4):92-97.

④ ChanLin L J,Hung W H. Usability and evaluation of a library mobile web site[J]. The Electronic Library,2016,34(4):636-650.

⑤ Fung R H Y,Chiu D K W,Ko E H T,et al. Heuristic usability evaluation of university of hong kong libraries' mobile website [J]. The Journal of Academic Librarianship,2016,42(5):581-594.

公立大学移动图书馆网站的可用性进行了评估。① 发声思考法要求用户在使用网站时谈论他们的想法，它能让研究人员更全面地了解用户体验。Pendell 和 Bowman② 采用发声思考法对波特兰州立大学（PSU）图书馆移动网站的可用性进行了测评。除以上几种测评方法之外，刘阳和朱君璇③采用层次分析法和模糊综合动态评价法，开展了移动社交网络的用户体验动态度量研究。王玉凤等④综合运用深度访谈法、卡片分类法等方法，分析了视频新闻用户体验的影响因素。吴丹和毕仁敏⑤运用系统日志挖掘法，对移动图书馆与非移动图书馆 OPAC 用户使用检索点差异进行分析比较。Mandryk 等⑥选取皮电（GSR）、心电（EKG）、肌电（EMG）、呼吸振幅（RespAmp）和呼吸速率（RespRate）等作为测评用户体验的生理反应指标，对娱乐技术的用户体验进行了测量。实验结果表明，这些生理反应可以评估用户使用娱乐技术的体验。

1.2.2.4　用户体验的提升研究

国内外学者从不同视角开展了用户体验的提升研究，主要集中

①　Eidaroos A, Alkraiji A. Evaluating the Usability of Library Websites Using an Heuristic Analysis Approach on Smart Mobile Phones: Preliminary Findings of a Study in Saudi Universities[J]. Advances in Intelligent Systems and Computing, 2015, 353: 1141-1152.

②　Pendell K D, Bowman M S. Usability study of a library's mobile website: An example from Portland State University[J]. Information technology and libraries, 2012, 31(2): 45-62.

③　刘阳, 朱君璇. 基于移动社交网络的用户体验动态测量研究[J]. 情报理论与实践, 2018, 41(06): 106-110.

④　王玉凤, 孙宇, 宫承波. 基于视频新闻的用户体验要素模型探究[J]. 当代传播, 2018(05): 101-106.

⑤　吴丹, 毕仁敏. 移动图书馆与非移动图书馆用户检索点比较分析[J]. 图书情报工作, 2016, 60(18): 21-26.

⑥　Mandryk R L, Inkpen K M, Calvert T W. Using psychophysiological techniques to measure user experience with entertainment technologies[J]. Behaviour & information technology, 2006, 25(2): 141-158.

在可用性提升研究和情感提升研究两个方面。Pendell 和 Bowman①
采用现场和实验室相混合的方法，对波特兰州立大学(PSU)图书馆
移动网站的可用性进行了测试。研究结果显示，网站设计、无线网
络连接、手机软(硬)件都存在各种各样的错误，在此基础上提供
了改善用户体验的建议。Rosario 等②在评估纽约医学院健康科学
图书馆(NYMC HSL)移动网站的可用性的基础上，根据用户非正式
反馈的评论或建议，对 NYMC HSL 移动网站进行了重新设计。Yeh
和 Fontenelle③ 将优化和未优化的科罗拉多大学(CU)安舒茨医学校
区健康科学图书馆移动网站进行了比较，以评估优化的移动网站的
可用性。研究结果表明，当使用优化的移动网站时，信息检索的有
效性和效率得到了提高。崔竞烽等④基于 Shapley 值算法进行图书
馆微信公众平台用户满意度分析，并为了提升图书馆微信公众平台
的用户体验，从心理愉悦度、内容吸引度、感官接受度、使用受益
度 4 个维度，提出了优化策略。李宇佳等⑤从用户体验视角出发，
在分析移动图书馆用户的感觉、信息、情感、社会、自我实现 5 种
需求的基础上，为了提高移动图书馆的服务质量，从感官体验、信
息资源、交互、情感化四个设计方面，提出了移动图书馆改进建

① Pendell K D, Bowman M S. Usability study of a library's mobile website: An example from Portland State University [J]. Information technology and libraries, 2012, 31(2):45-62.

② Rosario J A, Ascher M T, Cunningham D J. A study in usability: redesigning a health sciences library's mobile site [J]. Medical reference services quarterly, 2012, 31(1):1-13.

③ Yeh S T, Fontenelle C. Usability study of a mobile website: the Health Sciences Library, University of Colorado Anschutz Medical Campus, experience [J]. Journal of the Medical Library Association: JMLA, 2012, 100(1):64-68.

④ 崔竞烽,郑德俊,孙钰越,等. 用户体验视角下的图书馆微信公众平台满意度研究[J]. 图书馆论坛, 2018(3):133-140.

⑤ 李宇佳,张向先,张荣永. 用户体验视角下的移动图书馆用户需求研究——基于系统动力学方法[J]. 图书情报工作, 2015, 59(06):90-96,119.

议。此外，王毅和魏扣①基于数字档案资源用户体验的五个构成要素：有用性、满意性、易查性、价值性、可用性，从资源建设、档案开发、多元化检索、知识服务、系统优化五个方面，提出了优化用户体验的数字档案资源服务策略。金小璞等②在分析移动图书馆的信息内容、界面设计、系统性能 3 个要素关系的基础上，从用户体验视角构建了移动图书馆服务质量提升机制，并结合案例研究，从丰富信息内容、优化界面设计、提高系统性能三个方面，提出了移动图书馆服务质量提升策略。

由前述可知，国内外学者在用户体验的要素、模型、测评和提升等方面进行了大量的探索，并将研究成果应用于移动图书馆、移动阅读、移动社交、移动新闻、移动导航、移动音乐、移动健康、移动社会化媒体及社会化问答平台等，但是尚未发现与 MVS 用户体验相关的研究。由于应用领域、使用情景等方面存在差异，已有的研究成果并不能对 MVS 环境下的用户体验做很好的解释，因此开展 MVS 平台用体验研究，探究影响 MVS 平台用户体验的关键因素及其作用机理，对提升 MVS 平台用户体验具有重要作用。

通过文献综述可以看出，在 MVS 研究方面，国内外文献发表的研究成果主要集中在关键点检测、特征提取与表示、特征索引与匹配、几何一致性验证、体系结构与模式机制、系统框架与搜索算法、系统应用与交互式系统、数据集构建与数据库压缩以及 MVS 产品比较与标准化等。这些研究成果不仅拓宽了 MVS 领域研究视野、深化了信息检索理论，为本书从用户行为视角开展 MVS 平台用户体验研究提供了一定的启发，还为 MVS 用户体验提升策略提供了重要参考。在用户体验研究方面，国内外学者在用户体验的要素、模型、测评、提升等方面进行了大量的探索，并将研究成果应用于移动图书馆、移动阅读、移动社交、移动新闻、移动导航、移

---

① 王毅,魏扣. 优化用户体验的数字档案资源服务策略研究[J]. 档案学通讯,2017(01):64-69.

② 金小璞,陈娇,徐芳. 基于用户体验的移动图书馆服务质量提升机制构建[J]. 现代情报,2017,37(11):87-92,104.

动音乐、移动健康、移动社会化媒体及社会化问答平台等，为用户体验理论的发展与应用奠定了坚实的基础，也为本书开展 MVS 平台用户体验研究提供了一定的参考借鉴。但是现有研究还存在一些不足之处，具体体现在以下几个方面：

(1)在现有的 MVS 研究中，学者们分别从技术算法视角开展了诸如关键点检测、特征提取与表示、特征索引与匹配、几何一致性验证等方面的研究，以及从模式机制视角开展了数字图书馆 MVS 信息服务模式和机制建设等方面的研究。然而，从用户行为视角对 MVS 平台进行研究还相当匮乏。通过用户行为研究，可为 MVS 平台的优化提供对策，从而采取有效措施改善用户体验，促进 MVS 平台应用。

(2)现有的用户体验研究主要集中在移动图书馆、移动阅读等领域，还未细化到 MVS 这一新兴领域。而且，在构建移动类 APP 用户体验实证模型时，大多数研究者直接将现有 IS 领域用户体验影响因素作为外生潜在变量，然而由于应用领域、使用情景等方面存在差异，用户体验影响因素也会有所不同，这样将会导致现有 IS 领域用户体验影响因素适用性存在异议的问题。

(3)在 IS 领域用户体验研究中，大多数研究者在未考虑应用领域、使用情景以及量表语义等方面差异的情况下，不但直接引用现有 IS 领域用户体验相关影响因素量表，而且直接对诸如信息质量、系统质量和服务质量三个设计特征进行测量。可这种测量方式未免有些过于笼统，所得到的结果不够具体和明细，也不便于更有针对性地提出用户体验提升策略。

(4)现有的 IS 领域用户体验实证性模型大多以 TAM 为基础，更多地关注用户的认知要素，却未考虑到用户的情感体验。而且，目前的研究大多针对用户的当前体验，可实际上用户的初始期望也会影响用户体验，进而影响用户满意度。因此，对于用户体验研究，不仅要关注用户的认知要素，还要考虑用户的情感体验和期望失验。此外，现有的 IS 领域用户体验实证性模型的要素大多数为学术性变量，所得出的结论难以对系统设计进行正确、有效的指导。

（5）现有的 IS 领域用户体验的提升研究大多是通过对用户体验的感性要素进行测评，直接提出改进建议，并未深挖影响用户体验的设计要素或性能要素，这样未免过于笼统，而且针对性不强。因为用户体验研究目的是找到影响用户体验的显著因素，分析其对用户体验的作用机理，提出用户体验的提升策略。在此基础上，通过对系统优化升级来提升用户体验，进而提高使用率，增强用户黏性。

基于上述问题，本书拟从用户行为视角开展 MVS 平台用户体验研究，发现影响 MVS 平台用户体验的相关因素，开发 MVS 平台用户体验影响因素量表，分析 MVS 平台用户体验影响因素的作用机理，提出 MVS 平台用户体验提升策略等，以期为 MVS 平台的管理者、设计者及运营者提供参考与决策，从而采取有效措施改善用户体验，优化 MVS 平台应用。

1.3 概念界定与研究问题

1.3.1 概念界定

1.3.1.1 移动视觉搜索（MVS）

2009 年 12 月，在斯坦福大学举行的第一届移动视觉搜索（MVS）研讨会上，移动视觉搜索（MVS）的概念首次进入公众视野。斯坦福大学图像系统工程中心（SCIEN）的 Girod 等[1]将 MVS 定义为"通过配备高分辨率摄像头、彩色显示器、硬件加速图形和位置传感器（GPS 接收器、指南针和陀螺仪）等的移动手机，获取用户视觉接近对象的图像或视频（视觉对象），并通过宽带无线网络搜索

① Girod B, Chandrasekhar V, Chen D M, et al. Mobile Visual Search[J].
IEEE Signal Processing Magazine,2011,28(4):61-76.

视觉对象关联信息的一类应用程序"。自此之后，学者们从不同视角给予了 MVS 定义。Tous 和 Delgado① 认为"MVS 是指在给定输入图片或视频(通常由手持设备拍摄)的情况下，查找信息(视觉或非视觉)的任务"。Sun② 将 MVS 定义为"作为在 CBIR 中的一种新型研究领域，可以专门为移动设备提供视觉信息的搜索和检索服务"。朱庆华③和赵宇翔等④认为"MVS 是指利用移动终端将真实世界中实体对象的图像或视频作为检索项，通过移动互联网搜索视觉对象关联信息的一种交互式信息检索方式"。此外，段凌宇等⑤、林杰⑥、张兴旺等⑦、雷方元等⑧也分别对 MVS 赋予了不同的定义。

综上所述，本书对 MVS 概念的界定，倾向于朱庆华⑨和赵宇翔等⑩对 MVS 的描述。此外，MVS 平台(产品)主要指淘宝的

———————————

① Tous R, Delgado J. Uniform query formalization in mobile visual search: From standards to practice[J]. Signal Processing Image Communication, 2012, 27(8):883-892.

② Sun Huiguang. Mobile visual search[D]. Master of Engineering by Research thesis, School of Electrical, Computer and Telecommunications Engineering, University of Wollongong, 2013. http://ro.uow.edu.au/theses/4108.

③ 朱庆华. 大数据环境下数字资源移动视觉搜索机制[J]. 情报资料工作, 2016, 37(4):5.

④ 赵宇翔, 朱庆华. 大数据环境下移动视觉搜索的游戏化机制设计[J]. 情报资料工作, 2016(4).

⑤ 段凌宇, 黄铁军, 高文. 移动视觉搜索技术研究与标准化进展[J]. 信息通信技术, 2012(6):51-58.

⑥ 林杰. 面向移动视觉搜索的紧凑聚合描述子研究[D]. 北京交通大学, 2014:1.

⑦ 张兴旺, 李晨晖. 数字图书馆移动视觉搜索机制建设的若干关键问题[J]. 图书情报工作, 2015(15):42-48.

⑧ 雷方元, 戴青云, 赵慧民, 蔡君, 魏文国. 移动视觉搜索中无线网络带宽技术研究进展[J]. 中山大学学报(自然科学版), 2016, 55(01):68-74, 79.

⑨ 朱庆华. 大数据环境下数字资源移动视觉搜索机制[J]. 情报资料工作, 2016, 37(4):5-5.

⑩ 赵宇翔, 朱庆华. 大数据环境下移动视觉搜索的游戏化机制设计[J]. 情报资料工作, 2016(4).

"拍立淘"和京东的"拍照购"等国内移动电子商务平台的拍照
搜索。

1.3.1.2 用户体验(UX)

20 世纪 70 年代,阿尔文·托夫勒(Alvin Toffler)在《未来的冲
击》①一书中提出"体验经济"以来,用户对产品的需求不局限于追
求功能性满足,更多地注重心理需求,因此用户体验研究越来越受
到学术界和工业界的关注。用户体验(User Experience,UX)的概念
是由美国认知心理学家、用户体验设计师唐纳德·A. 诺曼(Donald
Arthur Norman)等②在 20 世纪 90 年代中期提出。它是一个涉及心
理学、社会学、美学、人体工程学和计算机科学等多个领域的跨学
科交叉概念。由于 UX 具有跨学科特点,迄今为止,关于 UX 的定
义学术界和工业界还未达成一致。但是总的来说,国际标准化组织
(ISO)关于 UX 的定义在学术界和工业界认可度比较高。ISO 9241-
210 标准③将 UX 定义为"用户在使用或预计要使用某产品、系统或
服务时产生的主观感受和反应"。系统、用户和交互环境是影响用
户体验的三要素。ISO 对该定义进行了补充说明:UX 包含使用前、
使用时及使用后所产生的情感、信仰、喜好、认知印象、生理和心
理上的反应、行为和后果等。④ 此外,可用性专业协会(Usability
Professional's Association,UPA)⑤将 UX 概括为"用户与产品、服务

① [美]阿尔文·托夫勒著.未来的冲击[M]. 蔡伸章,译.北京:中信出版
社,2006:128.

② Norman D, Miller J, Henderson A. What you see, some of what's in the
future, and how we go about doing it: HI at Apple Computer[C]//Conference
Companion on Human Factors in Computing Systems. 1995:155.

③ ISO 9241-210. Ergonomics of human-system interaction-Part 210: Human-
centered design for interactive systems[S]. Geneva:ISO,2008.

④ 樽本徹也. 用户体验与可用性测试[M]. 陈啸,译.北京:人民邮电出
版社,2015:7.

⑤ UPA(Usability Professional's Association). Usability Body of Knowledge
[EB/OL]. [2018-06-20]. http://usabilitybok. org/glossary/19#letteru.

或公司交互的各个方面，构成了用户对整体的感知"。Hassenzahl和 Tractinsky[1] 认为"UX 不仅仅是一种满足工具需求的技术，而且它的使用可看作是一种主观的、情境的、复杂的和动态的体验。"Forlizzi 和 Battarbee[2] 将 UX 定义为"在具有明确开始和结束这段时间内发生的所有使用体验。"Olsson[3] 将 UX 分为经历性体验和累积性体验。赵宇翔等[4]认为"UX 是用户在使用一个产品或服务的过程中建立起来的一种主观心理感受"。

综上所述，本书根据 ISO 9241-210 标准对 UX 的定义，并参考上述其他 UX 的定义，将 UX 的概念界定为：用户在使用 MVS 平台之前、使用期间和使用之后的心理认知和行为意愿。

1.3.2 研究问题

本书拟解决以下 3 个研究问题：

(1)MVS 平台用户体验影响因素的构成研究。

该部分的研究采用文献调查法对国内外 MVS 相关文献进行梳理、分析及归纳总结，得出影响 MVS 平台用户体验的关键因素。同时，为了使 MVS 平台用户体验的影响因素更具有针对性和说服力，采用半结构化访谈法对 MVS 平台用户开展一对一的深度访谈，并采用扎根理论方法分析提炼影响 MVS 平台用户体验的相关因素。

① Hassenzahl M, Tractinsky N. User experience-a research agenda [J]. Behaviour & information technology,2006,25(2):91-97.

② Forlizzi J, Battarbee K. Understanding experience in interactive systems[C]//Proceedings of the 5th conference on Designing interactive systems: processes,practices,methods,and techniques. ACM,2004:261-268.

③ Olsson T. Concepts and subjective measures for evaluating user experience of mobile augmented reality services [M]//Human factors in augmented reality environments. Springer,New York,2013:203-232.

④ 赵宇翔,张苹,朱庆华. 社会化媒体中用户体验设计的理论视角:动因支撑模型及其设计原则[J]. 中国图书馆学报,2011,37(5):36-45.

最终，根据国内外文献分析和访谈资料扎根分析的结果，提出MVS平台用户体验影响因素。

（2）MVS平台用户体验影响因素量表的开发研究。

该部分主要是对MVS平台用户体验影响因素量表进行开发。首先，在MVS平台用户体验影响因素研究的基础上，通过参照和借鉴已有研究成果，分别对主范畴因素和副范畴因素进行构念（潜变量）定义，并对副范畴构念的测量题目进行操作型定义。其次，在初始量表设计完成后，对初始量表内容进行效度评估和适应性调研，并根据反馈意见对初始量表进行修订。然后，为了使MVS平台用户体验影响因素量表的测量题目更加准确，通过探索性因子分析进一步探索和确定MVS平台用户体验影响因素量表的测量题目。最后，通过验证性因子分析对探索性因子分析所构建的量表的构念效度进行检验，删除各测量模型中残差不独立的测量题目，并对测量模型进行组合验证。在此基础上，得到正式的"MVS平台用户体验影响因素量表"。

（3）MVS平台用户体验模型的构建与实证研究。

该部分首先从用户体验全过程的视角出发，将S-O-R模型与EDT模型整合，结合系统特征、认知要素、情感体验和期望失验等，构建MVS平台用户体验概念模型。其次，根据图式理论、期望失验理论和已有的相近研究成果，提出MVS平台用户体验概念模型中各构念（潜变量）之间关系的研究假设。然后，根据正式的"MVS平台用户体验影响因素量表"和借鉴国内外相关文献中已有成熟量表，形成最终的"MVS平台用户体验概念模型各构念的测量量表"，并在此基础上进行"MVS平台用户体验调查问卷"设计和数据采集。最后，采用SmartPLS 3.0进行共同方法变异检验、测量模型评估、结构模型评估等，并对数据分析结果进行分析与讨论。

1.4 研究方法与框架

1.4.1 研究方法

本书将采用定性与定量相结合的混合研究方法开展研究。主要的研究方法如下：

（1）文献调查法（Literature Survey）。

首先，通过对大量的文献进行调查，回顾 MVS 国内外研究现状，发现研究的空白点，找出研究问题及确定研究视角；其次，回顾用户体验模型、期望失验理论、S-O-R 模型、ISSM 模型等及其在情报学或信息系统研究领域的应用，为本书研究构建 MVS 平台用户体验概念模型奠定理论基础；再次，通过对国内外 MVS 相关研究文献进一步梳理、分析及归纳总结，提炼影响 MVS 平台用户体验的关键因素；最后，梳理总结与本书研究相接近的用户体验方面的文献，为 MVS 平台用户体验研究奠定基础。

（2）访谈法（Interview）。

访谈法是一种通过访谈者与受访者之间的沟通与互动来了解受访者的心理和行为的研究方法。访谈与日常生活中的谈话有着明显的不同：首先，访谈要有一定的主题和目的；其次，访谈要有调查者的主动反省和反思的过程，要有不断追问和倾听的技术；再次，访谈主张在细微处发现被访者的感受和想法、态度和观点，从而构建与访谈主题有关的认识意义；最后，访谈强调调查者重在倾听，而被调查者重在倾诉。① 本书拟采用该方法对 MVS 平台用户进行

---

① 周德民等．社会调查方法教程［M］．北京：中国劳动社会保障出版社，2008：167-188.

半结构化访谈，以收集影响 MVS 平台用户体验的原始数据。

（3）扎根理论方法（Grounded Theory）。

扎根理论方法①是一种运用系统化的程序分析整理资料的质性研究方法，由芝加哥大学的 Barney Glaser 和哥伦比亚大学的 Anselm Strauss 两位学者于 1967 年提出。该方法主张从日常的生活经验和社会现象中提取概念并建立理论，是一种归纳式的自下而上的研究过程。② 本书拟采用该方法对 MVS 平台用户体验访谈数据进行质性分析，进一步挖掘 MVS 平台用户体验影响因素，为 MVS 平台用户体验影响因素的量表开发打下基础。

（4）探索性因子分析（Exploratory Factor Analysis）。

探索性因子分析③是一项用来实证研究者所设计的多元测量变量确实在测量某一潜在变量，并厘清潜在变量的本质结构，能够将一群具有共同特性的测量变量，抽离出背后潜在变量的统计分析技术。本书拟采用探索性因子分析对文献调查法和访谈资料扎根分析法所确定的因子结构作进一步的探索和确定。

（5）验证性因子分析（Confirmatory Factor Analysis）。

验证性因子分析可以用来测试一个潜在变量与相对应的测量变量之间的关系是否与研究者所设计的理论关系相符合。在结构方程应用中，对测量模型进行检验，即是验证性因子分析。从使用目的来看，探索性因子分析是为了确立量表的构建效度，而验证性因子分析是为了检验该构建效度的适切性与真实性。④ 本书拟采用验证

---

① Glaser B, Strauss A L. The discovery of grounded theory: strategy of qualitative research[J]. Nursing Research, 1967, 3(4):377-380.

② 刘鲁川, 李旭, 张冰倩. 基于扎根理论的社交媒体用户倦怠与消极使用研究[J]. 情报理论与实践, 2017, 40(12):100-106.

③ 邱皓政. 量化研究与统计分析: SPSS(PASW)数据分析范例解析[M]. 重庆: 重庆大学出版社, 2017:333-343.

④ 吴明隆. 结构方程模型: AMOS 的操作与应用. 第 2 版[M]. 重庆: 重庆大学出版社, 2010:212.

性因子分析对探索性因子分析所确定的因子结构的测量题目的有效
性作进一步验证。

（6）问卷调查法（Questionnaire Survey）。

问卷调查法是一种最常见的资料搜集方法，它主要用于衡量被
调查者的各种行为、态度和社会特征。与其他资料搜集方法相比，
它有着自身非常突出的特点：调查空间的广阔性、调查过程的匿名
性、调查干扰的排除性、调查投入的节省性和调查资料的量化性
等。① 本书拟采用问卷调查法，获取 MVS 平台用户体验研究所需
的原始数据。

（7）结构方程模型（Structural Equation Modeling）。

结构方程模型源于因子分析和路径分析。基于因子分析的测量
模型与基于路径分析的结构模型的整合，形成了一个数据分析的一
般框架，称为结构方程模型。结构方程模型在估计一组观测变量与
其代表的潜变量关系的同时，分析各潜变量之间的关系。这样，潜
变量之间的关系估计不受测量误差的影响。② 本书拟在问卷调查的
基础上，采用基于协方差矩阵的结构方程（CB-SEM），对 MVS 平台
用户体验影响因素进行验证性因子分析，采用基于主成分分析和回
归分析的结构方程（也称偏最小二乘法，PLS），对 MVS 平台用户
体验影响因素的作用机理等进行实证分析。

1.4.2 研究框架

本书详细的框架结构如图 1-3 所示。

① 周德民等. 社会调查方法教程[M]. 北京:中国劳动社会保障出版社,
2008:134-166.

② 王济川等. 结构方程模型:方法与应用[M]. 北京:高等教育出版社,
2011:1-2.

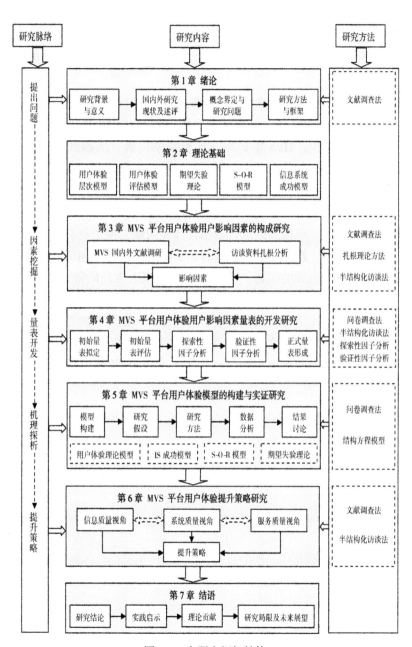

图 1-3 本研究框架结构

1.5 研究创新点

（1）MVS作为新一代互联网服务模式，由于用户体验不佳，本书研究构建了MVS平台用户体验影响因素及其作用机理理论框架（UX3Q），提出了MVS平台用户体验影响因素，所得到的结果更具体、更确切、更符合实际，同时还拓展了信息系统成功模型三个质量因素之间关系，证实了图式理论。

（2）本书针对MVS这一新兴领域，开发了MVS平台用户体验影响因素量表，所得到的量表更加具体和明细，便于更有针对性地提出提升策略，避免了引用量表时面临应用领域、使用情景以及量表语义等方面差异的问题，丰富了IS领域量表方面的研究。

（3）从用户体验全过程的视角出发，将S-O-R模型与EDT模型整合，结合系统特征、认知要素、情感体验和期望失验等，构建了MVS平台用户体验概念模型，并通过实证研究揭示了MVS平台用户体验影响因素的作用机理，进一步丰富了IS领域用户体验的研究成果。

2 理 论 基 础

2.1 用户体验模型

随着人机交互技术向人类活动的各个领域逐渐渗透，信息系统评价从单纯的可用性(即效率、效果和基本主观满意度)扩展到范围更广泛的用户体验中。尽管信息系统的可用性是交互式设计基本和重要的目标，但是成功的设计仅有可用性是不够的，还要给用户带来良好的用户体验。因此，为了让用户获得良好的用户体验，信息系统的设计者应根据用户的期望来设计适合他们的用户体验。用户体验的价值如图 2-1 所示。① 目前，在已有的关于用户体验内容的研究中，主要有两类代表性的理论模型：一类是用户体验层次模型，该类理论模型用于指导提升用户体验；另一类是用户体验评估模型，该类理论模型用于指导用户体验评估。

2.1.1 用户体验层次模型

(1)Jesse James Garrett 的用户体验五层次模型

① The Importance of User Experience [EB/OL]. [2018-06-22]. https://experiencedynamics.blogs.com/site_search_usability/2006/09/the_importance_.html.

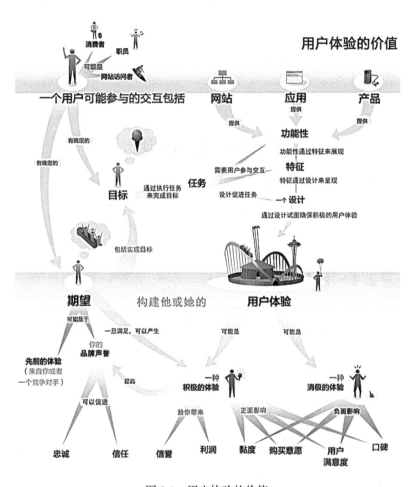

图 2-1　用户体验的价值

　　加瑞特(Jesse James Garrett)在《用户体验要素：以用户为中心的产品设计》①一书中认为，用户体验从逻辑和架构上分为五个层面和十个设计要素，如图 2-2 所示。战略层主要关注"用户需求"和"产品目标"，是在设计用户体验过程中做出每一个决定的基础；

———————

　　①　[美]加瑞特.用户体验要素：以用户为中心的产品设计[M].范晓燕，译.北京：机械工业出版社，2011：28-30.

在确定战略层之后，就需要将"用户需求"和"产品目标"转化为功能和内容提供给用户，这个部分就变成了范围层，范围层主要关注功能规格和内容需求；结构层则是确定这些功能规格和内容最合适的组合方式，让内容分布合理，结构层主要关注信息架构和交互设计；框架层则是用于优化设计布局，从而最大化文字、图片、表格和其他元素的效果和效率，框架层主要关注界面、导航和信息三个方面的设计；表现层是指用户看到的是一系列界面，将以上四个层面包含的功能和内容以更美观的形式向用户展示，给他们更好的感觉，表现层主要关注视觉设计。

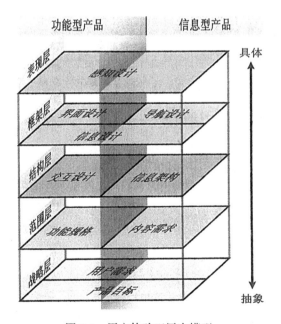

图 2-2　用户体验五层次模型

（资料来源：[美]加瑞特①）

---

① [美]加瑞特.用户体验要素：以用户为中心的产品设计[M].范晓燕，译.北京：机械工业出版社,2011:28-30.

（2）Donald Arthur Norman 的设计三层次。

唐纳德·A.诺曼（Donald Arthur Norman）在《情感化设计》①一书中指出，一项设计必须考虑本能（Visceral）、行为（Behavior）和反思（Reflective）三种不同的层次。本能层次的设计关注的是外形，在本能层次上"视觉、触觉和听觉"这些物理特征处于支配地位。本能层次的设计讲究的就是即刻的情感效果，精美的图像、令人愉悦的声音等都是重要的体验要素。行为层次的设计关注的是操作，讲究的就是效用。优秀行为层次的设计包括功能、易懂性、可用性和物理感觉四个方面。反思层次的设计关注的是形象和印象，注重的是信息、文化以及产品或者产品效用的意义。对于个人来说，反思层次不仅可以通过某件事情或物品引起个人的回忆，而且可以传递个人的自我形象和品位等。综上所述，设计师在设计新的产品或系统时，应综合考虑设计的这三种层次，创造出既美观易用又富有个性的产品。

2.1.2 用户体验评估模型

（1）Peter Morville 的蜂窝模型。

信息架构师彼得·莫维里（Peter Morville）将他的研究兴趣从信息架构扩展到 UX 时，提出一个用于评估用户体验的蜂窝模型，② 如图 2-3 所示。从该蜂窝模型可以看出，用户体验的组成元素包括可用的（Usable）、有用的（Useful）、可达的（Accessible）、可找到的（Findable）、可靠的（Credible）、有价值的（Valuable）、合意的（Desirable）。"可用的"是指信息系统平台的功能可以很好地满足用户需求，ISO9241/11 将可用性定义为"一个产品可以被特定的用户在特定的境况中，有效、高效并且满

① ［美］唐纳德·A.诺曼.情感化设计［M］.何笑梅等,译.北京:中信出版集团,2015:48-75.

② Peter Morville. User Experience Design ［EB/OL］.［2019-05-12］. http://semanticstudios.com/user_experience_design/

意的达到特定目标的程度";① "有用的"是指信息系统平台的功能帮助用户达到自己的目标或帮助用户完成一些必须的事务;"可达的"是指要求信息系统平台的信息可以被所有的用户获得;"可找到的"是指信息系统平台的导航清晰便捷,能够协助用户轻松定位(找到)其需要的任何资源和位置;"可靠的"是指信息系统平台的各元素能够被用户相信和信赖;"合意的"是指信息系统平台的各元素(图像、品牌和形象等)应当满足用户的各种情感体验;"有价值的"是指信息系统平台要为投资人贡献价值并提升用户的满意度,或者用户体验必须促进完成目标。

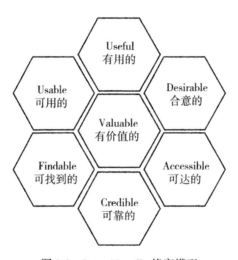

图 2-3 Peter Morville 蜂窝模型

(2)Whitney Quesenbery 的 5E 模型。

用户界面设计师奎瑟贝利(Whitney Quesenbery)以用户体验目标为视角提出了 5E 模型,② 包括有效的(Effective)、有效率的

---

① ISO 9241-11. Ergonomic requirements for office work with visualdisplay terminals (VDT's)-Part 11:Guidance on usability [S]. Geneva:ISO,1998.

② Quesenbery W. Balancing the 5Es of Usability [J]. Cutter IT Journal, 2004,17(2):4-11.

（Efficient）、吸引的（Engaging）、容错（Error tolerant）、易学（Easy to Learn），如图 2-4 所示。"有效的"表明信息系统是有用的，可以帮助用户准确地实现他们的目标；"有效率的"是指完成工作的速度(与精确性要求相关)，效率可以被仔细地定义，例如在一个呼叫中心，接线员可以测量他们一天能处理的呼叫数量；"吸引的"是指界面的使用所带来的愉快、满意或兴趣程度；"容错"包含信息系统防止错误的程度和帮助用户从出现的任何错误中恢复；"易学"关注信息系统支持首次引导和深度学习的程度。

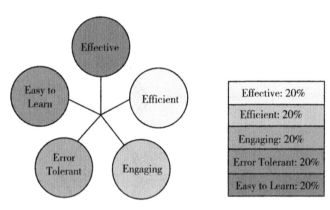

图 2-4　Whitney Quesenbery 的 5E 模型

（资料来源：Whitney①）

（3）Sascha Mahlke 的基本用户体验过程模型。

Mahlke② 认为要充分理解用户的交互体验，就必须整合用户体验的各个方面，为此，他提出了一个基本的用户体验过程模型（如图 2-5 所示）。该模型集成了用户体验相关部分，为进一步研究

---

① Quesenbery W. Balancing the 5Es of Usability［J］. Cutter IT Journal, 2004,17(2):4-11.

② Mahlke S. Understanding users' experience of interaction［C］//Proceedings of the 2005 annual conference on European association of cognitive ergonomics. University of Athens,2005:251-254.

提供了基础。在基本的用户体验过程中，在相关体验维度上关于使用特征的信息处理被定义为认知部分，包括技术特征与非技术特征两个维度。一方面，信息处理受到交互系统特征的影响，用户在与系统交互过程中感知这些特征。另一方面，信息处理会导致各种体验结果产生，例如用户对系统的使用和评价行为，以及更复杂的情感结果等。同时，用户感知这些系统特征所产生的直接情感反应，对认知部分和用户行为也起到一定的作用。

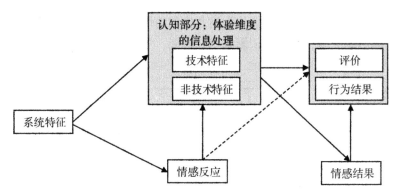

图 2-5 基本的用户体验过程和研究框架

（资料来源：Mahlke①）

综上所述，本书将参照 Peter Morville 的蜂窝模型，Whitney Quesenbery 的 5E 模型，Sascha Mahlke 的基本用户体验过程模型，结合 Jesse James Garrett 的用户体验五层次模型和 Donald Arthur Norman 的设计三层次，经综合分析，提出 MVS 平台用户体验概念模型的构成要素(构念)。

63

① Mahlke S. Understanding users' experience of interaction[C]//Proceedings of the 2005 annual conference on European association of cognitive ergonomics. University of Athens,2005:251-254.

2.2 期望失验理论

Oliver① 于 1980 年提出期望失验理论（Expectancy Disconfirmation Theory，EDT），所谓失验就是期望与感知性能比较产生不一致的结果。该理论在解释和预测消费者满意度和重购意向研究中得到了广泛的应用，重购意向由满意度决定，满意度由失验和期望共同决定。1982 年，Churchill 和 Surprenant② 对 EDT 模型进行了扩展，并明确指出感知性能作为满意度的前因变量，感知性能和期望共同影响失验，用户期望影响感知性能，如图 2-6 所示。

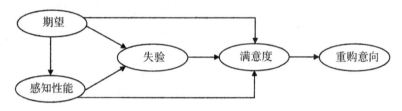

图 2-6　期望失验理论

（资料来源：Churchill 和 Surprenant③）

EDT 模型假设消费者的满意度是一个五步过程的结果：④ 第一，消费者在购买前会对特定产品或服务形成初始期望。第二，消费者接受并使用该产品或服务，经过一段时间的初始消费后，他们

①　Oliver R L. A Cognitive Model of the Antecedents and Consequences of Satisfaction Decisions[J]. Journal of Marketing Research,1980,17(4):460-469.

②　Churchill G A, Surprenant C. An Investigation into the Determinants of Customer Satisfaction[J]. Journal of Marketing Research,1982,19(4):491-504.

③　Churchill G A, Surprenant C. An Investigation into the Determinants of Customer Satisfaction[J]. Journal of Marketing Research,1982,19(4):491-504.

④　Chiu C M,Hsu M H,Sun S Y,et al. Usability,quality,value and e-learning continuance decisions[J]. Computers & Education,2005,45(4):399-416.

形成了对其显著属性的性能感知。第三，消费者将这些性能感知与初始期望进行对比，判定他们的初始期望得到确认的程度。当感知性能超出期望时，会产生正面失验；当感知性能等于期望时，无失验产生；当感知性能低于期望时，会产生负面失验。第四，消费者根据他们的失验程度形成满意或不满意的感觉。一个适度的满意度将通过确认(Confirmation)来维持，通过正面失验(Positive Disconfirmation)的愉悦来增强，并且由于负面失验(Negative Disconfirmation)的失望而减少。第五，满意的消费者产生了将来重新使用产品或服务的意图，而不满意的用户则会停止后续的使用。

到目前为止，在信息系统(IS)研究领域EDT得到了广泛的应用，成为该领域相关研究的重要理论基石，诸如IS持续使用意愿、电子商务服务延续和Web客户满意度。Bhattacherjee① 在EDT理论的基础上，提出了一个信息系统持续使用模型，并通过对在线银行用户的实地调查进行了实证验证。研究结果表明，用户的持续使用意向取决于他们对IS的满意度，以及IS持续使用的感知有用性。Bhattacherjee② 为了研究消费者持续使用企业对消费者电子商务服务意愿的关键驱动因素，基于消费者行为文献中的EDT理论、IS使用文献中的TAM模型以及组织经济学文献中的代理理论，提出了一个客户满意度/持续理论模型，并通过对在线经纪(OLB)用户的实地调查进行了实证验证。研究结果显示：①消费者的持续使用意愿是由他们对初始服务使用的满意度、他们对服务使用的感知有用性以及服务使用的感知有用性和忠诚度激励之间的相互作用所决定；②消费者对初始服务使用的期望确认预测了满意度和感知有用性。Bhattacherjee 和 Premkumar③ 利用EDT和现有的IT使用文献，

① Bhattacherjee A. Understanding Information Systems Continuance：An Expectation-Confirmation Model[J]. MIS Quarterly,2001,25(3)：351-370.

② Bhattacherjee A. An empirical analysis of the antecedents of electronic commerce service continuance[J]. Decision Support Systems,2001,32(2)：201-214.

③ Bhattacherjee A, Premkumar G. Understanding changes in belief and attitude toward information technology usage：A theoretical model and longitudinal test[J]. MIS quarterly,2004：229-254.

提出了一个信念和态度变化的两阶段理论模型，并将失验和满意度作为驱动这种变化的两个新兴构念。研究结果显示，失验和满意度这两个新兴构念对于理解 IT 用户信念和态度的变化至关重要，并建议将其纳入未来的长期 IT 使用流程模型中。

Xu 等[1]认为"Bhattacherjee 和 Premkumar[2] 的信念和态度变化的两阶段理论模型"忽略了感知愉悦性在时序 IT 使用过程中的作用，并在 Bhattacherjee 和 Premkumar 的模型基础上，提出了一个信念和态度变化的综合时序模型(ITM)。研究结果发现：①感知愉悦性对感知有用性的影响在使用前阶段(与使用后相比)更强，并且在初始使用阶段(相对于后期使用)效果更强；②虽然感知愉悦性在使用前和初始使用阶段对态度的影响比感知有用性更强，但在后期使用阶段并非如此；相反，在后期使用阶段(与初始使用相比)感知有用性对态度的影响更强；③在初始阶段(相对于后期)，失验对改变的感知有用性和感知愉悦性的影响较强，而感知有用性和感知愉悦性期望对改变的感知有用性和感知愉悦性的影响在初始阶段(后期)较弱。Xu 等[3]通过将转换成本和习惯变量整合到 EDT 理论中，探讨了中国云存储服务(CSS)个体用户的转换意图和行为。研究结果表明，感知有用性对用户满意度产生正向影响，期望失验对用户满意度产生负向影响。虽然期望失验对感知有用性产生负向影响，但用户满意度对用户习惯和转换成本产生正向影响。同时，转换意图受到感知有用性、用户满意度以及转换成本的显著负向影响，其中转换意图和习惯可以很好地预测转换行为。

① Xu D J, Abdinnour S, Chaparro B. An Integrated Temporal Model of Belief and Attitude Change: An Empirical Test With the iPad[J]. Journal of the Association for Information Systems, 2017, 18(2): 113-140.

② Bhattacherjee A, Premkumar G. Understanding changes in belief and attitude toward information technology usage: A theoretical model and longitudinal test[J]. MIS quarterly, 2004: 229-254.

③ Xu F, Tian M, Xu G, et al. Understanding Chinese users' switching behaviour of cloud storage services[J]. The Electronic Library, 2017, 35(2): 214-232.

本书采用 EDT 模型中"感知性能和失验"对"满意度"的解释以及它们之间的关系，并借鉴现有的 IS 使用文献，来构建 MVS 平台用户体验概念模型中"感知性能和失验"对"满意度"的解释以及它们之间的关系。其中，MVS 平台用户体验概念模型中"感知性能"方面的构念来自用户体验相关理论模型。然后，基于 EDT 模型中"满意度和重构意向"两个构念之间的关系，并借鉴现有的 IS 使用文献，构建 MVS 平台用户体验概念模型中"满意度和持续使用意愿"两个构念之间的关系。

2.3 S-O-R 模型

1974 年，Mehrabian 和 Russell① 根据环境心理学提出了"刺激—机体—反应(S-O-R)"模型，如图 2-7 所示。其中，S 表示外部环境刺激(Stimulus，S)；O 表示有认知的有机体(Organism，O)；R 表示主体的行为反应(Response，R)。该理论认为外部环境刺激(S)引起主体有机体(O)在情绪和认知上的心理变化，进而影响主体的行为反应(R)，如接受或拒绝、采纳或规避。

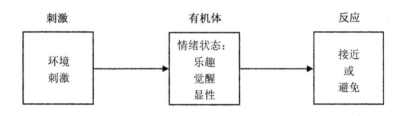

图 2-7 S-O-R 框架

(资料来源：Mehrabian 和 Russell②)

① Mehrabian A, Russell J A. An approach to environmental psychology.[M]//Cambridge：the MIT Press，1974：34-46.

② Mehrabian A, Russell J A. An approach to environmental psychology.[M]//Cambridge：the MIT Press，1974：34-46.

在情报学或信息系统(IS)研究领域,学者们广泛使用 S-O-R 范式作为理论框架开展了用户行为意愿方面的研究。Peng 和 Kim[1] 将 S-O-R 理论应用于在线购物行为,并实证检验了可能对在线购物行为产生影响的理论关系。研究结果显示,享乐购物价值正向影响消费者对在线购物和情感购买的态度;实用性购物价值显著影响消费者对在线购物的态度;环境刺激正向影响消费者对在线购物和情感购买的态度;消费者对在线购物的态度正向影响他们的重新购买意愿。Kühn 和 Petzer[2] 以 S-O-R 理论框架为基础,提出了一种用于培育新兴市场在线零售商网站客户购买意图的概念模型。实证结果表明,视觉吸引力直接正向影响流体验,流体验直接正向影响网站信任和消费者购买意图,感知可用性直接正向影响网站信任等。Parboteeah 等[3]以 S-O-R 模型为基础,提出了一个在线冲动购买模型。研究结果显示,无论网站质量如何,许多参与者都有催促购买的冲动。这种行为的可能性和冲动程度都直接受到任务相关和情绪相关的诱因质量变化的影响。与任务相关的诱因包括有助于实现在线消费者购物目标的特征,诸如安全性、导航性等。相反,与情绪相关的诱因指的是诸如界面愉悦度、吸引力等特征,这些特征会影响用户喜欢浏览网站的程度,但并不直接支持特定的购物目标。Jiang 等[4]使用 S-O-R 范式作为理论框架,实证研究了网站交互性

---

① Peng C, Kim Y G. Application of the stimuli-organism-response (SOR) framework to online shopping behavior[J]. Journal of Internet Commerce, 2014, 13 (3-4):159-176.

② Kühn S W, Petzer D J. Fostering Purchase Intentions Toward Online Retailer Websites in an Emerging Market: An S-O-R Perspective[J]. Journal of Internet Commerce, 2018, 17(3):255-282.

③ Parboteeah D V, Valacich J S, Wells J D. The Influence of Website Characteristics on a Consumer's Urge to Buy Impulsively[J]. Information Systems Research, 2009, 20(1):60-78.

④ Jiang Z, Chan J, Tan B C Y, et al. Effects of interactivity on website involvement and purchase intention[J]. Journal of the Association for Information Systems, 2010, 11(1):1.

(主动控制和互惠沟通)通过网站参与(认知参与和情感参与)对购买意愿的影响,以及网站产品类型(功能性或表达性)的调节效应,结果表明,具有高度主动控制的网站会导致认知参与,在某些情况下会导致情感参与;具有互惠沟通的网站会导致对功能性产品的情感参与,而非表达性产品的情感参与。

此外,还有学者利用 S-O-R 理论框架对有关模型(框架)进行了整合研究。例如,Fiore 和 Kim① 以 S-O-R 模型为基础,提出了一个整合享乐体验有关的"意识—情感—价值"模型和实用体验有关的"认知—情感—行为"模型的组成部分的框架,并在框架的每个组成部分综合了购物体验实证研究中所使用的一些变量,重点是实体购物体验。由此产生的框架是一个包容性的总体结构,它解释

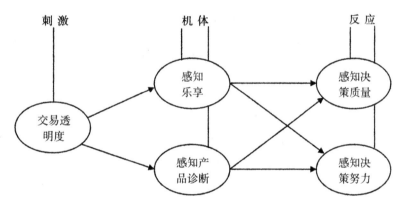

图 2-8 扩展的"努力—准确性"框架
(资料来源:Xu 等②)

① Fiore A M, Kim J. An integrative framework capturing experiential and utilitarian shopping experience[J]. International Journal of Retail & Distribution Management,2007,35(6):421-442.

② Xu J,Benbasat I,Cenfetelli R T. The nature and consequences of trade-off transparency in the context of recommendation agents[J]. MIS Quarterly,2014,38(2):379-406.

了消费者的购物体验。Xu 等①基于 S-O-R 理论框架，将感知乐享和感知产品诊断作为感知决策质量和感知决策努力的两个前因，开发了一个扩展的"努力—准确性"框架（如图 2-8 所示）。研究结果发现：①交易透明度特征显著影响感知乐享和感知产品诊断；②随着交易透明度的增加，感知乐享和感知产品诊断遵循倒 U 形曲线；③尽管用户花更多的时间通过交易透明度特征来理解属性交易，但是他们在选择产品时更有效率；④感知乐享同时导致更好的感知决策质量和更低的感知决策努力；⑤感知产品诊断可以在不影响决策工作感知的情况下提高感知决策质量。

本书以 S-O-R 模型为基础，提出 MVS 平台用户体验实证模型的总体框架，进而研究 MVS 平台的设计特征或性能特征对用户体验的作用机理。其中，S 代表 MVS 平台的设计特征或性能特征（信息质量、系统质量和服务质量）；O 表示 MVS 平台的设计特征或性能特征刺激后的心理反应（感知有用、感知易用、感知愉悦、满意度等）；R 表示用户对 MVS 平台心理反应而形成的行为反应（持续使用意向）。

2.4 信息系统成功模型

Delone 和 Mclean② 通过对 Shannon 和 Weaver③ 的通讯系统理论、Mason④ 的信息影响理论，以及 1981 年 1 月—1988 年 1 月期

① Xu J, Benbasat I, Cenfetelli R T. The nature and consequences of trade-off transparency in the context of recommendation agents[J]. MIS Quarterly, 2014, 38 (2):379-406.

② Delone W H, Mclean E R. Information Systems Success: The Quest for the Dependent Variable[M]. Information Systems Research, 1992, 3(1):60-95.

③ Shannon C E, Weaver W. The Mathematical Theory of Communication[M]. Urbana, IL: University of IllinoisPress, 1949:1-54.

④ Mason R O. Measuring information output: A communication systems approach[J]. Information & Management, 1978, 1(4):219-234.

间关于 I/S 的实证研究论文的研究，于 1992 年首次提出信息系统
成功模型(I/S Success Model)。该模型由系统质量、信息质量、系
统使用、用户满意、个人影响和组织影响六个评估变量构成，如图
2-9 所示。

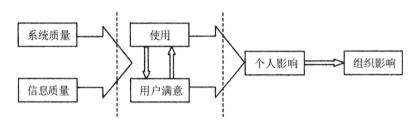

图 2-9　I/S 成功模型

（资料来源：Delone 和 Mclean①）

　　Delone 和 Mclean 在 2002 年夏天一次引文检索中，发现 1993—
2002 年年中在期刊和论文集上发表了 285 篇引用 D&M 模型的论
文。通过对这些论文分析后，Delone 和 Mclean 于 2003 年提出了更
新的 D&M 信息系统成功模型(Updated D&M IS Success Model)。②
该模型由信息质量、系统质量、服务质量、使用或使用意愿、用户
满意和净收益六个评估变量构成，如图 2-10 所示。

　　在情报学或信息系统(IS)研究领域，学者们以 D&M 信息系统
成功模型为基础，研究了信息系统用户满意度和持续使用意愿。
Symeonaki 等③基于 D&M IS 成功模型、TAM 模型以及 Wixom 和

①　Delone W H,Mclean E R. Information Systems Success：The Quest for the
Dependent Variable[M]. Information Systems Research,1992,3(1)：60-95.

②　Delone W H,Mclean E R. The DeLone and McLean Model of Information
Systems Success：A Ten-Year Update[J]. Journal of Management Information
Systems,2003,19(4)：9-30.

③　Symeonaki E, Papoutsidakis M, Tseles D, et al. Post-Implementation
Evaluation of a University Management Information System (UMIS)[C]//
International Conference on Mathematics & Computers in Sciences & in
Industry. IEEE,2017：14-19.

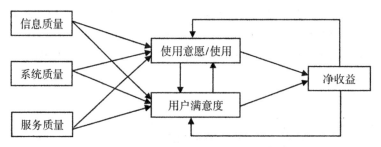

图 2-10　更新的 D&M 信息系统成功模型
（资料来源：Delone 和 Mclean①）

Todd 框架,② 开展了学生对比雷埃夫斯应用科学大学(PUAS)学生管理系统有效性的总体看法研究。结果显示，在战略规划、分配资源以及组织成功方面，学生信息系统的实施将会使 PUAS 及其学术团体受益匪浅。Ahmed 和 Sathish③ 以 D&M 的 IS 成功模型为基础，研究了移动应用质量对移动支付采纳意愿和满意度的影响。研究结果显示，信息质量对感知有用性和满意度有显著的正向影响，系统质量对满意度有显著的正向影响，服务质量对感知有用性和满意度有显著的负向影响，感知有用性和满意度正向显著影响移动支付采纳意愿。类似的，Tam 和 Oliveira④ 将 D&M 的 IS 成功模型和任务技术适配模型(TTF)模型相结合，开展了系统质量、信息质量和服

---

①　Delone W H,Mclean E R. The DeLone and McLean Model of Information Systems Success：A Ten-Year Update［J］. Journal of Management Information Systems,2003,19(4)：9-30.

②　Wixom B H,Todd P A. A Theoretical Integration of User Satisfaction and Technology Acceptance［J］. Information Systems Research,2005,16(1)：85-102.

③　Ahmed K A,Sathish A S. The Effect of App Quality on M-Payment Satisfaction and Adoption Intention among Young Indian College Students：A (IS) Success Model Approach［J］. Bonfring International Journal of Industrial Engineering and Management Science,2016：121-124.

④　Tam C,Oliveira T. Understanding the impact of m-banking on individual performance：DeLone & McLean and TTF perspective［J］. Computers in Human Behavior,2016,61：233-244.

务质量影响用户满意度等方面的研究。Mohammadi① 将 TAM 模型和 D&M 的 IS 成功模型进行整合，研究了质量特征、感知易用性、感知有用性对用户使用电子学习意图和满意度的影响。Floropoulos 等②以 D&M 的 IS 成功模型和 Seddon③ 的 IS 成功模型为基础，开发了一个包含信息质量、系统质量、服务质量、感知有用性和用户满意度的电子政务 IS 成功模型，以评估希腊税务信息系统 (TAXIS)的成功。Lee 和 Choi④ 采用 TAM 模型和 D&M 的 IS 成功模型中的一些因素构建概念模型，开展了韩国制药行业移动 ERP 应用方面的研究。

用户在使用 MVS 平台进行拍照搜索时，会涉及 MVS 平台的信息质量、系统质量和服务质量。这些设计特征或性能特征均可能影响用户对 MVS 平台体验的心理反应(感知有用性、感知易用性、感知愉悦性、满意度)，进而影响用户对 MVS 平台体验的行为反应(持续使用意向)。因此，本书可以在 D&M 的 IS 成功模型的基础上，开展 MVS 平台用户体验影响因素以及相应影响的研究。

2.5 本章小结

本章首先阐述了两类代表性的用户体验理论模型：一类是用户

① Mohammadi H. Investigating users perspectives on e-learning：An integration of TAM and IS success model[J]. Computers in Human Behavior,2015, 45(C):359-374.

② Floropoulos J,Spathis C,Halvatzis D,et al. Measuring the success of the Greek Taxation Information System [J]. International Journal of Information Management,2010,30(1):47-56.

③ Seddon P B. A Respecification and Extension of the DeLone and McLean Model of IS Success[J]. Information Systems Research,1997,8(3):240-253.

④ Lee S,Choi K D. A study on mobile erp application usage of smartphones：A case of traveling salesman in pharmaceutical company[J]. Journal of Theoretical & Applied Information Technology,2018,96(2):492-500.

体验层次模型(Jesse James Garrett 的用户体验五层次模型、Donald Arthur Norman 的设计三层次)，该类理论模型用于指导提升用户体验；另一类是用户体验评估模型(Peter Morville 的蜂窝模型、Whitney Quesenbery 的 5E 模型、Sascha Mahlke 的基本用户体验过程模型)，该类理论模型用于指导用户体验评估。其次，回顾了期望失验理论、S-O-R 模型、D&M 的 IS 成功模型，以及这些理论模型在情报学或信息系统(IS)研究领域的应用。最后，对这些理论模型在构建 MVS 平台用户体验概念模型时的作用进行了说明，以期为构建 MVS 平台用户体验概念模型提供理论支撑。

3 MVS 平台用户体验影响
因素的构成研究

　　为探究 MVS 平台用户体验的影响因素，本章首先采用文献调查法，对国内外 MVS 相关文献进行梳理、分析及归纳总结，试图发现 MVS 平台用户使用行为的影响因素。但是在现有的文献中，学者们从用户行为视角对 MVS 平台进行研究还相当匮乏。

　　在国外文献中，Cao 等①在移动图像匹配系统中，通过比较捕获式检索和传统的点击式检索，研究了等待时间(Waiting Time，WT)对感知体验质量(Quality of Experience，QoE)的影响。研究结果显示，链接内容(视频和网页)对最终的体验质量几乎没有影响，与等待时间呈对数函数关系。用户对等待时间的感知不仅受到用户期望的影响，而且还受到其他基于上下文因素(如链接内容的准确性)的影响。Zhang 等②开发了一个绘画查询(Query-by-Drawing，QbD)移动应用程序，对其进行了用户绘画搜索行为研究，并为移

---

① Cao Y, Ritz C, Raad R. How much longer to go? The influence of waiting time and progress indicators on quality of experience for mobile visual search applied to print media [C]//Fifth International Workshop on Quality of Multimedia Experience. IEEE, 2013:112-117.

② Zhang M, Qiu G, Alechina N, et al. A Preliminary Examination of the User Behavior in Query-by-Drawing Portrait Painting Search on Mobile Devices [C]// International Conference on Advances in Mobile Computing & Multimedia. ACM, 2015:117-121.

动 QbD 图像搜索界面设计提供了一些指导。Sang 等① 设计了一个名为 TapTell 的交互式 MVS 原型,在此基础上,对 MVS 的使用模式和相关因素进行了重点研究。研究结果显示,事务性(Transactional)被认为是 MVS 的首选需求,套索(Lasso)模式获得了最佳的用户体验和性能。

在国内文献中,陈明红等② 以使用与满足理论为基本框架,通过整合信息质量、系统质量和服务质量这三个前因变量,构建了 MVS 行为意向模型,并以手机百度识图为例进行实证研究。从该模型感知质量变量测度来看,信息质量主要通过与准确性相关的题目来测量,系统质量主要通过与有形性、稳定性和及时性相关的题目来测量,服务质量主要通过与可靠性、专业性和个性化相关的题目来测量。范哲和刘轶伦③ 构建了 AR 识别搜索/图像识别搜索/二维码(程序码)识别搜索的行为意向模型。从该模型的前因变量测度来看,系统质量主要通过与稳定性、匹配度等相关的题目来测量。此外,段凌宇等④ 指出,视觉检索性能挑战移动搜索用户体验,应结合 MVS 系统的实际应用环境以及特定需求,优化搜索性能。张兴旺和黄晓斌⑤ 认为 MVS 搜索性能与用户体验效果的匹配问题是 MVS 应用与推广的挑战之一。

综上所述,从国内外 MVS 相关文献的分析来看,仅有少数学者从用户行为视角提及影响用户使用 MVS 的相关因素,诸如准确

①　Sang J, Mei T, Xu Y Q, et al. Interaction Design for Mobile Visual Search[J]. IEEE Transactions on Multimedia, 2013, 15(7):1665-1676.

②　陈明红,甄慧琳,韦芷晴,张玉子,徐玮婕. 移动视觉搜索行为意向模型及实证研究[J]. 图书馆论坛, 2018(12):1-10

③　范哲,刘轶伦. 感知有用与易用对用户移动视觉搜索行为意向的影响分析[J]. 情报资料工作, 2020, 41(01):79-86.

④　段凌宇,黄铁军,阿莱克斯·考特,高文. 移动视觉搜索技术瓶颈与挑战[J]. 中国计算机学会通讯, 2012, 8(12):8-15.

⑤　张兴旺,黄晓斌. 国外移动视觉搜索研究述评[J]. 中国图书馆学报, 2014, 40(3):114-128.

性、及时性、有形性、稳定性、个性化以及匹配度等。鉴于此，为了使 MVS 平台用户体验的影响因素更具有针对性和说服力，本章采用半结构化访谈法，以淘宝的"拍立淘"和京东的"拍照购"等 MVS 平台为例，对 MVS 平台用户开展一对一的深度访谈，收集影响 MVS 平台用户体验的原始数据，并采用扎根理论方法分析提炼影响 MVS 平台用户体验的相关因素。

3.1 扎根研究设计

3.1.1 研究方法与样本构成

3.1.1.1 研究方法

1967 年，芝加哥大学的格拉斯(Barney Glaser)和哥伦比亚大学的斯特劳斯(Anselm Strauss)两位学者提出了扎根理论方法。[1] 该方法不是从理论到现象进行演绎，而是从现象到理论进行归纳，类似于华莱士(Walter Wallace)"科学环"左边从现象到理论的研究范式。[2] 即从某一社会现象出发，带着研究问题搜集资料，通过对收集的资料进行开放式编码、主轴编码和选择性编码，进而从原始资料中归纳并提炼概念与范畴。在整个分析过程中，通过不断比较和辩证纠正，并参考有关文献，最终归纳形成扎根于现实资料的新理论，该理论能够反映社会现象本质和意义，[3] 具体流

77

① Glaser B, Strauss A L. The discovery of grounded theory: strategy of qualitative research[J]. Nursing Research, 1967, 3(4): 377-380.

② Wallace W L. The logic of science in sociology[M]. New York: Transaction Publishers, 1971: 18.

③ 陈向明. 扎根理论的思路和方法[J]. 教育研究与实验, 1999(4): 58-63.

程如图 3-1 所示。①

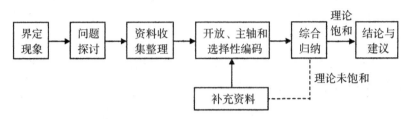

图 3-1　扎根理论方法研究流程图

3.1.1.2　样本构成

根据 iiMedia Research(艾媒咨询)发布的《2017—2018 中国移动电商行业研究报告》数据显示,② 2017 年移动电子商务用户规模达4.73 亿人,增长 13.2%,2018 年预计能增长至 5.12 亿人。从性别来看,使用移动电子商务购物的女性用户偏多,男性占比为42.0%,女性占比为 58.0%;从年龄段来看,使用移动电子商务购物的年轻用户较多,24 岁以下占比为 43.3%,25～30 岁占比为26.9%,31～35 岁占比为 12.8%,36～40 岁占比为 7.0%,41 岁以上占比为 10.0%。据此,本章在选择访谈对象时,参照 iiMedia Research 发布的《2017—2018 中国移动电商行业研究报告》中移动电子商务购物的性别和年龄段占比,来选择访谈对象,并以年轻用户为主。经研究,拟选取 39 名 MVS 平台(如淘宝的"拍立淘"和京东的"拍照购"等)用户作为访谈对象,开展一对一的深度访谈。各访谈对象用 An 表示,n 由访谈对象依次排列,如 A1、A2、A3 等。然而,作为扎根理论抽样原则的"理论饱和原则(Theoretical Saturation)"要求从访谈中所获得的信息开始重复,只有当没有出

---

①　刘鲁川,李旭,张冰倩.基于扎根理论的社交媒体用户倦怠与消极使用研究[J].情报理论与实践,2017,40(12):100-106.

②　艾媒咨询.2017—2018 中国移动电商行业研究报告[EB/OL].[2018-05-20].http://report.iimedia.cn/report.jsp? reportId=2468.

现新的重要信息时，样本数才足够。但在实际操作中，还需要根据
具体的研究情景进行研断，具有较大的灵活性。①

3.1.2　数据收集与整理

本章以淘宝的"拍立淘"、京东的"拍照购"等国内移动电子商
务平台的拍照搜索为例，采用半结构化问卷对受访者进行深度访谈
（In-depth Interview），通过一对一的深入交谈了解 MVS 平台用户体
验情况。访谈提纲在相关文献的基础上拟定，并根据访谈情况进行
适当微调，主要包括受访者的基本信息和访谈内容两个部分，具体
访谈提纲详见附录 1 所示的"MVS 平台用户体验访谈提纲"。基本
信息有：性别、年龄段、教育水平、专业、使用经验、职业。访谈
内容有：

（1）您是否使用过 MVS 或者对 MVS 是否有所了解？

（2）请您打开手机，演示一下使用 MVS 的过程？

（3）请问您对刚才的 MVS 体验满意还是不满意？①（倾向满意
时）就您的体验来说，您感觉刚才搜索过程中让您感到满意的因素
有哪些？②（倾向不满意时）就您的体验来说，您感觉刚才搜索过
程中让您感到不满意的因素有哪些？

（4）请介绍一下您对 MVS 的认识和了解？

（5）您现在已经对 MVS 有一些基本的了解，接下来您有愿意
去尝试吗？

（6）您对移动视觉搜索以后的发展有什么期望？

在 2018 年 6 月—2018 年 7 月期间，笔者依次访谈了 39 名
MVS 平台用户，并在访谈开始前两周通过电话、QQ 和微信等形式
进行预约，提前告知访谈主题和内容，具体访谈用户名单详见附录
2 所示的"MVS 平台用户体验访谈名单"。

访谈对象中男性 18 人，女性 21 人；年龄段分布，24 岁以下

---

①　袁红. 消费者社会化搜寻行为研究［M］. 武汉：武汉大学出版社，
2014：77.

18 人，25~30 岁 11 人，31~35 岁 7 人，36~40 岁 2 人，41 岁以上
1 人；教育水平涵盖本科 25 人，硕士 7 人，博士 7 人；访谈对象
使用经验分布，半年以下 1 人，半年~1 年(不含 1 年)4 人，1~2
年(不含 2 年)13 人，2~3 年(不含 3 年)16 人，3 年及以上 5 人；
专业涵盖电气自动化 1 人，电子信息 1 人，汉语言文学 9 人，会
计学 1 人，计算机科学与技术 4 人，农学 1 人，农业经济管理 1
人，情报学 9 人，社会学 1 人，市场营销 7 人，数学 1 人，税务
1 人，通信工程 1 人，土木工程 1 人；职业包括程序员 1 人，原
型设计师 1 人，前端设计师 1 人，财务出纳 1 人，工程师 2 人，
公务员 1 人，核保员 1 人，核保主管 2 人，科研人员 2 人，高校
教师 2 人，学生 25 人等。具体访谈对象人口统计学特征如表 3-1
所示。

从 39 名访谈对象的性别和年龄段占比来看，男性占比为
46.2%，女性占比为 53.8%；24 岁以下占比为 46.2%，25~30
岁占比为 28.2%，与 iiMedia Research 发布的《2017—2018 中国移
动电商行业研究报告》中移动电子商务购物的性别和年龄段占比
基本一致，使用 MVS 平台拍照搜索以年轻用户为主。此外，
iiMedia Research 发布的《2018 Q1 中国移动搜索市场研究报告》数
据显示①，2018 年第一季度，中国移动搜索用户男性占比
57.2%，女性占比 42.8%，过半的中国移动搜索用户年龄在 30
岁以下。因此，笔者认为该样本在一定程度上可以代表总体。

表 3-1　访谈对象人口统计学特征

特征变量	分类	人数	比例(%)
性别	男	18	46.2%
	女	21	53.8%

①　艾媒咨询.2018Q1 中国移动搜索市场研究报告[EB/OL].[2018-05-
20]. http://report. iimedia. cn/report. jsp? reportId=2442.

特征变量	分类	人数	比例(%)
年龄段	24 岁以下	18	46.2%
	25~30 岁	11	28.2%
	31~35 岁	7	17.9%
	36~40 岁	2	5.1%
	41 岁以上	1	2.6%
学历	本科	25	64.1%
	硕士	7	17.9%
	博士	7	17.9%
使用经验	半年以下	1	2.6%
	半年~1 年(不含 1 年)	4	10.3%
	1~2 年(不含 2 年)	13	33.3%
	2~3 年(不含 3 年)	16	41.0%
	3 年及以上	5	12.8%
专业	电气自动化	1	2.6%
	电子信息	1	2.6%
	汉语言文学	9	23.1%
	会计学	1	2.6%
	计算机科学与技术	4	10.3%
	农学	1	2.6%
	农业经济管理	1	2.6%
	情报学	9	23.1%
	社会学	1	2.6%
	市场营销	7	17.9%
	数学	1	2.6%
	税务	1	2.6%

特征变量	分类	人数	比例(%)
专业	通信工程	1	2.6%
	土木工程	1	2.6%
职业	程序员	1	2.6%
	前端设计师	1	2.6%
	原型设计师	1	2.6%
	财务出纳	1	2.6%
	工程师	2	5.1%
	公务员	1	2.6%
	核保员	1	2.6%
	核保主管	2	5.1%
	科研人员	2	5.1%
	高校教师	2	5.1%
	学生	25	64.1%

　　根据理论饱和原则,在深度访谈研究中访谈与分析是相辅相成、不可分割的。因此,在每次访谈结束后,都要整理和分析访谈资料,并根据分析结果进一步改进访谈方案,直到从访谈中获得的信息开始重复没有新的重要信息出现为止。[①] 对于访谈资料的保存,在访谈之前与受访者进行沟通,征得受访者的同意后,对访谈内容进行录音形成语音资料,并以"访谈年月日/数字序号/受访者姓名"的形式对原始语音资料进行命名,再整理成文字资料。本章随机选择2/3(26人次)的访谈资料,按照开放式编码、主轴编码

---

　　① 刘鲁川,李旭,张冰倩. 基于扎根理论的社交媒体用户倦怠与消极使用研究[J]. 情报理论与实践,2017,40(12):100-106.

和选择性编码的开发过程，进行编码分析和理论框架构建，另外1/3(13人次)的访谈资料用于理论饱和度检验。

3.2 编码与范畴提炼

3.2.1 开放式编码

开放式编码(Open Coding)是一级译码，目的是对搜集的原始资料进行标签化、概念化和范畴化。① 在对搜集的原始资料进行分解和比较过程中，为了尽量避免个人偏见，采用受访者的原话作为标签，并邀请一名IT工程师和一名管理学研究生，与笔者一起对原始资料进行编码。如果编码存在分歧，则进一步讨论，直到达成共识。最终，从原始资料中得到168条语句和相应的初始概念。在此基础上，笔者首先剔除重复频次低(少于2次)的初始概念，再根据类似、因果等关系将初始概念聚类成范畴，最终抽象出30个初始概念和9个范畴(副范畴)，分别是C1准确性(搜索结果不佳a1，准确率较高a6，识别较准确a23)；C2真伪性(伪造图片a15，假冒图片a27，图片不实a29)；C3完整性(信息详细a37，产品齐全a38)；C4便利性(不费力气a12，方便快捷a22，操作简单a25)；C5及时性(及时响应a16，快速识别a21，立马反馈a26)；C6可达性(步骤简单a5，入口方便a8，不易找到a28)；C7灵活性(组合搜索a2，点选图像a13，圈定范围a19，编辑图像a20，背景筛选a24，可调整大小a32)；C8有形性(界面简洁a9，按钮清楚a14，入口清晰a17)；C9移情性(推荐服务a3，筛选服务a7，信息提示a10，引导提示a18)，如表3-2所示。

83

---

① 施涛,姜亦珂,陈倩.网络问答社区用户知识创新行为模式的影响因素:基于扎根理论的研究[J].图书情报知识,2017(5):120-128.

表 3-2   开放式编码范畴化

初始概念	范畴
搜索结果不佳 a1，准确率较高 a6，识别较准确 a23	C1 准确性
伪造图片 a15，假冒图片 a27，图片不实 a29	C2 真伪性
信息详细 a37，产品齐全 a38	C3 完整性
不费力气 a12，方便快捷 a22，操作简单 a25	C4 便利性
及时响应 a16，快速识别 a21，立马反馈 a26	C5 及时性
步骤简单 a5，入口方便 a8，不易找到 a28	C6 可达性
组合搜索 a2，点选图像 a13，圈定范围 a19，编辑图像 a20，背景筛选 a24，可调整大小 a32	C7 灵活性
界面简洁 a9，按钮清楚 a14，入口清晰 a17	C8 有形性
推荐服务 a3，筛选服务 a7，信息提示 a10，引导提示 a18	C9 移情性

由于开放式编码(Open Coding)需要对大量原始材料进行分解与提炼，提取标签并抽象概念，整个编码分析过程工作量大，囿于篇幅有限，本章仅对每个范畴(C1 准确性、C2 真伪性、C3 完整性、C4 便利性、C5 及时性、C6 可达性、C7 灵活性、C8 有形性和 C9 移情性)的形成列举 1~2 个原始材料及其标签和初始概念，如表 3-3 所示。

表 3-3   开放式编码范畴化(部分实例)

原始资料(标签/初始概念)	范畴化
我觉得拍照检索是相对比较准确率比较高的。比如说我用文字搜一个波点裙，它就有很多种波点裙，但是如果我把图片放进去，我喜欢的是这一条绿色的百褶波点裙，它直接就检索出来我想要的款式(拍照检索准确率比较高/准确率较高) 我想使用拍立淘拍照搜索这款手表，我看到它的产品都比较准确，准确找到这个手表所在的牌子(准确找到这个手表的牌子/识别较准确)	C1 准确性

续表

原始资料(标签/初始概念)	范畴化
淘宝里面有很多这种精仿的东西。但是从那个图像搜索上来说,它并没有把正版的和盗版的区分开,那它其实给了我一个更加混乱的信息(很多精仿的东西/伪造图片)	C2 真伪性
作为一个用户来讲,我完全不关心你的技术是怎么实现的,我的期望就是比如说我搜"果益多",那么它就会出现所有关于它的东西,包括它的品牌介绍,它的果汁价格,以及我能在哪儿购买,它能给我提供什么样的营养,我希望都能够呈现得比较清楚(呈现得非常清楚/信息详细) 内容还是挺全的,像我刚才搜索那个茶叶,就显示出各种各样的茶叶,信息库还是挺强大的(各种各样的茶叶/产品齐全)	C3 完整性
它能够知道我想要的是什么,就会让我节约很多时间,我不用再去搜索它的品牌,然后去找这个东西到底是什么(不用再去搜索它的品牌/方便快捷)	C4 便利性
我觉得拍照检索比文字检索更快,更能很快达到我想要的效果,因为我有时候遇到喜欢的,我并不知道怎么去给它定义检索词,或者是怎么描述,我不知道它的商家,不知道它的品牌。但是如果是图片的话,它就能很快识别出来(很快就能识别出来/快速识别) 我如果现在想找它的话,我肯定希望它马上就能够搜索的一个结果,会立马有了反馈,就会立马体现出来(搜索结果会立马有了反馈/立马反馈)	C5 及时性
不用在这点几步就能进去,就在首页上,只要你知道有这个功能就很容易都能用(不用在这点几步就能进去/步骤简单) 还有,淘宝的入口很方便,但是京东的入口要进扫一扫才可以,淘宝的入口在这个地方,它会自动跳出来最近拍的一张照片,或者最近截得一张图,然后它就自动带你识别,你是想要这个的(淘宝的入口很方便/入口方便)	C6 可达性

85

续表

原始资料(标签/初始概念)	范畴化
如果说我把它再下拉一点，就是这个框还可以放大和缩小。如果说我再下拉一点的话，它出来的东西又会不一样，你看就刚才是这样的，那再下拉一点，它出来的东西也会不一样(这个框可以放大和缩小/可调整大小)	C7 灵活性
我觉得它很简洁，整个看起来淘宝上出来的东西确实给人的感觉很简洁，然后整个排版下来，多少钱或者是这个品牌的一些图案或者是文字介绍它都有，排版还是挺可以的(界面感觉很简洁/界面简洁)	C8 有形性
对，就是我目标不明确的时候，我就会觉得，它给我带来了新的东西。然后甚至相当于是给我做了一个推荐。这个时候，我也会去愿意买它，相当于它给我推荐这个东西(相当于是给我做了一个推荐/推荐服务) 平时如果没太注意的话就拍下来，可能找的话就不一定能找到你想要的那个东西。还是有一些适当的提示会比较好。比如说拍摄的角度、拍摄的亮度，能做一些提示，这样子体验会更好一点(适当的提示会比较好/信息提示)	C9 移情性

此外，本章还对抽象出的30个初始概念和9个范畴(副范畴)出现频次进行统计分析，最终整理得出范畴和初始概念出现的频次，如表3-4所示。其中，范畴(副范畴)出现频次由高到低排序为：C9 移情性(42 次)，C1 准确性(31 次)，C7 灵活性(25 次)，C4 便利性(19 次)，C3 完整性(10 次)，C8 有形性(8 次)，C5 及时性(7 次)，C6 可达性(7 次)和 C2 真伪性(6 次)；初始概念出现频次由高到低排序为：搜索结果不佳 a1(20 次)，推荐服务 a3(16 次)，筛选服务 a7(13 次)，信息提示 a10(11 次)，方便快捷 a22(10 次)，产品齐全 a38(7 次)，操作简单 a25(7 次)，组合搜索 a2(7 次)，圈定范围 a19(7 次)，识别较准确 a23(6 次)，准确率较高 a6(5 次)，编辑图像 a20(5 次)，信息详细 a37(3 次)，快速识别 a21(3 次)，不易找到 a28(3 次)，按钮清楚 a14(3 次)，入口清晰 a17(3 次)，伪造图片 a15(2 次)，图片不实 a29(2 次)，假冒图

片 a27(2 次)，不费力气 a12(2 次)，及时响应 a16(2 次)，立马反馈 a26(2 次)，步骤简单 a5(2 次)，入口方便 a8(2 次)，点选图像 a13(2 次)，背景筛选 a24(2 次)，可调整大小 a32(2 次)，界面简洁 a9(2 次)和引导提示 a18(2 次)。

表 3-4　范畴和初始概念出现频次表

范畴(副范畴)	频次	初始概念	频次
C1 准确性	31	搜索结果不佳 a1	20
		准确率较高 a6	5
		识别较准确 a23	6
C2 真伪性	6	伪造图片 a15	2
		假冒图片 a27	2
		图片不实 a29	2
C3 完整性	10	信息详细 a37	3
		产品齐全 a38	7
C4 便利性	19	不费力气 a12	2
		方便快捷 a22	10
		操作简单 a25	7
C5 及时性	7	及时响应 a16	2
		快速识别 a21	3
		立马反馈 a26	2
C6 可达性	7	步骤简单 a5	2
		入口方便 a8	2
		不易找到 a28	3
C7 灵活性	25	组合搜索 a2	7
		点选图像 a13	2
		圈定范围 a19	7

87

续表

范畴(副范畴)	频次	初始概念	频次
C7 灵活性	25	编辑图像 a20	5
		背景筛选 a24	2
		可调整大小 a32	2
C8 有形性	8	界面简洁 a9	2
		按钮清楚 a14	3
		入口清晰 a17	3
C9 移情性	42	推荐服务 a3	16
		筛选服务 a7	13
		信息提示 a10	11
		引导提示 a18	2
合计	155	合计	155

通过对范畴(副范畴)出现频次和初始概念出现频次进行的降序排列,本章绘制了范畴出现频次降序排列图和初始概念出现频次降序排列图,如图 3-2、图 3-3 所示。

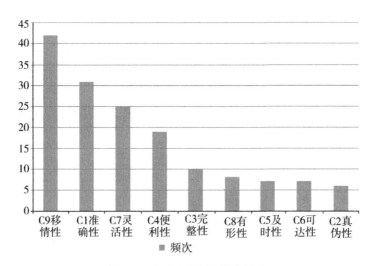

图 3-2　范畴出现频次降序排序

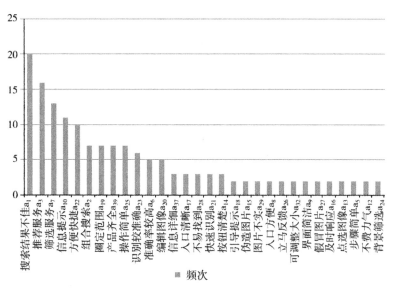

图 3-3　初始概念出现频次降序排序

3.2.2　主轴编码

主轴编码(Spindle Coding)是通过分析开放式编码阶段得到的各范畴(副范畴)之间的逻辑关系,进一步归纳出主范畴。本章通过对开放式编码阶段得到的 9 个范畴(副范畴)进行归纳聚类,最终形成 3 个主范畴(如表 3-5 所示),分别是 A1 信息质量包含 C1 准确性、C2 真伪性和 C3 完整性;A2 系统质量包含 C4 便利性、C5 及时性、C6 可达性和 C7 灵活性;A3 服务质量包含 C8 有形性和 C9 移情性。

3.2.3　选择性编码

选择性编码(Selective Coding)也称核心译码,[①] 是提炼核心范

---

① 施涛,姜亦珂,陈倩. 网络问答社区用户知识创新行为模式的影响因素:基于扎根理论的研究[J]. 图书情报知识,2017(5):120-128.

89

表 3-5　主轴编码形成的主范畴

主范畴	范畴(副范畴)	范畴内涵
A1 信息质量	C1 准确性	MVS 平台搜索出的产品信息准确率比较高,而且识别比较准确
	C2 真伪性	MVS 平台搜索出的有些产品图片是伪造的、假冒的或不实的
	C3 完整性	MVS 平台搜索的产品信息详细、产品丰富齐全而且种类繁多
A2 系统质量	C4 便利性	MVS 平台操作简单、方便快捷,而且不费力气、节省时间
	C5 及时性	MVS 平台响应及时、识别速度快,而且立马反馈结果
	C6 可达性	MVS 平台入口方便、步骤简单、信息可被用户获取
	C7 灵活性	MVS 平台能够很灵活地圈定图片搜索范围并调整范围大小
A3 服务质量	C8 有形性	MVS 平台操作界面清晰、排版简洁
	C9 移情性	MVS 平台提供信息提示服务(如拍摄角度、拍摄亮度)和推荐服务等

畴的重要阶段。该阶段主要是从主范畴中找出可以统领其他范畴的"核心范畴",并通过典型模型将它与其他范畴系统地联系起来,分析和验证它们之间的作用关系,开发"故事线",进而形成理论框架。① 本章通过对主轴编码阶段形成的主范畴(信息质量、系统质量、服务质量)之间的关系进行梳理分析(如表 3-6 所示),最终提炼出"MVS 平台用户体验影响因素及其作用机理"这一核心范畴。

---

① 刘鲁川,李旭,张冰倩.基于扎根理论的社交媒体用户倦怠与消极使用研究[J].情报理论与实践,2017,40(12):100-106.

表 3-6　主范畴的典型关系结构

典型关系结构	关系结构的内涵	受访者代表性语句（提炼出的关系结构）	参考文献
A2 系统质量 → A1 信息质量	如果 MVS 平台可以灵活地进行组合搜索、点选图像、编辑图像、圈定范围并可调整大小等，则该平台的检索准确率将会提高，而且识别也比较准确	因为它现在这样拍照的话，有时候拍一个场景，旁边可能会有一些人，或者有一些其他的东西，你不一定能够对焦到你想要找的具体事物。如果把能把那东西编辑一下的话，肯定是更好一点了，搜索出的信息会更准确	Mason①；DeLone 和 McLean②；Moore③
A2 系统质量 → A3 服务质量	如果 MVS 平台的入口方便、步骤简单、易于访问，则该平台提供的相关服务就容易被发现（如历史记录、操作帮助等），进而提高服务质量	二次入口太多了。我不太喜欢有二次入口的地方，比如说这个地方的"历史记录"，直接就摆在这个旁边的话，我可能就会经常去看，但是它摆在这个里面，可能不仔细研究，我都不知道它的历史记录在这里	Tan 等④；Cenfetelli 等⑤

①　Mason R O. Measuring information output: A communication systems approach[J]. Information & Management, 1978, 1(4): 219-234.

②　DeLone W H, McLean E R. Information systems success: The quest for the dependent variable[J]. Information systems research, 1992, 3(1): 60-95.

③　Moore C N. Mooers' Law or Why Some Retrieval Systems Are Used and Others Are Not[J]. Bulletin of the American Society for Information Science & Technology, 2010, 23(1): 22-23.

④　Tan C W, Benbasat I, Cenfetelli R T. IT-mediated customer service content and delivery in electronic governments: An empirical investigation of the antecedents of service quality[J]. MIS quarterly, 2013, 37(1): 77-109.

⑤　Cenfetelli R T, Benbasat I, Al-Natour S. Addressing the what and how of online services: Positioning supporting-services functionality and service quality for business-to-consumer success[J]. Information Systems Research, 2008, 19(2): 161-181.

续表

典型关系结构	关系结构的内涵	受访者代表性语句（提炼出的关系结构）	参考文献
A1 信息质量 → A3 服务质量	如果 MVS 平台搜索准确率高、识别准确等，则该平台提供的推荐服务也会比较准确	首先你拍照信息要准确，你要信息不准确，或者是库里面没有这个商品，它们可能会推荐一些比较混乱的信息给我，如果那不是我需要的，我退出来又要去重新去输入什么品牌什么产品，然后才能找到	Tan 等[1]

本章围绕"MVS 平台用户体验影响因素及其作用机理"这一核心范畴，开发一条把核心范畴与其他范畴系统地联系起来的"故事线"：MVS 平台用户体验影响因素，主要包括信息质量、系统质量和服务质量三个方面。其中，信息质量主要受到准确性、真伪性和完整性三个关键因素的影响；系统质量主要受到便利性、及时性、可达性和灵活性四个关键因素的影响；服务质量主要受到有形性和移情性两个关键因素的影响。同时，系统质量影响信息质量和服务质量，信息质量进一步影响服务质量，该典型关系拓展了 Delone 和 Mclean 于 2003 年提出的更新的 D&M 信息系统成功模型（Updated D&M IS Success Model）中"信息质量、系统质量和服务质量"三者之间的关系。[2] 此外，学者们针对信息质量、系统质量和

---

[1]　Tan C W, Benbasat I, Cenfetelli R T. IT-mediated customer service content and delivery in electronic governments: An empirical investigation of the antecedents of service quality[J]. MIS quarterly, 2013, 37(1): 77-109.

[2]　Delone W H, Mclean E R. The DeLone and McLean Model of Information Systems Success: A Ten-Year Update [J]. Journal of Management Information Systems, 2003, 19(4): 9-30.

服务质量三个主范畴之间的关系，也开展了一定的研究。例如，Mason① 在对 Shannon 和 Weaver② 的通信系统理论进行研究的基础上，提出了信息影响理论，并认为信息是许多系统的输出。DeLone 和 McLean③ 认为信息是由系统产生的，信息质量是信息系统输出的度量，系统质量出现问题会降低其产生信息的实际质量。Moore④ 提出了以自己名字命名的穆尔斯定律（Mooers' Law）："当客户拥有信息比没有信息更痛苦和麻烦时，信息检索系统往往不会被使用"，该定律显示系统质量会影响信息质量。Tan 等⑤的实证结果显示，服务内容和交付方式都是实现电子政务服务质量的重要因素。Cenfetelli 等⑥对信息技术如何支持核心产品或服务进行了研究，结果表明感知服务功能正向显著影响服务质量。综上所述，本章以此"故事线"为基础，根据以上编码分析，结合学者们的前期研究，提出 MVS 平台用户体验影响因素及其作用机理理论框架（UX3Q），如图 3-4 所示，其中 3Q 代表信息质量（Information Quality, IQ）、系统质量（System Quality, SysQ）和服务质量（Service Quality, SQ）三个主范畴。

---

① Mason R O. Measuring information output：A communication systems approach［J］. Information & Management,1978,1(4)：219-234.

② Shannon C E,Weaver W. The Mathematical Theory of Communication［M］. Urbana,IL：University of Illinois Press,1949：1-54.

③ DeLone W H,McLean E R. Information systems success：The quest for the dependent variable［J］. Information systems research,1992,3(1)：60-95.

④ Moore C N. Mooers' Law or Why Some Retrieval Systems Are Used and Others Are Not［J］. Bulletin of the American Society for Information Science & Technology,2010,23(1)：22-23.

⑤ Tan C W,Benbasat I,Cenfetelli R T. IT-mediated customer service content and delivery in electronic governments：An empirical investigation of the antecedents of service quality［J］. MIS quarterly,2013,37(1)：77-109.

⑥ Cenfetelli R T,Benbasat I,Al-Natour S. Addressing the what and how of online services：Positioning supporting-services functionality and service quality for business-to-consumer success［J］. Information Systems Research,2008,19(2)：161-181.

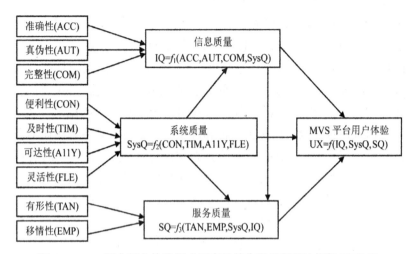

图 3-4　MVS 平台用户体验影响因素及其作用机理理论框架（UX3Q）

3.2.4　理论饱和度检验

本章按照开放式编码（Open Coding）、主轴编码（Axial Coding）和选择性编码（Selective Coding）的开发过程，对另外 1/3（13 人次）的原始访谈资料进行编码分析，进行理论饱和度检验。结果显示，在第 27 份（20180814_27_陈益秀）到第 39 份（20180820_39_曾绍东）原始访谈文字资料中，同样体现出影响 MVS 平台用户体验的 3 个主范畴（信息质量、系统质量和服务质量）和 9 个副范畴（准确性、真伪性、完整性、便利性、及时性、可达性、灵活性、有形性和移情性），并未发现新的能够影响核心范畴的概念和范畴，满足理论饱和原则。因此，本章以具有样本代表性良好的丰富访谈资料为基础，所提出的 MVS 平台用户体验影响因素及其作用机理理论框架（UX3Q）是理论上饱和的。

3.3 理论框架阐释与研究发现

3.3.1 信息质量对 MVS 平台用户体验的影响

用户在使用 MVS 平台进行拍照检索购物时，如果 MVS 平台能够为用户提供准确无误且详细完整的产品图片等信息，而且这些产品图片不是伪造的或盗用的，用户会认为 MVS 平台的信息质量很高，也会给用户带来良好的用户体验。例如：

> 在超市里面没有看见过的一种水果，比如说人参果，我说我不知道是什么东西，然后对准它拍一下网上就有。人参果有很多种，那这是一种比较满意的，我没有见过这个东西，然后在网上搜索，就能在网上找到这些产品。

> 比如说衣服，你第一眼见到它，你觉得它很好看，它应该是一个比较高端的衣服，但是你检索出来的却是一些很廉价的衣服，然后就会产生不满。

根据 Shatford① 的图像需求分类理论和 Fidel② 的图像用途两极理论，在使用 MVS 平台进行拍照检索购物时，用户的检索任务具有专指性，并且将图像作为信息和数据源来使用。也就是说，在使用 MVS 平台进行拍照检索购物时，用户的检索目标比较明确，并且将 MVS 平台搜索出的产品图片等信息作为购物时的主要参考信

95

---

① Shatford S. Analyzing the subject of a picture: a theoretical approach[J]. Cataloging & classification quarterly, 1986, 6(3): 39-62.

② Fidel R. The image retrieval task: implications for the design and evaluation of image databases[J]. New Review of Hypermedia and Multimedia, 1997, 3(1): 181-199.

息和数据源。因此，为了提高 MVS 平台搜索出的产品图片等信息的准确性和完整性，管理者、设计者及运营商应加强产品视觉对象数据集的构建研究，以提升 MVS 平台用户体验。

3.3.2 系统质量对 MVS 平台用户体验的影响

MVS 平台系统质量直接影响用户体验的交互效果，如果用户能够便捷、灵活地对 MVS 平台搜索出的产品图片进行搜索范围圈定、搜索范围大小调整，且搜索结果可以根据圈定图片搜索范围大小而自动改变，他们会对 MVS 平台的系统质量给予很高的评价，这也会给他们带来良好的用户体验。笔者在半结构化访谈中发现，多位受访者希望能够更加便捷、灵活地在搜索图片上通过"圈定搜索范围"和"擦除(涂抹)前(背)景"等进行交互式 MVS 平台。例如：

> 如果当你看到它，但是你不方便光明正大的走到那个铅笔盒前面拍照的话，你就需要在那个图片上进行一个范围的框定，就是把你要搜索的这个东西突出来，然后检索才更好一点。
>
> 比如说我把两个产品放在一起，它就可能会不知道到底要搜索哪一个产品，如果我把这另外一个产品涂掉的话，我就可以很精准地搜到这个产品，这是非常有意思的。
>
> 还有我感觉就是最好能将搜索图片的有些地方涂抹掉，例如这个前景可以涂抹掉。

因此，管理者、设计者及运营商应采取有效措施设计更自然的用户交互模式，使用户能够便捷、灵活地对 MVS 平台搜索出的产品图片进行搜索范围圈定、搜索范围大小调整，从而给用户带来良好的体验。

3.3.3 服务质量对 MVS 平台用户体验的影响

MVS 作为新一代互联网服务模式，用户在使用 MVS 平台进行拍照检索购物时，如果 MVS 平台能够为用户提供更多的关心和支持，他们会认为从 MVS 平台上获得的服务质量水平非常高，也会给用户带来良好的用户体验。笔者在半结构化访谈中发现，多位受访者希望 MVS 平台能够从风格、品牌、款型、颜色、价格和销量等进行分类，以提供更好的"筛选服务"。还有受访者希望 MVS 平台在为用户提供"推荐服务"时，考虑"推荐的及时性、用户的行为习惯以及大件商品(家电)购买后是否再推荐等"。因此，为了提高用户满意度、增加用户感知效果和增强用户黏性，管理者、设计者及运营商应考虑如何为用户在使用 MVS 平台拍照搜索产品图片等信息过程中提供更多的关心和支持，以帮助用户更好地使用 MVS 平台，进而提升 MVS 平台用户体验。例如，按照风格、品牌、款型、颜色、价格和销量等进行产品分类，为用户提供二次筛选服务；通过文字或语音向用户提供诸如"请点击开启闪光灯""请保持手机不要晃动""请尽量保持物品在框内""请调整好拍摄角度和距离"等信息提示服务；根据"购物车"的收藏记录、"历史记录"的拍摄照片，判断用户的行为喜好，为用户提供个性化推荐服务等。

3.3.4 系统质量、信息质量、服务质量之间的关系

用户在使用 MVS 平台进行拍照检索购物时，如果 MVS 平台可以灵活地进行组合搜索、点选图像、编辑图像、圈定图像搜索范围并可调整大小等，则该 MVS 平台的搜索准确率将会提高，而且识别也比较准确，也就是说 MVS 系统质量将直接影响信息质量。与此同时，如果 MVS 平台搜索准确率高，而且识别比较准确，则该系统提供的推荐服务也会比较准确，即 MVS 平台信息质量会影响服务质量。笔者在半结构化访谈中发现，有受访者指出：

> 首先拍照信息要准确，你要信息不准确，或者是库里面没有这个商品，它们可能会推荐一些其他的或者是比较混乱的信息给我，那不是我需要的。

97

此外，如果 MVS 平台的用户界面清晰、访问方便快捷、各种操作灵活等，则该系统提供的相关服务(如信息提示、历史记录、图像搜索范围圈定等)就容易被发现，将进一步提高 MVS 平台的服务质量，也就是说 MVS 平台系统质量会直接影响服务质量。此外，学者们针对信息质量、系统质量和服务质量三个主范畴之间的关系，也开展了一定的研究。例如，DeLone 和 McLean[1] 认为信息是由系统产生的，信息质量是信息系统输出的度量，系统质量出现问题会降低其产生信息的实际质量。Moore[2] 提出了以自己名字命名的穆尔斯定律(Mooers' Law)，即"当客户拥有信息比没有信息更痛苦和麻烦时，信息检索系统往往不会被使用"，该定律显示系统质量会影响信息质量。此外，有学者研究显示，服务内容和交付方式都是实现电子政务服务质量的重要因素。[3] 综上所述，本章认为 MVS 平台系统质量会影响信息质量和服务质量，而且信息质量会进一步影响服务质量。

3.4　用户体验影响因素构成

首先，本章采用文献调查法，对国内外 MVS 相关文献进行梳理、分析及归纳总结，发现了影响 MVS 平台用户使用行为的相关因素，诸如准确性、及时性、有形性和个性化等。

其次，采用扎根理论方法对 MVS 平台用户体验访谈资料进行

① DeLone W H, McLean E R. Information systems success: The quest for the dependent variable[J]. Information systems research, 1992, 3(1): 60-95.

② Moore C N. Mooers' Law or Why Some Retrieval Systems Are Used and Others Are Not[J]. Bulletin of the American Society for Information Science & Technology, 2010, 23(1): 22-23.

③ Tan C W, Benbasat I, Cenfetelli R T. IT-mediated customer service content and delivery in electronic governments: An empirical investigation of the antecedents of service quality[J]. MIS quarterly, 2013, 37(1): 77-109.

质性分析，进一步提炼了影响 MVS 平台用户体验的相关因素，主要包括信息质量、系统质量和服务质量三个方面。其中，信息质量主要受到准确性、真伪性和完整性三个维度的影响，系统质量主要受到便利性、及时性、可达性和灵活性四个维度的影响，服务质量主要受到有形性和移情性两个维度的影响。

最后，根据国内外 MVS 相关文献分析和半结构化访谈资料扎根分析的结果，经综合分析，提出了 MVS 平台用户体验影响因素，如表 3-7 所示。MVS 平台用户体验影响因素由 3 个主范畴因素和 9 个副范畴因素构成。其中，主范畴因素分别为信息质量、系统质量和服务质量，副范畴因素包括准确性、真伪性、完整性、便利性、及时性、可达性、灵活性、有形性和移情性。

表 3-7　MVS 平台用户体验影响因素

主范畴因素	副范畴因素	因素来源
信息质量	准确性	文献分析 访谈资料扎根分析
	真伪性	访谈资料扎根分析
	完整性	访谈资料扎根分析
系统质量	便利性	访谈资料扎根分析
	及时性	文献分析 访谈资料扎根分析
	可达性	访谈资料扎根分析
	灵活性	访谈资料扎根分析
服务质量	有形性	文献分析 访谈资料扎根分析
	移情性	文献分析 访谈资料扎根分析

3.5　本章小结

　　本章采用文献调查法，对国内外 MVS 相关文献进行梳理、分析及归纳总结，发现了影响 MVS 平台用户使用行为的相关因素，诸如准确性、及时性、有形性和个性化等。然而，从国内外 MVS 相关文献的分析来看，从用户行为视角针对 MVS 平台的研究还相当匮乏。鉴于此，为了使 MVS 平台用户体验的影响因素更具有针对性和说服力，本章采用半结构化访谈法对 MVS 平台用户开展一对一的深度访谈，并采用扎根理论方法对半结构化访谈资料进行质性分析，进一步提炼了影响 MVS 平台用户体验的相关因素，主要包括信息质量、系统质量和服务质量三个方面。其中，信息质量主要受到准确性、真伪性和完整性三个关键因素的影响；系统质量主要受到便利性、及时性、可达性和灵活性四个关键因素的影响；服务质量主要受到有形性和移情性两个关键因素的影响。最后，本章根据国内外 MVS 相关文献分析和半结构化访谈资料扎根分析的结果，经综合分析，提出了 MVS 平台用户体验影响因素。

4 MVS 平台用户体验影响因素 量表的开发研究

MVS 作为一种新兴的研究领域，如果直接引用现有 IS 领域量表对 MVS 平台用户体验影响因素进行测量，会面临应用领域、使用情景以及量表语义等方面差异的问题。Kourouthanassis 等①指出 IS 用户体验研究必须首先明确使用情景，然后才可以量化和测量用户体验。从目前 IS 领域用户行为研究来看，大多数研究者直接采用无差异化问卷对信息质量、系统质量和服务质量三个设计特征进行测量，并未对他们的构成维度(如准确性、完整性、灵活性和移情性等)结合实际情景进行针对性和科学严谨的测量。可这种测量方式未免有些笼统，得到的结果不够具体和明细，也不便于更有针对性地提出提升策略。鉴于此，为了有效测度 MVS 平台用户体验影响因素，设计出稳健而实用的 MVS 平台用户体验影响因素量表，本章参照 Churchill② 的范式及 Limayem 等③的量表开发过程，

---

① Kourouthanassis P E, Giaglis G M, Vrechopoulos A P. Enhancing user experience through pervasive information systems：The case of pervasive retailing[J]. International Journal of Information Management，2007，27(5)：319-335.

② Churchill G A. A Paradigm for Developing Better Measures of Marketing Constructs[J]. Journal of Marketing Research，1979，16(1)：64-73.

③ Limayem M，Hirt S G，Cheung C M K. How Habit Limits the Predictive Power of Intention：The Case of Information Systems Continuance[J]. MIS Quarterly，2007，31(4)：705-737.

对表 3-7 中的 MVS 平台用户体验影响因素进行量表开发，具体步骤如图 4-1 所示。

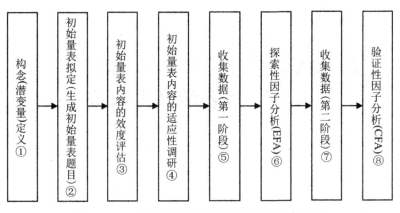

图 4-1　MVS 平台用户体验影响因素量表开发步骤

　　首先，在 MVS 平台用户体验影响因素研究的基础上，对构念（潜变量）进行定义，设计 MVS 平台用户体验影响因素初始量表。其次，在初始量表设计完成后，为了保证初始量表的内容效度，笔者特邀请从事人机交互领域的研究人员对初始量表进行内容分析，并根据每位研究人员的反馈意见对初始量表进行修订。然后，为了确保修订后的初始量表的表面效度，进一步分析修订后的初始量表是否能够真实反映 MVS 平台用户体验的影响因素，笔者对初始量表内容进行了适应性调研，并根据反馈意见对初始量表进行了再次修订。接着，为了使 MVS 平台用户体验影响因素量表的测量题目更加准确，笔者通过探索性因子分析，并根据因子载荷筛选简化了 MVS 平台用户体验影响因素量表的测量题目的数量，从而对 MVS 平台用户体验影响因素量表的测量题目作进一步探索和确定。最后，通过验证性因子分析，对探索性因子分析所构建的 MVS 平台用户体验影响因素量表的内部一致性信度、收敛效度和区别效度进行了检验，删除了各测量模型中残差不独立的测量题目，各指标均在建议的标准范围之内。在此基础上，最终得到正式的"MVS 平台用户体验影响因素量表"。

4.1 初始量表拟定

在 MVS 平台用户体验影响因素研究的基础上，本章参照 Masrek 等①、Balog② 和 Masrek 等③的研究成果，以及 Bailey 等④、Liu 等⑤、Aladwani⑥、Webb 等⑦、Lee 等⑧、Huang⑨ 和左文明⑩ 的研究成果，结合 MVS 平台的应用特点，并根据笔者使用 MVS 平

① Masrek M N, Jamaludin A, Mukhtar S A. Evaluating academic library portal effectiveness: A Malaysian case study[J]. Library Review, 2010, 59(3): 198-212.

② Balog A. Testing a multidimensional and hierarchical quality assessment model for digital libraries[J]. Studies in Informatics and Control, 2011, 20(3): 233-246.

③ Masrek M N, Gaskin J E. Assessing users satisfaction with web digital library: the case of Universiti Teknologi MARA[J]. International Journal of Information & Learning Technology, 2016, 33(1): 36-56.

④ Bailey J E, Pearson S W. Development of a Tool for Measuring and Analyzing Computer User Satisfaction[J]. Management Science, 1983, 29(5): 530-545.

⑤ Liu C, Arnett K P. Exploring the factors associated with Web site success in the context of electronic commerce[J]. Information & Management, 2000, 38(1): 23-33.

⑥ Aladwani A M, Palvia P C. Developing and validating an instrument for measuring user-perceived web quality[J]. Information & management, 2002, 39(6): 467-476.

⑦ Webb H W, Webb L A. SiteQual: an integrated measure of Web site quality[J]. Journal of Enterprise Information Management, 2004, 17(6): 430-440.

⑧ Lee Y, Kozar K A. Investigating the effect of website quality on e-business success: An analytic hierarchy process (AHP) approach[J]. Decision Support Systems, 2006, 42(3): 1383-1401.

⑨ Huang Z, Benyoucef M. From e-commerce to social commerce: A close look at design features[J]. Electronic Commerce Research & Applications, 2013, 12(4): 246-259.

⑩ 左文明. 电子商务服务设计与管理[M]. 北京:科学出版社, 2017: 17-18.

台的亲身体验，分别对主范畴因素、副范畴因素进行构念（潜变量）定义，如表 4-1、表 4-2 所示。同时，在参照 Delone 和 McLean① 的更新 D&M 信息系统成功模型、Wixom 和 Todd② 的整合研究模型和 Xu 等③ 的 3Q 模型的相关构念（潜变量）测量题目的基础上，借鉴 Mckinney 等④、Roca 等⑤、Melian-Alzola 等⑥、Masrek 等⑦、Huang 等⑧、Balog⑨、Chang⑩ 和陈明红等⑪ 的研究

---

① Delone W H, McLean E R. The DeLone and McLean model of information systems success: a ten-year update[J]. Journal of management information systems, 2003, 19(4): 9-30.

② Wixom B H, Todd P A. A theoretical integration of user satisfaction and technology acceptance[J]. Information systems research, 2005, 16(1): 85-102.

③ Xu J D, Benbasat I, Cenfetelli R T. Integrating service quality with system and information quality: An empirical test in the e-service context [J]. MIS Quarterly, 2013, 37(3): 337-352.

④ Mckinney V, Yoon K, Zahedi F. The Measurement of Web-Customer Satisfaction: An Expectation and Disconfirmation Approach[J]. Information Systems Research, 2002, 13(3): 296-315.

⑤ Roca J C, Chiu C M, Martínez F J. Understanding e-learning continuance intention: An extension of the Technology Acceptance Model [J]. International Journal of Human-Computer Studies, 2006, 64(8): 683-696.

⑥ Melian-Alzola L, Padron-Robaina V. Tangibility as a quality factor in electronic commerce B2C[J]. Journal of Service Theory and Practice, 2006, 16(3): 320-338.

⑦ Masrek M N, Jamaludin A, Mukhtar S A. Evaluating academic library portal effectiveness: A Malaysian case study[J]. Library Review, 2010, 59(3): 198-212.

⑧ Huang Z, Benyoucef M. From e-commerce to social commerce: A close look at design features[J]. Electronic Commerce Research & Applications, 2013, 12(4): 246-259.

⑨ Balog A. Testing a multidimensional and hierarchical quality assessment model for digital libraries[J]. Studies in Informatics and Control, 2011, 20(3): 233-246.

⑩ Chang C. Exploring the determinants of e-learning systems continuance intention in academic libraries [J]. Library Management, 2013, 34(1/2): 40-55 (16).

⑪ 陈明红, 甄慧琳, 韦芷晴, 张玉子, 徐玮婕. 移动视觉搜索行为意向模型及实证研究[J]. 图书馆论坛, 2018: 1-10.

成果，对副范畴构念(潜变量)的测量题目进行操作型定义。以此为基础，形成了 MVS 平台用户体验影响因素初始量表，如表 4-3 所示。该初始量表由 45 个测量题目构成，主要用于测量 9 个副范畴构念(潜变量)。

表 4-1　MVS 平台用户体验主范畴影响因素构念定义

主范畴构念	定　义	参考文献
信息质量	在利用 MVS 平台进行图片搜索时，用户对 MVS 平台搜索出的产品图片等信息的感知	Masrek 等① Balog② Masrek 和 Gaskin③
系统质量	在利用 MVS 平台进行图片搜索时，用户对 MVS 平台在搜索和输出产品图片等信息过程中的性能的感知	
服务质量	MVS 平台在支持产品图片搜索和个人用户的具体任务过程中，用户对 MVS 平台提供服务的感知	

注：本表中的主范畴构念是根据 MVS 平台用户体验主范畴影响因素分类划分的。

① Masrek M N, Jamaludin A, Mukhtar S A. Evaluating academic library portal effectiveness: A Malaysian case study[J]. Library Review, 2010, 59(3): 198-212.

② Balog A. Testing a multidimensional and hierarchical quality assessment model for digital libraries[J]. Studies in Informatics and Control, 2011, 20(3): 233-246.

③ Masrek M N, Gaskin J E. Assessing users satisfaction with web digital library: the case of Universiti Teknologi MARA[J]. International Journal of Information & Learning Technology, 2016, 33(1): 36-56.

表4-2 MVS平台用户体验副范畴影响因素构念定义

副范畴构念	定 义	参考文献
准确性	MVS平台搜索出的产品图片等信息的准确程度	Bailey和Pearson①
真伪性	MVS平台搜索出的产品图片的真实程度。	自定义
完整性	MVS平台搜索出的产品图片等信息内容的全面性以及产品种类的丰富性	Bailey和Pearson② 自定义
便利性	用户使用MVS平台进行图片搜索的轻松或困难程度	Bailey和Pearson③
及时性	MVS平台提供用户想要搜索结果的速度快慢	Lee和Kozar④
可达性	用户能够快速访问MVS平台的普及程度	Liu和Arnett⑤ Huang和Benyoucef⑥

① Bailey J E, Pearson S W. Development of a Tool for Measuring and Analyzing Computer User Satisfaction[J]. Management Science,1983,29(5):530-545.

② Bailey J E, Pearson S W. Development of a Tool for Measuring and Analyzing Computer User Satisfaction[J]. Management Science,1983,29(5):530-545.

③ Bailey J E, Pearson S W. Development of a Tool for Measuring and Analyzing Computer User Satisfaction[J]. Management Science,1983,29(5):530-545.

④ Lee Y,Kozar K A. Investigating the effect of website quality on e-business success: An analytic hierarchy process (AHP) approach[J]. Decision Support Systems,2006,42(3):1383-1401.

⑤ Liu C,Arnett K P. Exploring the factors associated with Web site success in the context of electronic commerce[J]. Information & Management,2000,38(1):23-33.

⑥ Huang Z,Benyoucef M. From e-commerce to social commerce:A close look at design features[J]. Electronic Commerce Research & Applications,2013,12(4):246-259.

续表

副范畴构念	定 义	参考文献
灵活性	MVS 平台根据新的情况、需求或环境而改变或调整的能力	Bailey 和 Pearson①
有形性	MVS 平台操作界面的清晰性，版面的简洁性，以及视觉上的吸引力	Aladwani 和 Palvia② Webb 和 Webb③ Melian-Alzola 和 Padron-Robaina④ 左文明⑤ 自定义
移情性	MVS 平台为用户在搜索产品图片等信息过程中提供关心和关注	Lee 和 Kozar⑥

注：本表中的副范畴构念是根据 MVS 平台用户体验副范畴影响因素分类划分的。

① Bailey J E, Pearson S W. Development of a Tool for Measuring and Analyzing Computer User Satisfaction[J]. Management Science, 1983, 29(5):530-545.

② Aladwani A M, Palvia P C. Developing and validating an instrument for measuring user-perceived web quality[J]. Information & management, 2002, 39(6):467-476.

③ Webb H W, Webb L A. SiteQual: an integrated measure of Web site quality[J]. Journal of Enterprise Information Management, 2004, 17(6):430-440.

④ Melian-Alzola L, Padron-Robaina V. Tangibility as a quality factor in electronic commerce B2C[J]. Journal of Service Theory and Practice, 2006, 16(3):320-338.

⑤ 左文明. 电子商务服务设计与管理[M]. 北京:科学出版社,2017:17-18.

⑥ Lee Y, Kozar K A. Investigating the effect of website quality on e-business success: An analytic hierarchy process (AHP) approach[J]. Decision Support Systems, 2006, 42(3):1383-1401.

表 4-3 MVS 平台用户体验影响因素初始量表

副范畴构念	测量题目	参考文献
准确性	MVS 平台搜索出的产品图片等信息是正确的	Roca 等① Masrek 等② Xu 等③ 陈明红等④ 自定义
	MVS 平台搜索出的产品图片等信息很少有错误	
	MVS 平台搜索出的产品图片等信息是准确的	
	MVS 平台搜索出的产品图片等信息正是我需要的	
	MVS 平台搜索出的产品图片等信息在颜色、纹理、形状等方面符合我的要求	
真伪性	我感觉 MVS 平台搜索出的有些产品图片是 PS 过的	自定义
	我感觉 MVS 平台搜索出的有些产品是廉价的	
	我感觉 MVS 平台搜索出的有些产品是仿制的	
	我感觉 MVS 平台搜索出的有些产品是盗版的	
	MVS 平台搜索出的有些产品图片等信息与实际产品不符	

---

① Roca J C, Chiu C M, Martínez F J. Understanding e-learning continuance intention: An extension of the Technology Acceptance Model [J]. International Journal of Human-Computer Studies, 2006, 64(8): 683-696.

② Masrek M N, Jamaludin A, Mukhtar S A. Evaluating academic library portal effectiveness: A Malaysian case study[J]. Library Review, 2010, 59(3): 198-212.

③ Xu J D, Benbasat I, Cenfetelli R T. Integrating service quality with system and information quality: An empirical test in the e-service context [J]. MIS Quarterly, 2013, 37(3): 337-352.

④ 陈明红, 甄慧琳, 韦芷晴, 张玉子, 徐玮婕. 移动视觉搜索行为意向模型及实证研究[J]. 图书馆论坛, 2018: 1-10.

续表

副范畴构念	测量题目	参考文献
完整性	MVS 平台搜索出的产品描述信息是完整的	Liu 等① Delone 和 McLean② Wixom 和 Todd③ Masrek 等④ Xu 等⑤ 自定义
	MVS 平台搜索出的产品描述信息是详细的	
	MVS 平台搜索出的产品描述信息是全面的	
	MVS 平台搜索出的产品型号非常全	
	MVS 平台搜索出的产品种类非常多	
便利性	对我来说，MVS 平台的操作很简单	自定义
	对我来说，MVS 平台的操作很方便	
	对我来说，MVS 平台的操作很快捷	
	对我来说，使用 MVS 平台很省事	
	MVS 平台为我的生活提供很多便利	

① Liu C, Arnett K P. Exploring the factors associated with Web site success in the context of electronic commerce[J]. Information & Management, 2000, 38(1): 23-33.

② Delone W H, McLean E R. The DeLone and McLean model of information systems success: a ten-year update[J]. Journal of management information systems, 2003, 19(4): 9-30.

③ Wixom B H, Todd P A. A theoretical integration of user satisfaction and technology acceptance[J]. Information systems research, 2005, 16(1): 85-102.

④ Masrek M N, Jamaludin A, Mukhtar S A. Evaluating academic library portal effectiveness: A Malaysian case study[J]. Library Review, 2010, 59(3): 198-212.

⑤ Xu J D, Benbasat I, Cenfetelli R T. Integrating service quality with system and information quality: An empirical test in the e-service context [J]. MIS Quarterly, 2013, 37(3): 337-352.

续表

副范畴构念	测量题目	参考文献
及时性	MVS 平台操作响应及时	Masrek 等①
	MVS 平台搜索请求响应快速	Xu 等②
	MVS 平台图片识别速度很快	陈明红等③
	MVS 平台信息检索速度很快	
	MVS 平台搜索结果立刻反馈	自定义
可达性	对我来说，MVS 平台入口很方便	Roca 等④
	对我来说，MVS 平台访问很轻松	Masrek 等⑤
	对我来说，MVS 平台访问很容易	Xu 等⑥
	我可以使用"一键"打开 MVS 平台	自定义
	使用 MVS 平台进行搜索时，我不用点击几步即可进入	

———————

　　① Masrek M N,Jamaludin A,Mukhtar S A. Evaluating academic library portal effectiveness:A Malaysian case study[J]. Library Review,2010,59(3):198-212.

　　② Xu J D,Benbasat I,Cenfetelli R T. Integrating service quality with system and information quality:An empirical test in the e-service context [J]. MIS Quarterly,2013,37(3):337-352.

　　③ 陈明红,甄慧琳,韦芷晴,张玉子,徐玮婕. 移动视觉搜索行为意向模型及实证研究[J]. 图书馆论坛,2018:1-10.

　　④ Roca J C,Chiu C M,Martínez F J. Understanding e-learning continuance intention:An extension of the Technology Acceptance Model [J]. International Journal of Human-Computer Studies,2006,64(8):683-696.

　　⑤ Masrek M N,Jamaludin A,Mukhtar S A. Evaluating academic library portal effectiveness:A Malaysian case study[J]. Library Review,2010,59(3):198-212.

　　⑥ Xu J D,Benbasat I,Cenfetelli R T. Integrating service quality with system and information quality:An empirical test in the e-service context [J]. MIS Quarterly,2013,37(3):337-352.

续表

副范畴构念	测量题目	参考文献
灵活性	MVS平台能够灵活地圈定图片搜索范围	Xu 等① 自定义
	MVS平台能够灵活地调整图片搜索范围大小	
	MVS平台能够适应各种各样的需求，如各类产品的图片搜索	
	MVS平台能够灵活地适应新的需求，如搜索结果可以根据圈定图片搜索范围大小而自动改变	
	MVS平台能够灵活地应对图片搜索过程中出现的需求，如从各种视角拍摄图片进行搜索	
有形性	MVS平台的按钮清楚	Masrek 等② Xu 等③ Roca 等④ 自定义
	MVS平台的入口清晰	
	MVS平台的页面简洁	
	MVS平台的页面布局合理、长度合适	
	MVS平台的页面在视觉上很吸引人	

① Xu J D, Benbasat I, Cenfetelli R T. Integrating service quality with system and information quality: An empirical test in the e-service context [J]. MIS Quarterly, 2013, 37(3): 337-352.

② Masrek M N, Jamaludin A, Mukhtar S A. Evaluating academic library portal effectiveness: A Malaysian case study [J]. Library Review, 2010, 59(3): 198-212.

③ Xu J D, Benbasat I, Cenfetelli R T. Integrating service quality with system and information quality: An empirical test in the e-service context [J]. MIS Quarterly, 2013, 37(3): 337-352.

④ Roca J C, Chiu C M, Martínez F J. Understanding e-learning continuance intention: An extension of the Technology Acceptance Model [J]. International Journal of Human-Computer Studies, 2006, 64(8): 683-696.

续表

副范畴构念	测量题目	参考文献
移情性	MVS 平台能够给我提供推荐服务，如"猜你喜欢"	自定义
	MVS 平台能够给我提供信息提示服务，如"点我照亮"	
	MVS 平台能够给我提供搜索"历史记录"服务	
	MVS 平台能够给我提供"打开相册"或"操作帮助"等服务	
	MVS 平台能够给我提供二次筛选服务，如按照销量或其他分类进行筛选	

4.2　初始量表评估

4.2.1　量表内容的效度评估

为了确保 MVS 平台用户体验影响因素初始量表的内容效度，笔者于 2018 年 8 月 3 日—8 月 10 日特邀请 5 位从事人机交互领域的研究人员对初始量表进行内容分析，目的是让他们检查初始量表是否适合测量 MVS 平台用户体验影响因素以及测量题目的清晰度。在具体实施过程中，笔者向他们介绍了本章的研究目的、背景和方法。在征得他们同意后，将附录 3 所示的"MVS 平台用户体验影响因素初始量表修订意见的征求"发给他们，请他们就各测量题目的清晰度，测量题目之间的相关度，以及测量题目对潜变量的解释程度提出修改意见。

笔者在收集 5 位研究人员的意见反馈后，对每位研究人员的反馈意见进行整理，经过反复斟酌，删除表述重复和有异议的题目，并对语义不清晰和不易理解的测量题目进行了重新表述或加英文标注。此次初始量表修订，共删除测量题目1个，保留测量题目44个。此外，根据反馈意见，对44个保留测量题目中14个测量题目进行语义重新表述。具体修订如下：

针对"真伪性"测量题目的反馈意见，受邀人员认为"有些测试者可能不知道PS，还有些测试者认为处理软件不止PS一种"，并提出"在电子商务平台上一般穿戴类产品仿制的较多，书籍影像制品盗版的较多"等。基于此，本章将"我感觉MVS平台搜索出的有些产品图片是PS过的"重新表述为"我感觉MVS平台搜索出的有些产品图片是处理过的"；将"我感觉MVS平台搜索出的有些产品是仿制的"重新表述为"我感觉MVS平台搜索出的有些穿戴类产品是仿制的"；将"我感觉MVS平台搜索出的有些产品是盗版的"重新表述为"我感觉MVS平台搜索出的有些书籍影像制品是盗版的"。

针对"完整性"测量题目的反馈意见，受邀人员认为"完整的和全面的不好区分"，"一般搜索出来的东西，也不会说型号一词"等。基于此，本章将"MVS平台搜索出的产品描述信息是完整的"重新表述为"MVS平台搜索出的产品描述信息是完整的（Complete）"；将"MVS平台搜索出的产品描述信息是全面的"重新表述为"MVS平台搜索出的产品描述信息是全面的（Comprehensive）"；将"MVS平台搜索出的产品型号非常全"重新表述为"MVS平台搜索出的产品数量非常多"；将"MVS平台搜索出的产品种类非常多"重新表述为"MVS平台搜索出的产品种类非常全"。

针对"便利性"测量题目的反馈意见，受邀人员认为"方便、省事有点重复，建议删除与'省事'有关的测量题目"，也就是说"对我来说，MVS平台的操作很方便"与"对我来说，使用MVS平台很省事"的含义完全相同。基于此，本章将"对我来说，使用MVS平台很省事"这一测量题目删除。

针对"及时性"测量题目的反馈意见，受邀人员认为"操作响应及时和响应快速的意思有点重复"，"立马一词有点口语化"等。基于此，本章将"MVS平台操作响应及时"重新表述为"MVS平台打开界面响应快速"；将"MVS 平台搜索结果立马反馈"重新表述为"MVS 平台搜索结果立刻反馈"。

　　针对"可达性"测量题目的反馈意见，受邀人员认为"对于受访者来说，方便、轻松、容易都一样"，并建议"将语句表述换成更符合受访者的陈述句"。基于此，本章将"对我来说，MVS 平台入口很方便"重新表述为"我很方便就找到 MVS 平台的入口"；将"对我来说，MVS 平台访问很轻松"重新表述为"我很轻松就能访问MVS 平台"；将"对我来说，MVS 平台访问很容易"重新表述为"我很容易就能访问 MVS 平台"。

　　针对"灵活性"测量题目的反馈意见，受邀人员认为"圈定和调整范围大小，受访者一开始看这两题，觉得都在讲同一个东西，可以再加一点描述进行解释"。基于此，本章将"MVS 平台能够灵活地圈定图片搜索范围"重新表述为"在使用 MVS 平台时，我能够灵活地在图片上圈定搜索范围"；将"MVS 平台能够灵活地调整图片搜索范围大小"重新表述为"在使用 MVS 平台时，我能够灵活地在图片上调整搜索范围大小"。

　　最后，笔者将修订后的初始量表再次交给这 5 名研究人员，得到了他们的认可。修订后的 MVS 平台用户体验影响因素初始量表（第一轮），如表 4-4 所示。

表 4-4　修订后的 MVS 平台用户体验影响因素初始量表（第一轮）

副范畴构念	测量题目	参考文献
准确性	MVS 平台搜索出的产品图片等信息是正确的	Roca 等①
	MVS 平台搜索出的产品图片等信息很少有错误	Masrek 等②

————————

　　① Roca J C, Chiu C M, Martínez F J. Understanding e-learning continuance intention：An extension of the Technology Acceptance Model［J］. International Journal of Human-Computer Studies, 2006, 64(8)：683-696.

　　② Masrek M N, Jamaludin A, Mukhtar S A. Evaluating academic library portal effectiveness：A Malaysian case study［J］. Library Review, 2010, 59(3)：198-212.

续表

副范畴构念	测量题目	参考文献
准确性	MVS平台搜索出的产品图片等信息是准确的	Xu等① 陈明红等② 自定义
	MVS平台搜索出的产品图片等信息正是我需要的	
	MVS平台搜索出的产品图片等信息在颜色、纹理、形状等方面符合我的要求	
真伪性	我感觉MVS平台搜索出的有些产品图片是处理过的	自定义
	我感觉MVS平台搜索出的有些产品是廉价的	
	我感觉MVS平台搜索出的有些穿戴类产品是仿制的	
	我感觉MVS平台搜索出的有些书籍影像制品是盗版的	
	MVS平台搜索出的有些产品图片等信息与实际产品不符	
完整性	MVS平台搜索出的产品描述信息是完整的（Complete）	Liu等③

① Xu J D,Benbasat I,Cenfetelli R T. Integrating service quality with system and information quality：An empirical test in the e-service context［J］. MIS Quarterly,2013,37(3):337-352.

② 陈明红,甄慧琳,韦芷晴,张玉子,徐玮婕. 移动视觉搜索行为意向模型及实证研究[J]. 图书馆论坛,2018:1-10.

③ Liu C,Arnett K P. Exploring the factors associated with Web site success in the context of electronic commerce[J]. Information & Management,2000,38(1):23-33.

续表

副范畴构念	测量题目	参考文献
完整性	MVS平台搜索出的产品描述信息是详细的	Delone 和McLean① Wixom 和Todd② Masrek 等③ Xu 等④ 自定义
	MVS平台搜索出的产品描述信息是全面的（Comprehensive）	
	MVS平台搜索出的产品数量非常多	
	MVS平台搜索出的产品种类非常多	
便利性	对我来说，MVS平台的操作很简单	自定义
	对我来说，MVS平台的操作很方便	
	对我来说，MVS平台的操作很快捷	
	MVS平台为我的生活提供很多便利	
及时性	MVS平台打开界面响应快速	Masrek 等⑤ Xu 等⑥
	MVS平台搜索请求响应快速	

①　Delone W H，McLean E R. The DeLone and McLean model of information systems success：a ten-year update［J］. Journal of management information systems，2003，19（4）：9-30.

②　Wixom B H，Todd P A. A theoretical integration of user satisfaction and technology acceptance［J］. Information systems research，2005，16（1）：85-102.

③　Masrek M N，Jamaludin A，Mukhtar S A. Evaluating academic library portal effectiveness：A Malaysian case study［J］. Library Review，2010，59（3）：198-212.

④　Xu J D，Benbasat I，Cenfetelli R T. Integrating service quality with system and information quality：An empirical test in the e-service context［J］. MIS Quarterly，2013，37（3）：337-352.

⑤　Masrek M N，Jamaludin A，Mukhtar S A. Evaluating academic library portal effectiveness：A Malaysian case study［J］. Library Review，2010，59（3）：198-212.

⑥　Xu J D，Benbasat I，Cenfetelli R T. Integrating service quality with system and information quality：An empirical test in the e-service context［J］. MIS Quarterly，2013，37（3）：337-352.

续表

副范畴构念	测量题目	参考文献
及时性	MVS 平台图片识别速度很快	陈明红等①
	MVS 平台信息检索速度很快	自定义
	MVS 平台搜索结果立刻反馈	
可达性	我很方便就找到 MVS 平台的入口	Roca 等②
	我很轻松就能访问 MVS 平台	Masrek 等③
	我很容易就能访问 MVS 平台	Xu 等④
	我可以使用"一键"打开 MVS 平台	自定义
	使用 MVS 平台进行搜索时，我不用点击几步即可进入	
灵活性	在使用 MVS 平台时，我能够灵活地在图片上圈定搜索范围	Xu 等⑤
	在使用 MVS 平台时，我能够灵活地在图片上调整搜索范围大小	自定义
	MVS 平台能够适应各种各样的需求，如各类产品的图片搜索	

① 陈明红,甄慧琳,韦芷晴,张玉子,徐玮婕. 移动视觉搜索行为意向模型及实证研究[J]. 图书馆论坛,2018:1-10.

② Roca J C,Chiu C M,Martínez F J. Understanding e-learning continuance intention:An extension of the Technology Acceptance Model [J]. International Journal of Human-Computer Studies,2006,64(8):683-696.

③ Masrek M N,Jamaludin A,Mukhtar S A. Evaluating academic library portal effectiveness:A Malaysian case study[J]. Library Review,2010,59(3):198-212.

④ Xu J D,Benbasat I,Cenfetelli R T. Integrating service quality with system and information quality:An empirical test in the e-service context [J]. MIS Quarterly,2013,37(3):337-352.

⑤ Xu J D,Benbasat I,Cenfetelli R T. Integrating service quality with system and information quality:An empirical test in the e-service context [J]. MIS Quarterly,2013,37(3):337-352.

续表

副范畴构念	测量题目	参考文献
灵活性	MVS 平台能够灵活地适应新的需求，如搜索结果可以根据圈定图片搜索范围大小而自动改变	
	MVS 平台能够灵活地应对图片搜索过程中出现的需求，如从各种视角拍摄图片进行搜索	
有形性	MVS 平台的按钮清楚	Masrek 等① Xu 等② Roca 等③ 自定义
	MVS 平台的入口清晰	
	MVS 平台的页面简洁	
	MVS 平台的页面布局合理、长度合适	
	MVS 平台的页面在视觉上很吸引人	
移情性	MVS 平台能够给我提供推荐服务，如"猜你喜欢"	自定义
	MVS 平台能够给我提供信息提示服务，如"点我照亮"	
	MVS 平台能够给我提供搜索"历史记录"服务	
	MVS 平台能够给我提供"打开相册"或"操作帮助"等服务	
	MVS 平台能够给我提供二次筛选服务，如按照销量或其他分类进行筛选	

①　Masrek M N,Jamaludin A,Mukhtar S A. Evaluating academic library portal effectiveness:A Malaysian case study[J]. Library Review,2010,59(3):198-212.

②　Xu J D,Benbasat I,Cenfetelli R T. Integrating service quality with system and information quality:An empirical test in the e-service context [J]. MIS Quarterly,2013,37(3):337-352.

③　Roca J C,Chiu C M,Martínez F J. Understanding e-learning continuance intention:An extension of the Technology Acceptance Model [J]. International Journal of Human-Computer Studies,2006,64(8):683-696.

4.2.2 量表内容的适应性调研

为了确保修订后的 MVS 平台用户体验影响因素初始量表(第一轮)的表面效度,进一步分析修订后的初始量表是否能够真实反映 MVS 平台用户体验的影响因素,笔者于 2018 年 8 月 15 日—8 月 28 日分别对南京大学信息管理学院的 5 名硕士研究生、海南大学经济与管理学院的 7 名本科生、湖北科技学院人文与传媒学院的 3 名本科生、北京交通大学土木建筑工程学院的 1 名本科生,以及海口市中小企业孵化基地的 4 位 IT 在职人员进行了预调研和问卷反馈访谈。在具体实施过程中,笔者向他们介绍了本章的研究目的、背景和方法,将附录 4 所示的"MVS 平台用户体验影响因素初始量表修订稿的预调研"发给他们,请他们根据实际使用 MVS 平台的经历和感受填写问卷。在问卷填写完成后,笔者就问卷填写过程中各个测量题目的含义是否清晰、易理解对他们进行了一对一访谈,并恳请他们填写问卷反馈意见。最后,根据他们的问卷反馈意见和主观感受分值,笔者对一些语义不清晰和不易理解的测量题目进行了修改或增加截图说明,对一些含义完全相同的测量题目仅保留其中一项,对主观感受分值较低的测量题目进行了删除,对反馈意见较多的测量题目重新进行操作型定义。具体操作如下:

针对"准确性"测量题目的反馈意见,问卷被调查者认为"正确的与准确的不好区分"。基于此,为了体现测量题目的区分度,本章将"MVS 平台搜索出的产品图片等信息是正确的"改成"MVS 平台搜索出的产品图片等信息是正确的(Correct)";将"MVS 平台搜索出的产品图片等信息是准确的"改成"MVS 平台搜索出的产品图片等信息是准确的(Accurate)"。

针对"真伪性"测量题目的反馈意见,问卷被调查者认为"'真伪性'应指搜索图片结果的真伪,非产品本身"。基于此,本章对"真伪性"的测量题目进行重新表述,并将测量题目缩减为 4 题,分别是"我感觉 MVS 平台搜索出的有些产品图片是修饰过的","我感觉 MVS 平台搜索出的有些产品图片是伪造的","我感觉

MVS平台搜索出的有些产品图片是假冒的"和"我感觉MVS平台搜索出的有些产品图片不是实际产品拍摄的"。

针对"完整性"测量题目的反馈意见，问卷被调查者认为"全面的与详细的不好区分"。基于此，为了体现测量题目的区分度，本章将"MVS平台搜索出的产品描述信息是详细的"改成"MVS平台搜索出的产品描述信息是详细的（Detailed）"。同时，根据主观感受分值，将"MVS平台搜索出的产品种类非常多"改成"MVS平台搜索出的产品种类比较多"。

针对"可达性"测量题目的反馈意见，由于"我很轻松就能访问MVS平台"和"我很容易就能访问MVS平台"含义完全相同，本章删除了"我很轻松就能访问MVS平台"。同时，根据反馈意见，本章将"我可以使用'一键'打开MVS平台"改为"我可以很轻松打开MVS平台"，将"使用MVS平台进行搜索时，我不用点击几步即可进入"改为"我感觉使用MVS平台的步骤很简单"。

针对"灵活性"测量题目的反馈意见，问卷被调查者希望增加截图说明，以便于更好地理解。基于此，本章针对"在使用MVS平台时，我能够灵活地在图片上圈定搜索范围""在使用MVS平台时，我能够灵活地在图片上调整搜索范围大小"和"MVS平台能够灵活地适应新的需求，如搜索结果可以根据圈定图片搜索范围大小而自动改变"这三个测量题目在后续的问卷调查中增加截图说明，如图4-2所示。

针对"移情性"测量题目的反馈意见，问卷被调查者希望增加截图说明，以便于更好地理解。基于此，本章将"MVS平台能够给我提供信息提示服务，如'点我照亮'"改为"MVS平台能够给我提供信息提示服务，如'对准目标拍照识别''点击开启闪光灯'等"，并在后续的问卷调查中增加截图说明，如图4-3所示。

此外，本章根据反馈意见，将主观感受分值较低的4个测量题目予以删除，分别是"MVS平台为我的生活提供很多便利""MVS平台打开界面响应快速""MVS平台的页面在视觉上很吸引人"和"MVS平台能够灵活地应对图片搜索过程中出现的需求，如从各种视角拍摄图片进行搜索"。

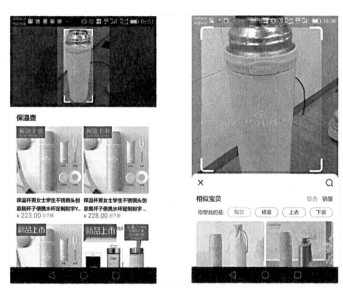

图 4-2 MVS 平台搜索图片范围调整

图 4-3 MVS 平台拍照识别信息提示

121

综上所述，本章对修订后的 MVS 平台用户体验影响因素初始量表(第一轮)再次进行修订，共删除测量题目 6 个，保留测量题目 38 个，形成了修订后的 MVS 平台用户体验影响因素初始量表(第二轮)，如表 4-5 所示。该量表由 38 个测量题目构成，主要用于测量 9 个副范畴构念。为了便于统计分析，本章对该量表的测量题目进行了编号。

表 4-5　修订后的 MVS 平台用户体验影响因素初始量表(第二轮)

副范畴构念	测量题目	参考文献
准确性	IQ1. MVS 平台搜索出的产品图片等信息是正确的(Correct)	Roca 等① Masrek 等② Xu 等③ 陈明红等④ 自定义
	IQ2. MVS 平台搜索出的产品图片等信息很少有错误	
	IQ3. MVS 平台搜索出的产品图片等信息是准确的(Accurate)	
	IQ4. MVS 平台搜索出的产品图片等信息正是我需要的	
	IQ5. MVS 平台搜索出的产品图片等信息在颜色、纹理、形状等方面符合我的要求	

①　Roca J C, Chiu C M, Martínez F J. Understanding e-learning continuance intention: An extension of the Technology Acceptance Model [J]. International Journal of Human-Computer Studies, 2006, 64(8): 683-696.

②　Masrek M N, Jamaludin A, Mukhtar S A. Evaluating academic library portal effectiveness: A Malaysian case study[J]. Library Review, 2010, 59(3): 198-212.

③　Xu J D, Benbasat I, Cenfetelli R T. Integrating service quality with system and information quality: An empirical test in the e-service context [J]. MIS Quarterly, 2013, 37(3): 337-352.

④　陈明红, 甄慧琳, 韦芷晴, 张玉子, 徐玮婕. 移动视觉搜索行为意向模型及实证研究[J]. 图书馆论坛, 2018: 1-10.

续表

副范畴构念	测量题目	参考文献
真伪性	IQ6. 我感觉 MVS 平台搜索出的有些产品图片是修饰过的	自定义
	IQ7. 我感觉 MVS 平台搜索出的有些产品图片是伪造的	
	IQ8. 我感觉 MVS 平台搜索出的有些产品图片是假冒的	
	IQ9. 我感觉 MVS 平台搜索出的有些产品图片不是实际产品拍摄的	
完整性	IQ10. MVS 平台搜索出的产品描述信息是完整的（Complete）	Liu 等① Delone 和 McLean② Wixom 和 Todd③ Masrek 等④ Xu 等⑤ 自定义
	IQ11. MVS 平台搜索出的产品描述信息是详细的（Detailed）	
	IQ12. MVS 平台搜索出的产品描述信息是全面的（Comprehensive）	
	IQ13. MVS 平台搜索出的产品数量非常多	
	IQ14. MVS 平台搜索出的产品种类比较多	

① Liu C, Arnett K P. Exploring the factors associated with Web site success in the context of electronic commerce[J]. Information & Management, 2000, 38(1): 23-33.

② Delone W H, McLean E R. The DeLone and McLean model of information systems success: a ten-year update[J]. Journal of management information systems, 2003, 19(4): 9-30.

③ Wixom B H, Todd P A. A theoretical integration of user satisfaction and technology acceptance[J]. Information systems research, 2005, 16(1): 85-102.

④ Masrek M N, Jamaludin A, Mukhtar S A. Evaluating academic library portal effectiveness: A Malaysian case study[J]. Library Review, 2010, 59(3): 198-212.

⑤ Xu J D, Benbasat I, Cenfetelli R T. Integrating service quality with system and information quality: An empirical test in the e-service context[J]. MIS Quarterly, 2013, 37(3): 337-352.

续表

副范畴构念	测量题目	参考文献
便利性	SysQ15. 对我来说，MVS 平台的操作很简单	自定义
	SysQ16. 对我来说，MVS 平台的操作很方便	
	SysQ17. 对我来说，MVS 平台的操作很快捷	
及时性	SysQ18. MVS 平台搜索请求响应快速	Masrek 等① Xu 等② 陈明红等③ 自定义
	SysQ19. MVS 平台图片识别速度很快	
	SysQ20. MVS 平台信息检索速度很快	
	SysQ21. MVS 平台搜索结果立刻反馈	
可达性	SysQ22. 我很方便就找到 MVS 平台的入口	Roca 等④ Masrek 等⑤ Xu 等⑥ 自定义
	SysQ23. 我可以很轻松打开 MVS 平台	
	SysQ24. 我很容易就能访问 MVS 平台	
	SysQ25. 我感觉使用 MVS 平台的步骤很简单	

① Masrek M N, Jamaludin A, Mukhtar S A. Evaluating academic library portal effectiveness: A Malaysian case study[J]. Library Review, 2010, 59(3):198-212.

② Xu J D, Benbasat I, Cenfetelli R T. Integrating service quality with system and information quality: An empirical test in the e-service context [J]. MIS Quarterly, 2013, 37(3):337-352.

③ 陈明红, 甄慧琳, 韦芷晴, 张玉子, 徐玮婕. 移动视觉搜索行为意向模型及实证研究[J]. 图书馆论坛, 2018:1-10.

④ Roca J C, Chiu C M, Martínez F J. Understanding e-learning continuance intention: An extension of the Technology Acceptance Model [J]. International Journal of Human-Computer Studies, 2006, 64(8):683-696.

⑤ Masrek M N, Jamaludin A, Mukhtar S A. Evaluating academic library portal effectiveness: A Malaysian case study[J]. Library Review, 2010, 59(3):198-212.

⑥ Xu J D, Benbasat I, Cenfetelli R T. Integrating service quality with system and information quality: An empirical test in the e-service context [J]. MIS Quarterly, 2013, 37(3):337-352.

续表

副范畴构念	测量题目	参考文献
灵活性	SysQ26. 在使用MVS平台时，我能够灵活地在图片上圈定搜索范围	Xu 等① 自定义
	SysQ27. 在使用MVS平台时，我能够灵活地在图片上调整搜索范围大小	
	SysQ28. MVS平台能够灵活地适应新的需求，如搜索结果可以根据圈定图片搜索范围大小而自动改变	
	SysQ29. MVS平台能够适应各种各样的需求，如各类产品的图片搜索	
有形性	SQ30. MVS平台的按钮清楚	Masrek 等② Xu 等③ Roca 等④ 自定义
	SQ31. MVS平台的入口清晰	
	SQ32. MVS平台的页面简洁	
	SQ33. MVS平台的页面布局合理、长度合适	

---

① Xu J D, Benbasat I, Cenfetelli R T. Integrating service quality with system and information quality: An empirical test in the e-service context [J]. MIS Quarterly, 2013, 37(3): 337-352.

② Masrek M N, Jamaludin A, Mukhtar S A. Evaluating academic library portal effectiveness: A Malaysian case study [J]. Library Review, 2010, 59(3): 198-212.

③ Xu J D, Benbasat I, Cenfetelli R T. Integrating service quality with system and information quality: An empirical test in the e-service context [J]. MIS Quarterly, 2013, 37(3): 337-352.

④ Roca J C, Chiu C M, Martínez F J. Understanding e-learning continuance intention: An extension of the Technology Acceptance Model [J]. International Journal of Human-Computer Studies, 2006, 64(8): 683-696.

续表

副范畴构念	测量题目	参考文献
移情性	SQ34. MVS 平台能够给我提供推荐服务，如"猜你喜欢"	自定义
	SQ35. MVS 平台能够给我提供信息提示服务，如"对准目标拍照识别""点击开启闪光灯"等	
	SQ36. MVS 平台能够给我提供搜索"历史记录"服务	
	SQ37. MVS 平台能够给我提供"打开相册"或"操作帮助"等服务	
	SQ38. MVS 平台能够给我提供二次筛选服务，如按照销量或其他分类进行筛选	

注：IQ 表示信息质量，SysQ 表示系统质量，SQ 表示服务质量。

4.3 探索性因子分析

为了使 MVS 平台用户体验影响因素量表的测量题目更加准确，本章通过探索性因子分析，对 MVS 平台用户体验影响因素量表的测量题目作进一步探索和确定。通过因子分析，一方面可以了解通过文献调查法和访谈资料扎根分析法所确定的因子结构(准确性、真伪性、完整性、便利性、及时性、可达性、灵活性、有形性、移情性)是否合适；另一方面可以根据因子载荷筛选简化 MVS 平台用户体验影响因素量表的测量题目的数量。① 此外，Lapierre 等② 认

126

① 张晋朝. 信息需求调节下社会化媒体用户学术信息搜寻行为影响规律研究[D]. 武汉大学,2015:66-67.

② Lapierre J,Giroux V P. Creativity and Work Environment in a High‐Tech Context[J]. Creativity & Innovation Management,2003,12(1):11-23.

为可以通过基于方差旋转的主成分分析法来确定一组特定变量的潜在因素。据此，本章采用主成分分析法进行探索性因子分析，并采用最大方差正交旋转法进行因子旋转。

4.3.1 问卷设计

根据"修订后的 MVS 平台用户体验影响因素初始量表(第二轮)"中的测量题目，本章设计了附录 5 所示的"MVS 平台用户体验影响因素探索性因子分析调查问卷"。该问卷共由 38 个测量题目构成，主要用于测量 9 个副范畴构念。其中，信息质量下的副范畴构念(准确性、真伪性、完整性)由 14 个测量题目进行测量；系统质量下的副范畴构念(便利性、及时性、可达性、灵活性)由 15 个测量题目进行测量；服务质量下的副范畴构念(有形性、移情性)由 9 个测量题目进行测量。

该调查问卷由两部分构成，第一部分是用户基本信息；第二部分是 MVS 平台用户体验影响因素量表。测量题目的测量均采用李克特(Likert)七级等距量表，① 其中"1"为完全不同意，"2"为不同意，"3"为比较不同意，"4"为不确定，"5"为比较同意，"6"为同意，"7"为完全同意，MVS 平台用户根据自己实际体验情况进行选择。

4.3.2 样本构成与数据收集

本章在选择调查对象时，参照 iiMedia Research 发布的《2017—2018 中国移动电商行业研究报告》②中移动电子商务购物的性别和

---

① Finn R H. Effects of Some Variations in Rating Scale Characteristics on the Means and Reliabilities of Ratings[J]. Educational & Psychological Measurement, 1972,32(2):255-265; Kankanhalli A, Ye H J, Teo H H. Comparing Potential and Actual Innovators:An Empirical Study of Mobile Data Services Innovation[J]. MIS Quarterly,2015,39(3):667-682.

② 艾媒咨询. 2017—2018 中国移动电商行业研究报告[EB/OL]. [2018-05-20]. http://report. iimedia. cn/report. jsp? reportId=2468.

年龄段占比，来选择调查对象，并以年轻用户为主。

本次问卷调查时间为 2018 年 9 月 3 日—9 月 23 日，采用便利抽样法，通过线上(问卷星)和线下(纸质)两种方式共发放 350 份调研问卷，回收问卷 336 份，回收率为 96%，剔除全部选"1"或"7"及其他无效问卷 34 份，有效问卷 302 份，有效率为 89.9%。另外，Maccallum 等①和 Zeng 等②建议在因子分析和回归分析中，样本数应该是测量题目的 5 ~ 10 倍。本章的 MVS 平台用户体验影响因素量表测量题目为 38 个，有效问卷 302 份，样本量大约为测量题目的 8 倍，满足因子分析所需样本数。

在此次问卷调查对象中，男性 138 人，女性 164 人；年龄段分布，24 岁以下 154 人、25 ~ 30 岁 91 人、31 ~ 35 岁 39 人、36 ~ 40 岁 8 人、41 岁以上 10 人；教育水平涵盖大专 6 人、本科 232 人、硕士 46 人、博士 18 人；调查对象使用经验分布，半年以下 120 人、半年 ~ 1 年(不含 1 年)54 人、1 ~ 2 年(不含 2 年)52 人、2 ~ 3 年(不含 3 年)46 人、3 年及以上 30 人。从调查对象的性别和年龄段占比来看，男性占比为 45.7%，女性占比为 54.3%；24 岁以下占比为 51.0%，25 ~ 30 岁占比为 30.1%，与 iiMedia Research 发布的《2017—2018 中国移动电商行业研究报告》中移动电子商务购物的性别和年龄段占比基本一致，使用 MVS 平台拍照搜索以年轻用户为主。此外，iiMedia Research 发布的《2018 Q1 中国移动搜索市场研究报告》数据显示，③ 2018 年第一季度，中国移动搜索用户男性占比 57.2%，女性占比 42.8%，过半的中国移动搜索用户年龄在 30 岁以下。因而笔者认为该样本在一定程度上可以代表总体。其有效样本的人口统计学特征如表 4-6 所示。

---

① Maccallum R C, Widaman K F, Zhang S, et al. Sample size in factor analysis. [J]. Psychological Methods, 1999, 4(1):84-99.

② Zeng L, Salvendy G, Zhang M. Factor structure of web site creativity[J]. Computers in Human Behavior, 2009, 25(2):568-577.

③ 艾媒咨询. 2018Q1 中国移动搜索市场研究报告[EB/OL]. [2018-05-20]. http://report. iimedia. cn/report. jsp? reportId = 2442.

表 4-6　有效样本的人口统计学特征

特征变量	分类	人数	比例(%)
性别	男	138	45.7%
	女	164	54.3%
年龄段	24 岁以下	154	51.0%
	25~30 岁	91	30.1%
	31~35 岁	39	13.0%
	36~40 岁	8	2.6%
	41 岁以上	10	3.3%
教育水平	大专	6	2.0%
	本科	232	76.8%
	硕士	46	15.2%
	博士	18	6.0%
使用经验	半年以下	120	39.7%
	半年~1 年(不含 1 年)	54	17.9%
	1 年~2 年(不含 2 年)	52	17.2%
	2 年~3 年(不含 3 年)	46	15.2%
	3 年及以上	30	10.0%

4.3.3　量表信度与效度检验

4.3.3.1　信度检验

信度(Reliability)指的是可靠性,信度检验主要基于真分数测量理论,用于测度指标体系的内部一致性,常采用 Cronbach's

Alpha系数来判定，当Cronbach's Alpha系数值越高时，说明测量题目的内部一致性越高，信度也就越好。Hair等①和Fornell等②认为Cronbach's Alpha >0.70表示测量题目之间具有较好的内部一致性；在探索性研究中，$0.60 \leqslant$ Cronbach's Alpha $\leqslant 0.70$被认为是可以接受的。此外，由于Cronbach's Alpha对构念（潜变量）的测量题目数量非常敏感。③基于此，本章尽量采用较少的测量题目，分别对MVS平台用户体验影响因素量表的副范畴构念进行测量。

从表4-7可以看出，信息质量下的副范畴构念（准确性、真伪性、完整性）总量表的Cronbach's Alpha = 0.826。其中，准确性的Cronbach's Alpha = 0.885，真伪性的Cronbach's Alpha = 0.699，完整性的Cronbach's Alpha = 0.794，符合Hair等④和Fornell等⑤关于测量题目之间内部一致性的要求，说明本次调查问卷中信息质量下的副范畴构念（准确性、真伪性、完整性）测量题目之间有较好的内部一致性和可靠性，样本测量数据具有较高的信度。

———————

① Hair J F, Ringle C M, Sarstedt M. PLS-SEM: Indeed a Silver Bullet [J]. Journal of Marketing Theory & Practice, 2011, 19(2): 139-152.

② Fornell C, Larcker D F. Evaluating structural equation models with unobservable variables and measurement error [J]. Journal of Marketing Research, 1981, 18(1): 39-50.

③ Cronbach L J, Warrington W G. Time-limit tests: Estimating their reliability and degree of speeding [J]. Psychometrika, 1951, 16(2): 167-188; Koopman R J, Petroski G F, Canfield S M, et al. Development of the PRE-HIT instrument: patient readiness to engage in health information technology [J]. Bmc Family Practice, 2014, 15(1): 18-18.

④ Hair J F, Ringle C M, Sarstedt M. PLS-SEM: Indeed a Silver Bullet [J]. Journal of Marketing Theory & Practice, 2011, 19(2): 139-152.

⑤ Fornell C, Larcker D F. Evaluating structural equation models with unobservable variables and measurement error [J]. Journal of Marketing Research, 1981, 18(1): 39-50.

表4-7 信息质量下的副范畴构念测量题目数及 Cronbach's Alpha

副范畴构念	测量题目数	Cronbach's Alpha	总量表的 Cronbach's Alpha 值
准确性	5	0.885	
真伪性	4	0.699	0.826
完整性	5	0.794	

从表4-8可以看出，系统质量下的副范畴构念(便利性、及时性、可达性、灵活性)总量表的 Cronbach's Alpha = 0.928。其中，便利性的 Cronbach's Alpha = 0.862，及时性的 Cronbach's Alpha = 0.892，可达性的 Cronbach's Alpha = 0.919，灵活性的 Cronbach's Alpha = 0.867，符合 Hair 等①和 Fornell 等②关于测量题目之间内部一致性的要求，说明本次调查问卷中系统质量下的副范畴构念(便利性、及时性、可达性、灵活性)测量题目之间有较好的内部一致性和可靠性，样本测量数据具有较高的信度。

表4-8 系统质量下的副范畴构念测量题目数及 Cronbach's Alpha

副范畴构念	测量题目数	Cronbach's Alpha	总量表的 Cronbach's Alpha 值
便利性	3	0.862	
及时性	4	0.892	
可达性	4	0.919	0.928
灵活性	4	0.867	

---

① Hair J F, Ringle C M, Sarstedt M. PLS-SEM: Indeed a Silver Bullet[J]. Journal of Marketing Theory & Practice, 2011, 19(2): 139-152.

② Fornell C, Larcker D F. Evaluating structural equation models with unobservable variables and measurement error[J]. Journal of Marketing Research, 1981, 18(1): 39-50.

从表4-9可以看出，服务质量下的副范畴构念(有形性、移情性)总量表的Cronbach's Alpha＝0.898。其中，有形性的Cronbach's Alpha＝0.842，移情性的Cronbach's Alpha＝0.848，符合Hair等①和Fornell等②关于测量题目之间内部一致性的要求，说明本次调查问卷中服务质量下的副范畴构念(有形性、移情性)测量题目之间有较好的内部一致性和可靠性，样本测量数据具有较高的信度。

表4-9　服务质量下的副范畴构念测量题目数及Cronbach's Alpha

副范畴构念	测量题目数	Cronbach's Alpha	总量表的Cronbach's Alpha 值
有形性	4	0.842	0.898
移情性	5	0.848	

此外，从表4-10可以看出，主范畴构念(信息质量、系统质量和服务质量)下的所有副范畴构念总量表的Cronbach's Alpha＝0.946。其中，信息质量下的副范畴构念总量表的Cronbach's Alpha＝0.826，系统质量下的副范畴构念总量表的Cronbach's Alpha＝0.928，服务质量下的副范畴构念总量表的Cronbach's Alpha＝0.898，符合Hair等③和Fornell等④关于测量题目之间内部一致性的要求，说明本次调查问卷的测量题目之间有较好的内部一致性和可靠性，样本测量数据具有较高的信度。

---

① Hair J F, Ringle C M, Sarstedt M. PLS-SEM: Indeed a Silver Bullet[J]. Journal of Marketing Theory & Practice, 2011, 19(2): 139-152.

② Fornell C, Larcker D F. Evaluating structural equation models with unobservable variables and measurement error[J]. Journal of Marketing Research, 1981, 18(1): 39-50.

③ Hair J F, Ringle C M, Sarstedt M. PLS-SEM: Indeed a Silver Bullet[J]. Journal of Marketing Theory & Practice, 2011, 19(2): 139-152.

④ Fornell C, Larcker D F. Evaluating structural equation models with unobservable variables and measurement error[J]. Journal of Marketing Research, 1981, 18(1): 39-50.

表 4-10　主范畴构念测量题目数及 Cronbach's Alpha

主范畴构念	测量题目数	Cronbach's Alpha	总量表的 Cronbach's Alpha 值
信息质量	14	0.826	0.946
系统质量	15	0.928	
服务质量	9	0.898	

4.3.3.2　效度检验

效度（Validity）指的是有效性，效度检验主要用于衡量测量工具（调查问卷）能否有效地对被测对象进行测量，通俗地说是指测量工具的准确性。本章采用主成分分析法进行探索性因子分析，并采用最大方差正交旋转法进行因子旋转来测量调查问卷的结构效度。由于在初始量表拟定到调查问卷形成之前已进行了两轮严谨科学的量表内容效度评估和适应性预调研，核查了初始量表所有测量题目，因此 MVS 平台用户体验影响因素量表各构念（潜变量）有较好的内容效度。

为了确定调查问卷的结构效度以及测量题目背后是否具有潜在构念，本章在进行因子分析之前，首先通过取样适切性量数（Kaiser-Meyer-Olkin measure of sampling adequacy，KMO）的大小和巴特利特球形检验（Bartlett Test）是否显著，来判断测量题目之间是否适合做因子分析。① 其中，因子分析的 KMO 大小判别标准如表 4-11 所示，② 巴特利特球形检验（Bartlett Test）显著表明所采集的样本数据来自多元正态分布的总体。

133

---

① Kaiser H F. An indexo factorial simplicity[J]. Psychometrika, 1974, 39 (1):34-36.

② Spicer J. Making Sense of Multivariate Data Analysis[M]. London:Stage, 2005;邱皓政. 量化研究与统计分析:SPSS(PASW)数据分析范例解析[M]. 重庆:重庆大学出版社,2017:333-343.

表 4-11 KMO 统计量的判断标准

KMO 统计量	因子分析适合性
0.90 以上	极佳的(Marvelous)
0.80 以上	良好的(Meritorious)
0.70 以上	中度的(Middling)
0.60 以上	平庸的(Mediocre)
0.50 以上	可悲的(Miserable)
0.50 以下	无法接受(Unacceptable)

从表 4-12 可以看出,本次调查问卷副范畴构念测量题目样本数据的 KMO 值为 0.881,巴特利特球形检验(Bartlett Test)在 0.000的水平上显著,表明本次调查问卷的副范畴构念测量题目之间存在共同因素,非常适合进行因子分析。

表 4-12 样本数据的 KMO 和 Bartlett 的检验

KMO 取样适切性量数		0.881
巴特利特球形度检验	近似卡方	9182.258
	自由度	703
	显著性	0.000

4.3.4 测量题目探索性因子分析

本章采用 IBM SPSS Statistics 24.0 对副范畴构念测量题目进行探索性因子分析。通过因子提取和共同因子旋转,这样每个因子都可以归属于一个明确的构念(潜变量),从而形成一个合理的因子结构。① 因子提取方法为提取特征值大于 1 的因子的主成分分析

① Spicer J. Making Sense of Multivariate Data Analysis [J]. Annals of Pharmacotherapy,2005,46(6):812-821.

法，因子旋转方法为最大方差正交旋转法。

最终，本章对副范畴构念测量题目共提取 8 个主成分(公共因子)，总体方差解释率为 72.38%，如表 4-13 所示。Tabachnick 和 Fidell 认为①当因素负荷量大于 0.55 时，该因素可以解释测量题目 30%的方差，是好的状况；当因素负荷量大于 0.71 时，该因素可以解释测量题目 50%的方差，是非常理想的状况。② 基于此，本章将因素负荷量大于 0.55 的测量题目(即该因素可以解释测量题目 30%的方差)提取出来，作为 8 个主成分的测量题目，如表 4-14 所示。

然而，第六主成分仅包含 IQ8 和 IQ9 两个测量题目，第七主成分仅包含 IQ13 和 IQ14 两个测量题目，第八主成分仅包含 IQ6 和 IQ7 两个测量题目。通常每个构念的测量题目至少为三个才有研究意义，因此以上主成分不足以继续划分测量题目，应予以删除。③同样，由于 SQ30、SQ31、SQ32、SQ33 和 SQ34 五个测量题目对应的因素负荷量小于 0.55，应予以删除。

综合上述分析，本章在探索性因子分析阶段共删除 11 个测量题目：IQ6、IQ7、IQ8、IQ9、IQ13、IQ14、SQ30、SQ31、SQ32、SQ33 和 SQ34，保留 5 个主成分，即 5 个副范畴构念。然而，由于第一主成分包含了主范畴构念(系统质量)下的 3 个副范畴构念(便利性、及时性、可达性)的所有测量题目，说明这些测量题目的意义比较接近，需要在验证性因子分析阶段通过判断残差是否独立，来删除意义比较接近的测量题目。最后，本章将第一主成分命名为快捷性，第二主成分命名为准确性，第三主成分命名为灵活性，第四主成分命名为移情性，第五主成分命名为完整性。在此基础上，形成了"探索性因子分析后的 MVS 平台用户体验影响因素量表"，

135

① Tabachnick B G, Fidell L S. Using multivariate statistics (5th ed.) [M]. Boston, MA: Allyn and Bacon, 2007.

② 邱皓政. 量化研究与统计分析: SPSS(PASW)数据分析范例解析[M]. 重庆: 重庆大学出版社, 2017: 333-343.

③ 袁红. 消费者社会化搜寻行为研究[M]. 武汉: 武汉大学出版社, 2014: 295.

如表 4-15 所示。为了便于统计分析，本章对剩下的 27 个测量题目进行重新编号，并以 e(Exploratory)开头代表了探索性因子分析得到的测量题目。

表 4-13　副范畴构念测量题目因子分析——总方差解释

成分	初始特征值			提取载荷平方和			旋转载荷平方和		
	总计	方差百分比(%)	累积(%)	总计	方差百分比(%)	累积(%)	总计	方差百分比(%)	累积(%)
1	13.86	36.46	36.46	13.86	36.46	36.46	7.64	20.10	20.10
2	3.53	9.30	45.77	3.53	9.30	45.77	4.24	11.16	31.25
3	2.56	6.73	52.50	2.56	6.73	52.50	3.77	9.92	41.17
4	2.26	5.95	58.45	2.26	5.95	58.45	3.48	9.15	50.31
5	1.56	4.12	62.56	1.56	4.12	62.56	2.35	6.19	56.50
6	1.40	3.68	66.24	1.40	3.68	66.24	2.14	5.64	62.14
7	1.29	3.39	69.63	1.29	3.39	69.63	2.06	5.41	67.55
8	1.05	2.75	72.38	1.05	2.75	72.38	1.84	4.83	72.38
9	0.89	2.33	74.72						
10	0.83	2.19	76.91						
11	0.78	2.04	78.95						
12	0.67	1.77	80.72						
13	0.61	1.60	82.32						
14	0.60	1.57	83.89						
15	0.52	1.37	85.25						
16	0.50	1.32	86.58						
17	0.47	1.23	87.81						
18	0.44	1.15	88.96						

续表

成分	初始特征值			提取载荷平方和			旋转载荷平方和		
	总计	方差百分比(%)	累积(%)	总计	方差百分比(%)	累积(%)	总计	方差百分比(%)	累积(%)
19	0.39	1.02	89.99						
20	0.38	1.00	90.98						
21	0.35	0.93	91.91						
22	0.32	0.84	92.75						
23	0.29	0.76	93.52						
24	0.28	0.74	94.26						
25	0.27	0.70	94.96						
26	0.25	0.66	95.62						
27	0.22	0.59	96.21						
28	0.21	0.56	96.76						
29	0.18	0.47	97.24						
30	0.17	0.46	97.69						
31	0.15	0.39	98.09						
32	0.14	0.37	98.46						
33	0.13	0.34	98.80						
34	0.12	0.30	99.10						
35	0.10	0.25	99.35						
36	0.09	0.25	99.60						
37	0.08	0.22	99.82						
38	0.07	0.18	100.00						

提取方法:主成分分析法

表 4-14　副范畴构念测量题目旋转成分矩阵

	旋转后的成分矩阵ª							
	成　　分							
	1	2	3	4	5	6	7	8
IQ1	0.22	0.77	0.18	-0.04	0.14	0.07	0.08	-0.11
IQ2	0.14	0.70	0.16	0.14	0.15	-0.22	0.02	0.14
IQ3	0.20	0.81	0.12	0.14	0.13	-0.09	0.05	0.11
IQ4	0.15	0.79	0.04	0.21	0.11	0.18	0.13	0.03
IQ5	0.23	0.72	0.07	0.16	0.27	0.01	0.18	0.06
IQ6	0.08	0.26	-0.01	0.03	0.02	0.07	-0.13	0.78
IQ7	-0.01	-0.08	0.04	-0.08	0.15	0.27	0.15	0.80
IQ8	0.17	-0.16	-0.17	-0.01	-0.11	0.59	0.34	0.39
IQ9	0.12	-0.02	-0.05	-0.13	-0.12	0.73	0.16	0.26
IQ10	0.13	0.15	0.13	0.18	0.82	-0.06	-0.04	0.18
IQ11	0.19	0.31	0.10	0.17	0.81	-0.04	0.15	0.06
IQ12	0.14	0.30	0.24	0.13	0.72	-0.02	0.21	-0.11
IQ13	0.19	0.19	0.24	0.16	0.15	0.21	0.75	0.04
IQ14	0.13	0.16	0.17	0.10	0.09	0.06	0.81	0.00
SysQ15	0.56	0.25	0.32	-0.05	0.07	0.36	0.17	-0.01
SysQ16	0.70	0.28	0.16	0.02	0.12	0.18	0.26	0.04
SysQ17	0.81	0.10	0.14	0.17	0.08	-0.06	0.26	0.14
SysQ18	0.84	0.12	0.04	0.14	0.03	-0.26	0.13	0.12
SysQ19	0.86	0.11	0.07	0.06	0.09	-0.14	0.14	0.10
SysQ20	0.77	0.15	0.00	0.19	0.15	-0.10	0.10	-0.09
SysQ21	0.67	0.26	0.02	0.25	0.06	0.14	0.05	-0.18

续表

旋转后的成分矩阵a							
成　分							
1	2	3	4	5	6	7	8
SysQ22	0.64	0.07	0.29	0.07	0.16	0.47	-0.09	0.01
SysQ23	0.74	0.15	0.24	0.15	0.11	0.32	-0.03	0.10
SysQ24	0.77	0.08	0.09	0.30	0.04	0.30	-0.09	0.01
SysQ25	0.77	0.11	0.15	0.27	0.11	0.28	-0.02	0.01
SysQ26	0.25	0.10	0.74	0.20	0.19	0.11	0.15	-0.03
SysQ27	0.15	0.02	0.85	0.17	0.18	0.07	0.16	0.09
SysQ28	0.06	0.14	0.86	0.22	0.07	-0.07	0.02	0.03
SysQ29	0.06	0.28	0.56	0.34	0.05	-0.11	0.15	0.00
SQ30	0.42	0.29	0.38	0.42	0.04	0.30	-0.05	-0.08
SQ31	0.52	0.39	0.25	0.39	-0.03	0.16	-0.01	-0.14
SQ32	0.40	0.22	0.49	0.24	-0.01	-0.16	0.15	-0.24
SQ33	0.39	0.35	0.40	0.27	0.09	-0.04	0.08	-0.24
SQ34	0.33	0.23	0.18	0.51	0.14	0.17	0.40	-0.14
SQ35	0.29	0.26	0.22	0.61	0.11	0.15	0.07	-0.11
SQ36	0.18	0.20	0.21	0.74	0.21	-0.04	0.12	0.11
SQ37	0.31	0.11	0.23	0.70	0.12	-0.14	0.13	0.00
SQ38	0.16	-0.02	0.25	0.72	0.11	-0.14	0.01	-0.03

提取方法：主成分分析法

旋转方法：凯撒正态化最大方差法

a. 旋转在 10 次迭代后已收敛

表 4-15　探索性因子分析后的 MVS 平台用户体验影响因素量表

副范畴构念	测量题目	参考文献
准确性	e-IQ1. MVS 平台搜索出的产品图片等信息是正确的（Correct）	Roca 等① Masrek 等② Xu 等③ 陈明红等④ 自定义
	e-IQ2. MVS 平台搜索出的产品图片等信息很少有错误	
	e-IQ3. MVS 平台搜索出的产品图片等信息是准确的（Accurate）	
	e-IQ4. MVS 平台搜索出的产品图片等信息正是我需要的	
	e-IQ5. MVS 平台搜索出的产品图片等信息在颜色、纹理、形状等方面符合我的要求	
完整性	e-IQ6. MVS 平台搜索出的产品描述信息是完整的（Complete）	Liu 等⑤ Delone 和 McLean⑥

① Roca J C, Chiu C M, Martínez F J. Understanding e-learning continuance intention: An extension of the Technology Acceptance Model [J]. International Journal of Human-Computer Studies, 2006, 64(8):683-696.

② Masrek M N, Jamaludin A, Mukhtar S A. Evaluating academic library portal effectiveness: A Malaysian case study[J]. Library Review, 2010, 59(3):198-212.

③ Xu J D, Benbasat I, Cenfetelli R T. Integrating service quality with system and information quality: An empirical test in the e-service context [J]. MIS Quarterly, 2013, 37(3):337-352.

④ 陈明红, 甄慧琳, 韦芷晴, 张玉子, 徐玮婕. 移动视觉搜索行为意向模型及实证研究[J]. 图书馆论坛, 2018:1-10.

⑤ Liu C, Arnett K P. Exploring the factors associated with Web site success in the context of electronic commerce[J]. Information & Management, 2000, 38(1):23-33.

⑥ Delone W H, McLean E R. The DeLone and McLean model of information systems success: a ten-year update[J]. Journal of management information systems, 2003, 19(4):9-30.

续表

副范畴构念	测量题目	参考文献
完整性	e-IQ7. MVS 平台搜索出的产品描述信息是详细的（Detailed）	Wixom 和 Todd① Masrek 等② Xu 等③ 自定义
	e-IQ8. MVS 平台搜索出的产品描述信息是全面的（Comprehensive）	
快捷性	e-SysQ9. 对我来说，MVS 平台的操作很简单	自定义
	e-SysQ10. 对我来说，MVS 平台的操作很方便	
	e-SysQ11. 对我来说，MVS 平台的操作很快捷	
	e-SysQ12. MVS 平台搜索请求响应快速	Masrek 等④ Xu 等⑤ 陈明红等⑥ 自定义
	e-SysQ13. MVS 平台图片识别速度很快	
	e-SysQ14. MVS 平台信息检索速度很快	
	e-SysQ15. MVS 平台搜索结果立刻反馈	

① Wixom B H, Todd P A. A theoretical integration of user satisfaction and technology acceptance[J]. Information systems research, 2005, 16(1): 85-102.

② Masrek M N, Jamaludin A, Mukhtar S A. Evaluating academic library portal effectiveness: A Malaysian case study[J]. Library Review, 2010, 59(3): 198-212.

③ Xu J D, Benbasat I, Cenfetelli R T. Integrating service quality with system and information quality: An empirical test in the e-service context [J]. MIS Quarterly, 2013, 37(3): 337-352.

④ Masrek M N, Jamaludin A, Mukhtar S A. Evaluating academic library portal effectiveness: A Malaysian case study[J]. Library Review, 2010, 59(3): 198-212.

⑤ Xu J D, Benbasat I, Cenfetelli R T. Integrating service quality with system and information quality: An empirical test in the e-service context [J]. MIS Quarterly, 2013, 37(3): 337-352.

⑥ 陈明红, 甄慧琳, 韦芷晴, 张玉子, 徐玮婕. 移动视觉搜索行为意向模型及实证研究[J]. 图书馆论坛, 2018: 1-10.

续表

副范畴构念	测量题目	参考文献
快捷性	e-SysQ16. 我很容易就找到 MVS 平台的入口	Roca 等① Masrek 等② Xu 等③ 自定义
	e-SysQ17. 我可以很轻松打开 MVS 平台	
	e-SysQ18. 我很容易就能访问 MVS 平台	
	e-SysQ19. 我感觉使用 MVS 平台的步骤很简单	
灵活性	e-SysQ20. 在使用 MVS 平台时，我能够灵活地在图片上圈定搜索范围	Xu 等④ 自定义
	e-SysQ21. 在使用 MVS 平台时，我能够灵活地在图片上调整搜索范围大小	
	e-SysQ22. MVS 平台能够灵活地适应新的需求，如搜索结果可以根据圈定图片搜索范围大小而自动改变	
	e-SysQ23. MVS 平台能够适应各种各样的需求，如各类产品的图片搜索	

---

① Roca J C, Chiu C M, Martínez F J. Understanding e-learning continuance intention: An extension of the Technology Acceptance Model [J]. International Journal of Human-Computer Studies, 2006, 64(8): 683-696.

② Masrek M N, Jamaludin A, Mukhtar S A. Evaluating academic library portal effectiveness: A Malaysian case study [J]. Library Review, 2010, 59(3): 198-212.

③ Xu J D, Benbasat I, Cenfetelli R T. Integrating service quality with system and information quality: An empirical test in the e-service context [J]. MIS Quarterly, 2013, 37(3): 337-352.

④ Xu J D, Benbasat I, Cenfetelli R T. Integrating service quality with system and information quality: An empirical test in the e-service context [J]. MIS Quarterly, 2013, 37(3): 337-352.

续表

副范畴构念	测量题目	参考文献
移情性	e-SQ24. MVS 平台能够给我提供信息提示服务，如"对准目标拍照识别""点击开启闪光灯"等	自定义
	e-SQ25. MVS 平台能够给我提供搜索"历史记录"服务	
	e-SQ26. MVS 平台能够给我提供"打开相册"或"操作帮助"等服务	
	e-SQ27. MVS 平台能够给我提供二次筛选服务，如按照销量或其他分类进行筛选	

4.4 验证性因子分析

4.4.1 问卷设计

经过探索性因子分析后，本章将进行剩下 27 个测量题目的验证性因子分析。根据"探索性因子分析后的 MVS 平台用户体验影响因素量表"中的测量题目，本章设计了附录 6 所示的"MVS 平台用户体验影响因素验证性因子分析调查问卷"。

该调查问卷共由 27 个测量题目构成，主要用于测量 5 个副范畴构念。其中，信息质量下的副范畴构念（准确性、完整性）由 8 个测量题目来测量；系统质量下的副范畴构念（快捷性、灵活性）由 15 个测量题目来测量；服务质量下的副范畴构念（移情性）由 4 个测量题目来测量。

该调查问卷由两部分构成，第一部分是用户基本信息；第二部分是 MVS 平台用户体验影响因素量表。测量题目的测量均采用李克特(Likert)七级等距量表,① 其中"1"为完全不同意、"2"为不同意、"3"为比较不同意、"4"为不确定、"5"为比较同意、"6"为同意、"7"为完全同意,MVS 平台用户根据自己实际体验情况进行选择。

4.4.2　样本构成与数据收集

本章在选择调查对象时,参照 iiMedia Research 发布的《2017—2018 中国移动电商行业研究报告》②中移动电子商务购物的性别和年龄段占比,来选择调查对象,并以年轻用户为主。

本次问卷调查时间为 2018 年 10 月 2 日—10 月 22 日,采用便利抽样法,通过线上(问卷星)和线下(纸质)两种方式共发放 300份调研问卷,回收问卷 289 份,回收率为 96.3%,剔除全部选"1"或"7"及其他无效问卷 9 份,有效问卷 280 份,有效率为 96.9%。另外,结构方程模型(SEM)作为一种大样本分析方法,Hair 等③建议样本数量一般应为观测变量的 10～15 倍。本章验证性因子分析观测变量为 27 个,样本量范围应在 270～405 个。由于本次问卷调查收集有效的样本数为 280 个,满足 Hair 等④关于结构方程模型(SEM)分析所需样本数量的要求。

①　Finn R H. Effects of Some Variations in Rating Scale Characteristics on the Means and Reliabilities of Ratings[J]. Educational & Psychological Measurement, 1972,32(2):255-265; Kankanhalli A, Ye H J, Teo H H. Comparing Potential and Actual Innovators:An Empirical Study of Mobile Data Services Innovation[J]. MIS Quarterly,2015,39(3):667-682.

②　艾媒咨询. 2017—2018 中国移动电商行业研究报告[EB/OL].[2018-05-20]. http://report. iimedia. cn/report. jsp? reportId=2468.

③　Hair J F,Anderson R E,Tatham R L,et al. Multivariate data analysis(5th Edition). Upper Saddle River:Prentice Hall,1998.

④　Hair J F,Anderson R E,Tatham R L,et al. Multivariate data analysis(5th Edition). Upper Saddle River:Prentice Hall,1998.

在此次问卷调查对象中，男性 126 人，女性 154 人；年龄段分布，24 岁以下 147 人、25~30 岁 88 人、31~35 岁 35 人、36~40 岁 5 人、41 岁以上 5 人；教育水平涵盖大专 4 人、本科 211 人、硕士 45 人、博士 20 人；调查对象使用经验分布，半年以下 109 人、半年~1 年(不含 1 年)51 人、1~2 年(不含 2 年)47 人、2~3 年(不含 3 年)46 人、3 年及以上 27 人。从调查对象的性别和年龄段占比来看，男性占比为 45.0%，女性占比为 55.0%；24 岁以下占比为 52.5%，25~30 岁占比为 31.4%，与 iiMedia Research 发布的《2017—2018 中国移动电商行业研究报告》中移动电子商务购物的性别和年龄段占比基本一致，使用 MVS 平台拍照搜索以年轻用户为主。此外，iiMedia Research 发布的《2018 Q1 中国移动搜索市场研究报告》数据显示，① 2018 年第一季度，中国移动搜索用户男性占比 57.2%，女性占比 42.8%，过半的中国移动搜索用户年龄在 30 岁以下。因而，笔者认为该样本在一定程度上可以代表总体，其有效样本的人口统计学特征，如表 4-16 所示。

表 4-16　有效样本的人口统计学特征

特征变量	分类	人数	比例(%)
性别	男	126	45.0%
	女	154	55.0%
年龄段	24 岁以下	147	52.5%
	25~30 岁	88	31.4%
	31~35 岁	35	12.5%
	36~40 岁	4	1.4%
	41 岁以上	6	2.1%

---

① 艾媒咨询.2018Q1 中国移动搜索市场研究报告[EB/OL].[2018-05-20].http://report.iimedia.cn/report.jsp? reportId=2442.

特征变量	分类	人数	比例(%)
教育水平	大专	4	1.4%
	本科	211	75.4%
	硕士	45	16.1%
	博士	20	7.1%
使用经验	半年以下	109	39.0%
	半年~1年(不含1年)	51	18.2%
	1年~2年(不含2年)	47	16.8%
	2年~3年(不含3年)	46	16.4%
	3年及以上	27	9.6%

4.4.3 副范畴构念验证性因子分析

通过探索性因子分析，MVS平台用户体验影响因素量表的测量题目分别归属于五个副范畴构念：准确性(Accuracy)、完整性(Completeness)、快捷性(Quickness)、灵活性(Flexibility)、移情性(Empathy)。为了确认各副范畴构念的测量题目的有效性，本章在IBM SPSS Amos 22.0中通过验证性因子分析(Confirmatory Factor Analysis，CFA)，对MVS平台用户体验影响因素量表测量题目的有效性作进一步验证。针对测量模型进行验证性因子分析，学者们给出了一些观点或看法。例如，Segars[1]认为较差的潜变量测量模型可能导致错误的结论；Anderson和Gerbing[2]认为好的潜变量测

① Segars A H. Assessing the Unidimensionality of Measurement: A Paradigm and Illustration within the Context of Information Systems Research[C]//2009:107-121.

② Anderson J C, Gerbing D W. Some methods for respecifying measurement models to obtain unidimensional construct measurement. [J]. Journal of Marketing Research,1982,19(4):453-460.

量模型是做潜变量因果分析的前提；Jackson 和 Gillaspy① 认为研究人员在做结构方程模型(SEM)时通常在评估结构模型之前应首先评估测量模型；Brown② 认为在许多情况下 SEM 模型的问题是由测量模型的问题引起的，可以通过 CFA 识别。

本章通过比较样本协方差矩阵与模型协方差矩阵之间的差异，③ 对 MVS 平台用户体验影响因素量表测量题目的有效性作进一步验证，并采用模型拟合度指数来表示这两个矩阵的整体差异。Byrne④ 认为 SEM 分析的必要条件是要有不错的模型拟合度指标，模型拟合度指标越好说明 SEM 理论模型矩阵与样本矩阵越接近。本章模型拟合度指数参照 Iacobucci⑤ 的建议标准：卡方与自由度之比(CMIN/DF) 约为 3，拟合优度指数(GFI)和比较拟合指数(CFI)约为 0.9，近似误差均方根(RMSEA)在 0.09 以内；Kenny⑥、Hu 和 Bentler⑦ 的建议标准：标准化残差均方根(SRMR)小于 0.08；Doll 等⑧的建议标准：拟合优度指数(GFI)和调整拟合优度

① Jackson D L, Gillaspy J A, Purcstephenson R. Reporting practices in confirmatory factor analysis: an overview and some recommendations. [J]. Psychological Methods,2009,14(1):6-23.

② Brown T A. Confirmatory factor analysis for applied research. [J]. Guilford Pubn,2006.

③ 吴明隆. 结构方程模型:AMOS 的操作与应用(第 2 版)[M]. 重庆:重庆大学出版社,2010:6.

④ Byrne B M. Structural equation modeling with AMOS:Basic concepts, applications,and programming[M]//Structural equation modeling with AMOS:basic concepts,applications,and programming. Routledge,2009:343-344.

⑤ Iacobucci D. Structural equations modeling:Fit Indices, sample size, and advanced topics[J]. Journal of Consumer Psychology,2010,20(1):90-98.

⑥ Kenny D A. Measuring Model Fit[EB/OL]. http://davidakenny. net/cm/fit. htm.

⑦ Hu L T, Bentler P M. Fit Indices in Covariance Structure Modeling: Sensitivity to Underparametrized Model Misspesification[J]. Psychological Methods, 1998,3(4):424-453.

⑧ Doll W J, Xia W, Torkzadeh G. A confirmatory factor analysis of the end-user computing satisfaction instrument[J]. MIS quarterly,1994:453-461.

指数(AGFI)在0.8~0.89范围内，表示该模型是可以接受的。

4.4.3.1 准确性测量模型验证

本章对准确性测量模型进行验证性因子分析，如表4-17~表4-19所示。从表4-17可知，准确性测量模型的标准化因素负荷量在0.658~0.825之间而且显著，组成信度(CR)=0.868，平均方差萃取量(AVE)=0.571，符合Hair等[1]、Fornell和Larcker[2]的建议标准：标准化因素负荷量(Standard Factor Loading)>0.5、组成信度(CR)>0.6、平均方差萃取量(AVE)>0.5、多元相关系数的平方(SMC)>0.5。说明该测量模型题目可靠，具有内部一致性和收敛效度。从表4-18可知，准确性测量模型的拟合度指数中CMIM/DF=4.806和RMSEA=0.117，两者数值稍偏大，不符合Iacobucci[3]的建议标准，其他拟合度指数均符合本章拟合度指数参照标准。说明测量题目的残差不独立，违反残差独立假设。从表4-19可知，删除测量题目e-IQ5可降低卡方值。基于此，本章删除测量题目e-IQ5，修正后的准确性测量模型拟合度指数均达到本章拟合度指数参照标准，如表4-20所示。

表4-17　准确性测量模型的信度及收敛效度分析

			Unstd.	S. E.	Z-value	P	Std.	SMC	CR	AVE
eIQ1	←	Accuracy	1				0.715	0.511	0.868	0.571
eIQ2	←	Accuracy	1.111	0.109	10.187	***	0.658	0.433		

① Hair J F, Black W C, Babin B J, et al. Multivariate Data Analysis (7th Edition)[M]. Prentice Hall, New Jersey, USA, 2009.

② Fornell C, Larcker D F. Evaluating Structural Equation Models with Unobservable Variables and Measurement Error[J]. Journal of Marketing Research, 1981, 18(1):39-50.

③ Iacobucci D. Structural equations modeling: Fit Indices, sample size, and advanced topics[J]. Journal of Consumer Psychology, 2010, 20(1):90-98.

			Unstd.	S. E.	Z-value	P	Std.	SMC	CR	AVE
eIQ3	←	Accuracy	1. 173	0. 094	12. 446	***	0. 815	0. 664		
eIQ4	←	Accuracy	1. 101	0. 088	12. 568	***	0. 825	0. 681		
eIQ5	←	Accuracy	1. 014	0. 088	11. 567	***	0. 751	0. 564		

注：$*p<0.05$，$**p<0.01$，$***p<0.001$

表 4-18 准确性测量模型的拟合度指数

统计检验量	CMIN/DF	SRMR	RMSEA	GFI	AGFI	CFI
模型数值	4. 806	0. 032	0. 117	0. 966	0. 897	0. 970

表 4-19 准确性测量模型的修正指数

			M. I.	Par Change
e4	<-->	e5	9. 976	0. 076
e3	<-->	e5	6. 909	−0. 069
e2	<-->	e4	5. 373	−0. 077
e2	<-->	e3	9. 209	0. 111

表 4-20 修正后的准确性测量模型的拟合度指数

统计检验量	CMIN/DF	SRMR	RMSEA	GFI	AGFI	CFI
模型数值	1. 592	0. 014	0. 046	0. 994	0. 972	0. 997

4.4.3.2 完整性测量模型验证

本章对准确性测量模型进行验证性因子分析，如表 4-21～表 4-22 所示。从表 4-21 可知，完整性测量模型的标准化因素负荷量在 0.680～0.970 之间而且显著，组成信度（CR）= 0.839，平均方差萃取量(AVE)= 0.641，符合 Hair 等①、Fornell 和 Larcker② 的建议标准：标准化因素负荷量(Standard Factor Loading)>0.5，组成信度(CR)>0.6，平均方差萃取量(AVE)>0.5，多元相关系数的平方(SMC)>0.5。说明该测量模型题目可靠，具有内部一致性和收敛效度。从表 4-22 可知，完整性测量模型的拟合度指数中 GFI = 1.000，说明估计参数与自由度相等，即拟合度 100%。

表 4-21 完整性测量模型的信度及收敛效度分析

			Unstd.	S. E.	Z-value	P	Std.	SMC	CR	AVE
eIQ6	←	Comple-teness	1				0.721	0.52	0.839	0.641
eIQ7	←	Comple-teness	1.451	0.127	11.445	***	0.97	0.941		
eIQ8	←	Comple-teness	0.948	0.085	11.219	***	0.68	0.462		

注：*p<0.05，**p<0.01，***p<0.001

表 4-22 完整性测量模型的拟合度指数

统计检验量	CMIN/DF	SRMR	RMSEA	GFI	AGFI	CFI
模型数值		0.000		1.000		

4.4.3.3 快捷性测量模型验证

本章对准确性测量模型进行验证性因子分析，如表 4-23～表 4-25 所示。从表 4-23 可知，准确性测量模型的标准化因素负荷量在

① Hair J F, Black W C, Babin B J, et al. Multivariate Data Analysis (7th Edition) [M]. Prentice Hall, New Jersey, USA, 2009.

② Fornell C, Larcker D F. Evaluating Structural Equation Models with Unobservable Variables and Measurement Error[J]. Journal of Marketing Research, 1981, 18(1):39-50.

0.681~0.864 之间而且显著，组成信度（CR）=0.949，平均方差萃取量（AVE）=0.628，符合 Hair 等①、Fornell 和 Larcker② 的建议标准：标准化因素负荷量（Standard Factor Loading）>0.5，组成信度（CR）>0.6，平均方差萃取量（AVE）>0.5，多元相关系数的平方（SMC）>0.5。说明该测量模型题目可靠，具有内部一致性和收敛效度。从表 4-24 可知，准确性测量模型的拟合度指数中 CMIM/DF =12.301 和 RMSEA=0.201，两者数值较大，不符合 Iacobucci③ 的建议标准，其他拟合度指数（除 SRMR 外）也不符合本章拟合度指数参照标准。说明测量题目的残差不独立，违反残差独立假设。从表 4-25 可知，删除测量题目 e-SysQ10、e-SysQ12、e-SysQ13、e-SysQ14、e-SysQ16、e-SysQ18，大幅度降低卡方值。基于此，本章删除测量题目 e-SysQ10、e-SysQ12、e-SysQ13、e-SysQ14、e-SysQ16、e-SysQ18，修正后的准确性测量模型拟合度指数均达到本章拟合度指数参照标准，如表 4-26 所示。

表 4-23　快捷性测量模型的信度及收敛效度分析

			Unstd.	S. E.	Z-value	P	Std.	SMC	CR	AVE
eSysQ9	←	Quickness	1				0.681	0.464	0.949	0.628
eSysQ10	←	Quickness	1.141	0.091	12.469	***	0.805	0.648		
eSysQ11	←	Quickness	1.053	0.082	12.81	***	0.829	0.687		
eSysQ12	←	Quickness	1.098	0.091	12.019	***	0.773	0.598		
eSysQ13	←	Quickness	1.101	0.09	12.261	***	0.79	0.624		
eSysQ14	←	Quickness	1.143	0.097	11.802	***	0.757	0.573		

① Hair J F, Black W C, Babin B J, et al. Multivariate Data Analysis (7th Edition)[M]. Prentice Hall, New Jersey, USA, 2009.

② Fornell C, Larcker D F. Evaluating Structural Equation Models with Unobservable Variables and Measurement Error[J]. Journal of Marketing Research, 1981,18(1):39-50.

③ Iacobucci D. Structural equations modeling: Fit Indices, sample size, and advanced topics[J]. Journal of Consumer Psychology, 2010,20(1):90-98.

续表

			Unstd.	S. E.	Z-value	P	Std.	SMC	CR	AVE
eSysQ15	←	Quickness	1. 006	0. 084	11. 976	***	0. 77	0. 593		
eSysQ16	←	Quickness	1. 214	0. 105	11. 592	***	0. 743	0. 552		
eSysQ17	←	Quickness	1. 202	0. 094	12. 728	***	0. 823	0. 677		
eSysQ18	←	Quickness	1. 303	0. 098	13. 282	***	0. 864	0. 746		
eSysQ19	←	Quickness	1. 312	0. 099	13. 263	***	0. 862	0. 743		

注：$*p<0.05$，$**p<0.01$，$***p<0.001$

表 4-24　快捷性测量模型的拟合度指数

统计检验量	CMIN/DF	SRMR	RMSEA	GFI	AGFI	CFI
模型数值	12. 301	0. 068	0. 201	0. 716	0. 575	0. 819

表 4-25　快捷性测量模型的修正指数

			M. I.	Par Change
e10	<-->	e11	17. 453	0. 102
e9	<-->	e10	42. 186	0. 167
e8	<-->	e11	16. 885	0. 139
e8	<-->	e10	28. 58	0. 179
e8	<-->	e9	28. 78	0. 191
e6	<-->	e11	6. 398	−0. 077
e6	<-->	e9	12. 299	−0. 113
e6	<-->	e8	5. 776	−0. 1
e5	<-->	e11	19. 245	−0. 117
e5	<-->	e10	26. 272	−0. 135
e5	<-->	e9	9. 884	−0. 088
e5	<-->	e8	11. 347	−0. 123
e5	<-->	e7	15. 643	0. 11

续表

			M. I.	Par Change
e5	<-->	e6	80.027	0.294
e4	<-->	e10	30.92	−0.154
e4	<-->	e9	4.19	−0.06
e4	<-->	e8	44.764	−0.256
e4	<-->	e6	23.974	0.169
e4	<-->	e5	71.119	0.254
e3	<-->	e10	12.695	−0.079
e3	<-->	e8	37.197	−0.187
e3	<-->	e5	4.732	0.053
e3	<-->	e4	40.701	0.162
e2	<-->	e9	9.026	−0.084
e2	<-->	e3	14.69	0.091
e1	<-->	e8	5.852	0.108
e1	<-->	e6	10.629	−0.132
e1	<-->	e5	9.901	−0.111
e1	<-->	e4	8.216	−0.107
e1	<-->	e2	34.085	0.204

表 4-26　修正后的快捷性测量模型的拟合度指数

统计检验量	CMIN/DF	SRMR	RMSEA	GFI	AGFI	CFI
模型数值	1.416	0.017	0.039	0.990	0.971	0.997

4.4.3.4　灵活性测量模型验证

本章对灵活性测量模型进行验证性因子分析如表 4-27～表 4-28 所示。从表 4-27 可知，灵活性测量模型的标准化因素负荷量在

0.600~0.926 之间而且显著，组成信度（CR）=0.872，平均方差萃取量（AVE）=0.635，符合 Hair 等①、Fornell 和 Larcker② 的建议标准：标准化因素负荷量（Standard Factor Loading）>0.5，组成信度（CR）>0.6，平均方差萃取量（AVE）>0.5，多元相关系数的平方（SMC）>0.5。说明该测量模型题目可靠，具有内部一致性和收敛效度。从表 4-28 可知，其灵活性测量模型的拟合度指数均达到本章拟合度指数参照标准。

表 4-27 灵活性测量模型的信度及收敛效度分析

			Unstd.	S. E.	Z-value	P	Std.	SMC	CR	AVE
eSysQ20	←	Flexibility	1				0.755	0.57	0.872	0.635
eSysQ21	←	Flexibility	1.237	0.08	15.557	***	0.926	0.857		
eSysQ22	←	Flexibility	1.134	0.076	14.973	***	0.868	0.753		
eSysQ23	←	Flexibility	0.728	0.073	9.967	***	0.6	0.36		

注：*$p<0.05$，**$p<0.01$，***$p<0.001$

表 4-28 灵活性测量模型的拟合度指数

统计检验量	CMIN/DF	SRMR	RMSEA	GFI	AGFI	CFI
模型数值	1.775	0.014	0.053	0.994	0.970	0.997

4.4.3.5 移情性测量模型验证

本章对移情性测量模型进行验证性因子分析，如表 4-29～表 4-31所示。从表 4-29 可知，移情性测量模型的标准化因素负荷量

① Hair J F, Black W C, Babin B J, et al. Multivariate Data Analysis (7th Edition) [M]. Prentice Hall, New Jersey, USA, 2009.

② Fornell C, Larcker D F. Evaluating Structural Equation Models with Unobservable Variables and Measurement Error[J]. Journal of Marketing Research, 1981, 18(1):39-50.

在 0.687~0.857 之间而且显著，组成信度(CR)= 0.863，平均方差萃取量(AVE)= 0.613，符合 Hair 等①、Fornell 和 Larcker② 的建议标准：标准化因素负荷量(Standard Factor Loading)>0.5，组成信度(CR)>0.6，平均方差萃取量(AVE)>0.5，多元相关系数的平方(SMC)>0.5。说明该测量模型题目可靠，具有内部一致性和收敛效度。从表 4-30 可知，移情性测量模型的拟合度指数中 CMIM/DF =4.633 和 RMSEA = 0.114，两者数值稍偏大，不符合 Iacobucci③ 的建议标准，其他拟合度指数均符合本章拟合度指数参照标准。说明测量题目的残差不独立，违反残差独立假设。从表 4-31 可知，删除测量题目 e-SQ24，卡方值有所降低。基于此，本章删除测量题目 e-SQ24，修正后的移情性测量模型的拟合度指数 GFI = 1.000，说明估计参数与自由度相等，也即是拟合度 100%，如表 4-32 所示。

表 4-29　移情性测量模型的信度及收敛效度分析

			Unstd.	S. E.	Z-value	P	Std.	SMC	CR	AVE
eSQ24	←	Empathy	1				0.687	0.472	0.863	0.613
eSQ25	←	Empathy	1.117	0.092	12.173	***	0.857	0.734		
eSQ26	←	Empathy	1.114	0.096	11.629	***	0.799	0.638		
eSQ27	←	Empathy	1.041	0.091	11.413	***	0.78	0.608		

注：*p<0.05，**p<0.01，***p<0.001

① Hair J F, Black W C, Babin B J, et al. Multivariate Data Analysis (7th Edition)[M]. Prentice Hall, New Jersey, USA, 2009.

② Fornell C, Larcker D F. Evaluating Structural Equation Models with Unobservable Variables and Measurement Error[J]. Journal of Marketing Research, 1981, 18(1):39-50.

③ Iacobucci D. Structural equations modeling: Fit Indices, sample size, and advanced topics[J]. Journal of Consumer Psychology, 2010, 20(1):90-98.

表 4-30　移情性测量模型的拟合度指数

统计检验量	CMIN/DF	SRMR	RMSEA	GFI	AGFI	CFI
模型数值	4.633	0.024	0.114	0.984	0.918	0.986

表 4-31　移情性测量模型的修正指数

			M. I.	Par Change
e1	<-->	e4	4.318	−0.088
e1	<-->	e3	5.254	0.099

表 4-32　修正后的移情性测量模型的拟合度指数

统计检验量	CMIN/DF	SRMR	RMSEA	GFI	AGFI	CFI
模型数值		0.000		1.000		

4.4.3.6　一阶副范畴构念模型验证

本章对一阶副范畴构念(准确性、完整性、快捷性、灵活性和移情性)模型进行验证性因子分析如表 4-33~表 4-35 所示。从表 4-33 可知，该模型的标准化因素负荷量在 0.619~0.913 之间而且显著，组成信度(CR)在 0.840~0.894 之间，平均方差萃取量(AVE)在 0.576~0.660 之间，符合 Hair 等[1]、Fornell 和 Larcker[2] 的建议标准：标准化因素负荷量(Standard Factor Loading)>0.5，组成信度(CR)>0.6，平均方差萃取量(AVE)>0.5，多元相关系数的平方

---

[1]　Hair J F, Black W C, Babin B J, et al. Multivariate Data Analysis (7th Edition)[M]. Prentice Hall, New Jersey, USA, 2009.

[2]　Fornell C, Larcker D F. Evaluating Structural Equation Models with Unobservable Variables and Measurement Error[J]. Journal of Marketing Research, 1981, 18(1):39-50.

(SMC)>0.5。说明该模型各构念的测量题目可靠,具有内部一致性和收敛效度。从表4-34可知,对角线粗体字为 AVE 的算术平方根,下三角为各副范畴构念之间的皮尔逊(Pearson)相关系数,符合 Bagozzi 和 Yi① 的建议标准:AVE 的算术平方根应大于构念之间皮尔逊(Pearson)相关系数的绝对值。说明该模型各构念之间有较好的区别效度。从表4-35可知,该模型的拟合度指数均符合本章拟合度指数参照标准,从表4-36可知,该模型不需要做任何修正,因为 e7、e14、e15、e16 与准确性(Accuracy),e1、e2、e13、e15、e18 与快捷性(Quickness),e6、e7、e8 与灵活性(Flexibility)以及 e1、e8、e11、e12、e16 与移情性(Empathy)建立相关并不符合理论的要求。该模型的标准化路径结构和样本协方差矩阵,分别如图4-4和附录8所示。

表 4-33　一阶副范畴构念模型的信度及收敛效度分析

			Unstd.	S. E.	Z-value	P	Std.	SMC	CR	AVE
Accuracy	→	eIQ1	1				0.714	0.51	0.844	0.576
	→	eIQ4	1.051	0.088	11.878	***	0.787	0.619		
	→	eIQ3	1.213	0.097	12.465	***	0.843	0.711		
	→	eIQ2	1.152	0.111	10.418	***	0.682	0.465		
Completeness	→	eIQ6	1				0.749	0.561	0.84	0.64
	→	eIQ7	1.314	0.097	13.521	***	0.913	0.834		
	→	eIQ8	0.972	0.082	11.831	***	0.724	0.524		
Quickness	→	eSysQ9	1				0.699	0.489	0.894	0.629
	→	eSysQ11	1.035	0.081	12.838	***	0.835	0.697		

① Bagozzi R P, Yi Y. On the evaluation of structural equation models[J]. Journal of the academy of marketing science,1988,16(1):74-94.

			Unstd.	S. E.	Z-value	P	Std.	SMC	CR	AVE
	→	eSysQ15	0.961	0.082	11.684	***	0.754	0.569		
	→	eSysQ17	1.155	0.092	12.504	***	0.811	0.658		
	→	eSysQ19	1.271	0.097	13.121	***	0.857	0.734		
Flexibility	→	eSysQ21	1.19	0.074	16.004	***	0.908	0.824	0.874	0.639
	→	eSysQ20	1				0.769	0.591		
	→	eSysQ23	0.738	0.071	10.438	***	0.619	0.383		
	→	eSysQ22	1.115	0.072	15.417	***	0.87	0.757		
Empathy	→	eSQ25	1				0.828	0.686	0.854	0.66
	→	eSQ27	0.997	0.068	14.554	***	0.806	0.65		
	→	eSQ26	1.038	0.072	14.497	***	0.803	0.645		

注：$*p<0.05$，$**p<0.01$，$***p<0.001$

表 4-34　一阶副范畴构念模型的区别效度分析

	AVE	Empathy	Flexibility	Completeness	Accuracy	Quickness
Empathy	0.660	**0.812**				
Flexibility	0.639	0.648	**0.799**			
Completeness	0.640	0.544	0.398	**0.800**		
Accuracy	0.576	0.457	0.317	0.516	**0.759**	
Quickness	0.629	0.587	0.420	0.372	0.466	**0.793**

表 4-35　一阶副范畴构念模型的拟合度指数

统计检验量	CMIN/DF	SRMR	RMSEA	GFI	AGFI	CFI
模型数值	2.895	0.064	0.082	0.870	0.827	0.914

表4-36 一阶副范畴构念模型的修正指数

			M.I.	Par Change
e11	<-->	Empathy	6.645	−0.079
e17	<-->	e11	7.027	−0.082
e18	<-->	Quickness	7.271	0.087
e13	<-->	Quickness	18.008	0.159
e13	<-->	e11	4.379	0.083
e14	<-->	Accuracy	18.641	−0.12
e15	<-->	Accuracy	9.47	0.089
e15	<-->	Quickness	13.783	−0.116
e15	<-->	e19	7.879	0.095
e15	<-->	e13	4.241	−0.083
e16	<-->	Empathy	6.057	0.101
e16	<-->	Flexibility	4.884	−0.113
e16	<-->	Accuracy	12.793	0.134
e16	<-->	e11	20.515	−0.196
e16	<-->	e17	9.913	0.131
e5	<-->	e19	7.528	0.093
e6	<-->	Flexibility	9.568	−0.113
e6	<-->	e15	5.818	−0.077
e7	<-->	Flexibility	24.79	0.203
e7	<-->	Completeness	4.836	−0.071
e7	<-->	Accuracy	4.07	0.06
e7	<-->	e17	5.442	−0.078
e7	<-->	e13	5.294	0.098
e7	<-->	e14	5.697	0.082
e7	<-->	e5	4.717	−0.076
e1	<-->	Empathy	11.833	−0.106

			M.I.	Par Change
e1	<-->	Quickness	9.872	0.095
e1	<-->	e18	5.33	−0.08
e1	<-->	e16	9.516	0.134
e2	<-->	Quickness	7.003	−0.1
e2	<-->	e17	7.824	−0.109
e2	<-->	e19	6.353	0.103
e3	<-->	e11	4.091	0.058
e3	<-->	e17	8.281	0.08
e3	<-->	e19	10.044	−0.093
e3	<-->	e14	13.317	−0.105
e3	<-->	e15	11.27	0.1
e4	<-->	e11	5.124	−0.064
e4	<-->	e15	5.267	−0.067
e8	<-->	Empathy	4.12	−0.072
e8	<-->	Flexibility	7.812	0.124
e8	<-->	e5	5.98	−0.095
e8	<-->	e1	9.269	0.115
e9	<-->	e18	4.884	0.063
e9	<-->	e15	4.151	−0.057
e9	<-->	e16	8.702	0.106
e10	<-->	e17	11.994	−0.105
e10	<-->	e15	4.114	−0.066
e10	<-->	e5	5.049	0.073
e10	<-->	e8	4.156	−0.074
e12	<-->	Empathy	9.266	0.09
e12	<-->	e17	13.254	0.109

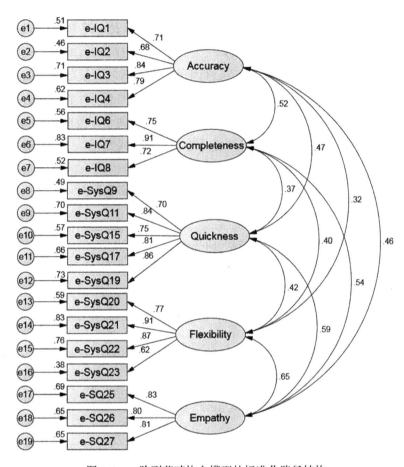

图 4-4 一阶副范畴构念模型的标准化路径结构

161

▤ 4.5 正式量表形成

综上所述，本章通过验证性因子分析，对探索性因子分析所构建的 MVS 平台用户体验影响因素量表的内部一致性信度、收敛效度和区别效度进行了检验，删除了各测量模型中残差不独立的测量题目，各指标均在建议的标准范围之内。在此基础上，最终得到了正式的"MVS平台用户体验影响因素量表"，如表4-37所示。为了便于统计分析，本章对剩下的19个测量题目进行重新编号，并以c(Confirmatory)开头代表了验证性因子分析得到的测量题目。该量表共由19个测量题目构成，其中"准确性、完整性"两个副范畴构念由7个测量题目来测量；"快捷性、灵活性"两个副范畴构念由9个测量题目来测量；"移情性"由3个测量题目来测量。

表4-37　正式的"MVS平台用户体验影响因素量表"

副范畴构念	测量题目	参考文献
准确性	c-IQ1. MVS平台搜索出的产品图片等信息是正确的(Correct)	Roca 等① Masrek 等② Xu 等③ 陈明红等④ 自定义
	c-IQ2. MVS平台搜索出的产品图片等信息很少有错误	
	c-IQ3. MVS平台搜索出的产品图片等信息是准确的(Accurate)	
	c-IQ4. MVS平台搜索出的产品图片等信息正是我需要的	

①　Roca J C,Chiu C M,Martínez F J. Understanding e-learning continuance intention：An extension of the Technology Acceptance Model［J］. International Journal of Human-Computer Studies,2006,64(8)：683-696.

②　Masrek M N,Jamaludin A,Mukhtar S A. Evaluating academic library portal effectiveness：A Malaysian case study［J］. Library Review,2010,59(3)：198-212.

③　Xu J D,Benbasat I,Cenfetelli R T. Integrating service quality with system and information quality：An empirical test in the e-service context［J］. MIS Quarterly,2013,37(3)：337-352.

④　陈明红,甄慧琳,韦芷晴,张玉子,徐玮婕. 移动视觉搜索行为意向模型及实证研究[J].图书馆论坛,2018:1-10.

续表

副范畴构念	测量题目	参考文献
完整性	c-IQ6. MVS平台搜索出的产品描述信息是完整的(Complete)	Liu 等① Delone 和 McLean② Wixom 和 Todd③ Masrek 等④ Xu 等⑤ 自定义
完整性	c-IQ7. MVS平台搜索出的产品描述信息是详细的(Detailed)	Liu 等① Delone 和 McLean② Wixom 和 Todd③ Masrek 等④ Xu 等⑤ 自定义
完整性	c-IQ8. MVS平台搜索出的产品描述信息是全面的(Comprehensive)	Liu 等① Delone 和 McLean② Wixom 和 Todd③ Masrek 等④ Xu 等⑤ 自定义
快捷性	c-SysQ9. 对我来说，MVS平台的操作很简单	oca 等⑥ Masrek 等⑦
快捷性	c-SysQ11. 对我来说，MVS平台的操作很快捷	oca 等⑥ Masrek 等⑦
快捷性	c-SysQ15. MVS平台搜索结果立刻反馈	oca 等⑥ Masrek 等⑦

① Liu C, Arnett K P. Exploring the factors associated with Web site success in the context of electronic commerce[J]. Information & Management,2000,38(1):23-33.

② Delone W H, McLean E R. The DeLone and McLean model of information systems success:a ten-year update[J]. Journal of management information systems, 2003,19(4):9-30.

③ Wixom B H, Todd P A. A theoretical integration of user satisfaction and technology acceptance[J]. Information systems research,2005,16(1):85-102.

④ Masrek M N, Jamaludin A, Mukhtar S A. Evaluating academic library portal effectiveness:A Malaysian case study[J]. Library Review,2010,59(3):198-212.

⑤ Xu J D, Benbasat I, Cenfetelli R T. Integrating service quality with system and information quality:An empirical test in the e-service context [J]. MIS Quarterly,2013,37(3):337-352.

⑥ Roca J C, Chiu C M, Martínez F J. Understanding e-learning continuance intention:An extension of the Technology Acceptance Model [J]. International Journal of Human-Computer Studies,2006,64(8):683-696.

⑦ Masrek M N, Jamaludin A, Mukhtar S A. Evaluating academic library portal effectiveness:A Malaysian case study[J]. Library Review,2010,59(3):198-212.

续表

副范畴构念	测量题目	参考文献
快捷性	c-SysQ17. 我可以很轻松打开 MVS 平台	Xu 等① 陈明红等② 自定义
	c-SysQ19. 我感觉使用 MVS 平台的步骤很简单	
灵活性	c-SysQ20. 在使用 MVS 平台时，我能够灵活地在图片上圈定搜索范围	Xu 等③ 自定义
	c-SysQ21. 在使用 MVS 平台时，我能够灵活地在图片上调整搜索范围大小	
	c-SysQ22. MVS 平台能够灵活地适应新的需求，如搜索结果可以根据圈定图片搜索范围大小而自动改变	
	c-SysQ23. MVS 平台能够适应各种各样的需求，如各类产品的图片搜索	
移情性	c-SQ25. MVS 平台能够给我提供搜索"历史记录"服务	自定义
	c-SQ26. MVS 平台能够给我提供"打开相册"或"操作帮助"等服务	
	c-SQ27. MVS 平台能够给我提供二次筛选服务，如按照销量或其他分类进行筛选	

① Xu J D, Benbasat I, Cenfetelli R T. Integrating service quality with system and information quality: An empirical test in the e-service context [J]. MIS Quarterly, 2013, 37(3):337-352.

② 陈明红, 甄慧琳, 韦芷晴, 张玉子, 徐玮婕. 移动视觉搜索行为意向模型及实证研究[J]. 图书馆论坛, 2018:1-10.

③ Xu J D, Benbasat I, Cenfetelli R T. Integrating service quality with system and information quality: An empirical test in the e-service context [J]. MIS Quarterly, 2013, 37(3):337-352.

4.6 本章小结

首先，本章在 MVS 平台用户体验影响因素研究的基础上，通过借鉴已有研究成果，分别对主范畴因素和副范畴因素进行构念（潜变量）定义，并对副范畴构念的测量题目进行操作型定义。其次，在初始量表设计完成后，对初始量表内容进行了效度评估和适应性调研，并根据反馈意见对初始量表进行了修订，形成了"修订后的 MVS 平台用户体验影响因素初始量表（第二轮）"。再次，为了使 MVS 平台用户体验影响因素量表的测量题目更加准确，通过探索性因子分析对 MVS 平台用户体验影响因素量表的测量题目作进一步探索和确定。最后，通过验证性因子分析，对探索性因子分析所构建的 MVS 平台用户体验影响因素量表的内部一致性信度、收敛效度和区别效度进行了检验，删除了各测量模型中残差不独立的测量题目，各指标均在建议的标准范围之内。在此基础上，最终得到了正式的"MVS 平台用户体验影响因素量表"。

5　MVS 平台用户体验模型的
构建与实证研究

为进一步探究 MVS 平台用户体验影响因素（表 4-37）的作用机理，以期为 MVS 平台的管理者、设计者及运营商提供理论借鉴与实践指导，本章从用户体验全过程的视角出发，将 S-O-R 模型与 EDT 模型整合，结合 MVS 平台系统特征、认知要素、情感体验和期望失验等，构建 MVS 平台用户体验概念模型，提出研究假设和设计调查问卷。最后，采用 SmartPLS 3.0 进行了共同方法变异检验、测量模型评估和结构模型评估等，并对数据分析结果进行了分析与讨论。

5.1　模型构建

本章以 D&M 的 IS 成功模型作为理论支撑，并以扎根分析构建的 MVS 平台用户体验影响因素及其作用机理理论框架（UX3Q）为指导，结合用户体验理论模型、S-O-R 模型、期望失验理论等，开展了 MVS 平台用户体验概念模型的构建研究。具体如下：

（1）模型的构成要素。

从整体体验来看，施密特（BerndH. Schmitt）①指出为了扩大体验的吸引力，应努力创造两个或更多战略体验模块（SEMs）的混合体验和综合体验；Mahlke②认为要从整体上研究交互系统的用户体验，就必须整合各个方面，才能充分了解用户的交互体验。从用户期望来看，Arhippainen③、Bevan④、Nascimento 等⑤均认为用户体验应包括用户的期望。此外，Geerts 等⑥将 UX 定义的内涵解释为"产品的使用不仅包括用户对产品的感知，还包括用户对产品的期望"。还有学者的研究结果表明，期望失验可以更广泛地应用于用户体验分析。⑦ 鉴于此，根据 MVS 平台的应用特点，为全面了解 MVS 平台用户体验的构成要素，本章参照 Peter Morville 的蜂窝模型、Whitney Quesenbery 的 5E 模型、Sascha Mahlke 的基本用户

① ［美］施密特. 体验营销：如何增强公司及品牌的亲和力［M］. 刘银娜等，译. 北京：清华大学出版社，2004：60-65.

② Mahlke S. Understanding users' experience of interaction［C］//Proceedings of the 2005 annual conference on European association of cognitive ergonomics. University of Athens，2005：251-254.

③ Arhippainen L. Capturing user experience for product design［C］//the 26th Information Systems Research Seminar（IRIS26）in Scandinavia. Porvoo，Finland. 2003：9-12.

④ Bevan N. What is the difference between the purpose of usability and user experience evaluation methods［C］//The UXEM Workshop at 12th IFIP Conference on Human-Computer Interaction，Uppsala，Sweden，2009.

⑤ Nascimento R，Limeira C D，de Pinho A L S，et al. Emotion，Affectivity and Usability in Interface Design［M］. Design，User Experience，and Usability. User Experience Design Practice. Springer International Publishing，2014：339-346.

⑥ Geerts D，Moor K D，Ketykó I，et al. Linking an integrated framework with appropriate methods for measuring QoE［C］//Second International Workshop on Quality of Multimedia Experience. IEEE，2010：158-163.

⑦ Michalco J，Simonsen J G，Hornbæk K. An exploration of the relation between expectations and user experience［J］. International Journal of Human-Computer Interaction，2015，31（9）：603-617.

体验过程模型，以及 Mahlke①、Park 等②和 Minge 等③的研究成果，结合 Jesse James Garrett 的用户体验五层次模型和 Donald Arthur Norman 的设计三层次，并根据笔者使用 MVS 平台的亲身体验，经综合分析，提出了 MVS 平台用户体验概念模型的构成要素，主要包括三个方面：一是 MVS 平台的设计特征或性能特征构念，具体有信息质量、系统质量和服务质量；二是心理反应（技术因素和非技术因素）构念，包括感知有用性、感知易用性、感知愉悦性、期望失验、满意度；三是行为反应构念，具体为持续使用意向。

（2）模型的概念框架。

为了进一步研究 MVS 平台的设计特征或性能特征对用户体验的作用机理，本章以 S-O-R 模型为基础，提出了 MVS 平台用户体验模型的概念框架，如图 5-1 所示。S 代表 MVS 平台的设计特征或性能特征，具体有信息质量、系统质量和服务质量，其中关键子维度（准确性、完整性、快捷性、灵活性和移情性）来源于表 4-36；O 表示 MVS 平台的设计特征或性能特征刺激后的心理反应，包括感知有用性、感知易用性、感知愉悦性、期望失验、满意度；R 表示用户对 MVS 平台的心理反应而导致的行为反应，具体为持续使用意向。此外，本章考虑到用户使用前的期望，采用 EDT 模型④中

---

① Mahlke S. Factors influencing the experience of website usage[C]//CHI '02 Extended Abstracts on Human Factors in Computing Systems. ACM, 2002: 846-847.

② Park J, Han S H, Kim H K, et al. Modeling user experience: A case study on a mobile device[J]. International Journal of Industrial Ergonomics, 2013, 43(2): 187-196.

③ Minge M, Thüring M. Hedonic and pragmatic halo effects at early stages of user experience[J]. International Journal of Human-Computer Studies, 2018, 109: 13-25.

④ Churchill G A, Surprenant C. An Investigation into the Determinants of Customer Satisfaction[J]. Journal of Marketing Research, 1982, 19(4): 491-504.

"感知性能和失验"对"满意度"的解释以及他们之间的关系，来构建 MVS 平台用户体验概念模型中"感知性能和期望失验"对"满意度"的解释以及他们之间的关系。MVS 平台用户体验概念模型中"感知性能"方面的构念分别为感知有用性、感知易用性、感知愉悦性，"期望失验"方面的构念分别为有用性失验、易用性失验、愉悦性失验。同时，基于 EDT 模型中"满意度和重构意向"两个构念之间的关系，来构建 MVS 平台用户体验概念模型中"满意度和持续使用意向"两个构念之间的关系。

（3）模型的研究假设。

根据图式理论①、通信系统理论②、信息影响理论③、D&M 模型④、穆斯定律⑤、期望失验理论⑥和已有的相近研究成果，本章提出了 MVS 平台用户体验概念模型中各构念（潜变量）之间关系的研究假设。

为了便于后文表述和统计分析，本章对 MVS 平台用户体验概念模型各构念（潜变量）进行英文注释和缩写，如表 5-1 所示。

----

①　Bartlett F C. Remembering：A study in experimental and social psychology [M]. Cambridge，UK：Cambridge University Press，1932.

②　Shannon C E，Weaver W. The Mathematical Theory of Communication[M]. Urbana，IL：University of Illinois Press，1949.

③　Mason R O. Measuring information output：A communication systems approach[J]. Information & Management，1978，1(4)：219-234.

④　DeLone W H，McLean E R. Information systems success：The quest for the dependent variable[J]. Information systems research，1992，3(1)：60-95.

⑤　Moore C N. Mooers' Law or Why Some Retrieval Systems Are Used and Others Are Not[J]. Bulletin of the American Society for Information Science & Technology，2010，23(1)：22-23.

⑥　Oliver R L. A Cognitive Model of the Antecedents and Consequences of Satisfaction Decisions[J]. Journal of Marketing Research，1980，17(4)：460-469；Churchill G A，Surprenant C. An Investigation into the Determinants of Customer Satisfaction[J]. Journal of Marketing Research，1982，19(4)：491-504.

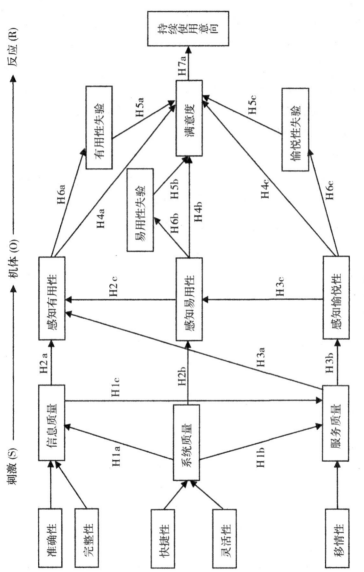

图5-1 MVS平台用户体验概念模型

表 5-1 概念模型各构念英文注释和缩写

构念	英文	缩写
准确性	Accuracy	ACC
完整性	Completeness	COM
快捷性	Quickness	QUI
灵活性	Flexibility	FLE
移情性	Empathy	EMP
信息质量	Information Quality	IQ
系统质量	System Quality	SysQ
服务质量	Service Quality	SQ
感知有用性	Perceived Usefulness	PU
有用性失验	Usefulness Disconfirmation	UD
感知易用性	Perceived Ease of Use	PEOU
易用性失验	Ease of Use Disconfirmation	EOUD
感知愉悦性	Perceived Enjoyment	PE
愉悦性失验	Enjoyment Disconfirmation	ED
满意度	Satisfaction	SAT
持续使用意愿	Continuance Usage Intention	CUI

5.2 研究假设

171

5.2.1 系统质量、信息质量、服务质量之间的关系

英国心理学家 Bartlett① 于 1932 年首次提出图式理论(Schema

---

① Bartlett F C. Remembering：A study in experimental and social psychology[M]. Cambridge,UK：Cambridge University Press,1932.

Theory)。图式可以被认为是一个有组织概念的框架，是个体对其经历的描述。① Louis 和 Sutton② 认为"图式是一种认知结构，它提供了个人所依赖的情境预测"。一般来说，图式理论假定人们根据他们先前的知识或过去的经验来构建具有不同对象的各种图式，③诸如知识结构、④ 网站架构⑤等。据此，本章根据图式理论和已有的相近研究成果，来构建系统质量(SysQ)、信息质量(IQ)和服务质量(SQ)之间的关系。

本章提出用户对 MVS 平台系统质量的感知将会影响用户对其信息质量的感知。针对系统质量对信息质量的影响，Shannon 和 Weaver⑥ 根据通信系统中的消息可以在不同层面测量，在其通信领域的开创性工作中，将技术层面定义为产生信息的系统的准确性和效率；语义层面定义为信息在传达预想意义方面的成功；效用层面定义为信息对接收者的影响。基于通信系统理论，Mason⑦ 认为信息是许多系统的输出，诸如财务、数据处理、科教和娱乐等系统。DeLone 和 McLean⑧ 认为信息是由系统产生的，信息质量是信

①　Novak J D, Tyler R W. A Theory of Education[M]. Ithaca, NY: Cornell University Press, 1977.

②　Louis M R, Sutton R I. Switching cognitive gears: From habits of mind to active thinking. [J]. Human Relations, 1991, 44(1): 55-76.

③　Xu J D, Benbasat I, Cenfetelli R T. Integrating service quality with system and information quality: an empirical test in the e-service context[J]. MIS Quarterly, 2013, 37(3): 337-352.

④　Armstrong D J, Hardgrave B C. Understanding Mindshift Learning: The Transition to Object-Oriented Development[J]. MIS Quarterly, 2007, 31(3): 453-474.

⑤　Bellman S, Rossiter J R. The Website Schema[J]. Journal of Interactive Advertising, 2004, 4(2): 38-48.

⑥　Shannon C E, Weaver W. The Mathematical Theory of Communication[M]. Urbana, IL: University of Illinois Press, 1949.

⑦　Mason R O. Measuring information output: A communication systems approach[J]. Information & Management, 1978, 1(4): 219-234.

⑧　DeLone W H, McLean E R. Information systems success: The quest for the dependent variable[J]. Information systems research, 1992, 3(1): 60-95.

息系统输出的度量，而不是系统性能质量的度量，系统质量的问题会降低其产生信息的实际质量。Moore[1] 提出了以自己名字命名的穆尔斯定律（Mooers' Law）："当客户拥有信息比没有信息更痛苦和麻烦时，信息检索系统往往不会被使用"，该定律显示系统质量会影响信息质量。Xu 等[2]以 Wixom 和 Todd[3] 的技术使用集成模型为基础，通过对服务质量、系统质量和信息质量在网站采用中的作用进行调查研究，提出了 3Q 模型并进行了实证研究。研究结果显示，系统质量正向显著影响信息质量。孟猛和朱庆华[4]以理性行为理论、技术接受模型、技术接受与利用整合理论为基础，通过引入信息系统成功模型的信息质量、系统质量、服务质量三个变量，结合已有研究成果，构建了数字图书馆信息质量、系统质量及服务质量整合模型。实证结果显示，系统质量正向显著影响信息质量。此外，基于上述图式理论的概念和已有实证研究，MVS 平台用户心理的信息质量图式将包括系统质量，也就是说用户在评价 MVS 平台的信息质量时，他们也会考虑对系统质量的感知。因此，笔者认为如果 MVS 平台可以灵活地进行组合搜索、点选图像、编辑图像，以及圈定图像搜索范围并可调整大小等，则该 MVS 平台的检索准确率将会提高，而且识别也比较准确。鉴于此，笔者提出研究假设如下：

H1a：MVS 平台的系统质量（SysQ）正向影响信息质量（IQ）。

① Moore C N. Mooers' Law or Why Some Retrieval Systems Are Used and Others Are Not[J]. Bulletin of the American Society for Information Science & Technology, 2010, 23(1): 22-23.

② Xu J D, Benbasat I, Cenfetelli R T. Integrating service quality with system and information quality: an empirical test in the e-service context[J]. MIS Quarterly, 2013, 37(3): 337-352.

③ Wixom B H, Todd P A. A Theoretical Integration of User Satisfaction and Technology Acceptance[J]. Information Systems Research, 2005, 16(1): 85-102.

④ 孟猛, 朱庆华. 数字图书馆信息质量、系统质量与服务质量整合研究[J]. 现代情报, 2017(08): 5-13.

接下来，本章提出用户对 MVS 平台系统质量和信息质量的感知将会影响用户对其服务质量的感知。关于系统质量、信息质量与服务质量的关系，Grönroos 等①通过分析互联网电影票销售数据，开发了一个可以被描述为服务的互联网产品模型（NetOffer）。在开发该模型时，将用户界面（UI）元素添加到服务包中，并且在服务包和产品的增强元素之间，还包括信息层。Tan 等②将电子政务服务质量划分为以 IT 为中介的服务内容和服务交付，服务内容描述了电子政务网站上可用于帮助公民完成交易目标的功能，服务交付定义了通过 Web 界面作为交付渠道访问这些功能的方式。在线调查的实证结果证明了在设计电子政务网站时区分服务内容和交付方式的价值，服务内容和交付方式都是实现电子政务服务质量的重要因素。Cenfetelli 等③在阐述 B2C 支持服务功能（Supporting Services Functionality，SSF）概念的基础上，对信息技术如何支持核心产品或服务进行了研究。研究结果表明，SSF 是客户感知和行为的重要预测指标，感知服务功能正向显著影响服务质量。Xu 等④以 Wixom 和 Todd⑤ 的技术使用集成模型为基础，通过对服务质量、系统质量和信息质量在网站采用中的作用进行调查研究，提出了

---

① Grönroos C, Heinonen F, Isoniemi K, et al. The NetOffer model：a case example from the virtual marketspace[J]. Management decision, 2000, 38(4)：243-252.

② Tan C W, Benbasat I, Cenfetelli R T. IT-mediated customer service content and delivery in electronic governments：An empirical investigation of the antecedents of service quality[J]. MIS quarterly, 2013, 37(1)：77-109.

③ Cenfetelli R T, Benbasat I, Al-Natour S. Addressing the what and how of online services：Positioning supporting-services functionality and service quality for business-to-consumer success[J]. Information Systems Research, 2008, 19(2)：161-181.

④ Xu J D, Benbasat I, Cenfetelli R T. Integrating service quality with system and information quality：an empirical test in the e-service context[J]. MIS Quarterly, 2013, 37(3)：337-352.

⑤ Wixom B H, Todd P A. A Theoretical Integration of User Satisfaction and Technology Acceptance[J]. Information Systems Research, 2005, 16(1)：85-102.

3Q模型并进行了实证研究。研究结果显示,信息质量正向显著影响服务质量。孟猛和朱庆华①以理性行为理论、技术接受模型、技术接受与利用整合理论为基础,通过引入信息系统成功模型的信息质量、系统质量、服务质量三个变量,结合已有研究成果,构建了数字图书馆信息质量、系统质量及服务质量整合模型。实证结果显示,系统质量正向显著影响服务质量。此外,基于上述图式理论的概念和已有实证研究,MVS平台用户心理的服务质量图式将包括信息质量和系统质量,也就是说,用户在评价MVS平台的服务质量时,也会考虑对信息质量和系统质量的感知。因此,笔者认为如果MVS平台的用户界面清晰、访问方便快捷、各种操作灵活等,则该平台提供的相关服务就容易被发现(如信息提示、历史记录、图像范围圈定等),也就能进一步提高MVS平台的服务质量。如果MVS平台搜索准确率高、识别准确等,则该平台提供的推荐服务也会比较准确。鉴于此,笔者提出研究假设如下:

H1b:MVS平台的系统质量(SysQ)正向影响服务质量(SQ)。
H1c:MVS平台的信息质量(IQ)正向影响服务质量(SQ)。

5.2.2 系统质量与感知易用性、信息质量与感知有用性以及感知易用性与感知有用性之间的关系

感知易用性是指用户认为使用MVS平台不费力的程度,② 而感知有用性是指用户认为使用MVS平台会提高其工作绩效的程度。回顾以往的文献可以发现,系统质量显著影响感知易用性,信息质

175

---

① 孟猛,朱庆华. 数字图书馆信息质量、系统质量与服务质量整合研究[J]. 现代情报,2017(08):5-13.
② Davis F D. Perceived usefulness, perceived ease of use, and user acceptance of information technology[J]. MIS Quarterly,1989,13(3):319-340.

量显著影响感知有用性，感知易用性显著影响感知有用性。例如，Davis① 于 1985 年在其博士论文中提出了科技接受模型(TAM)，并指出信息系统的设计特征直接影响感知有用性和感知易用性，而且感知易用性对感知有用性具有因果效应。Ghazal 等② 的研究结果显示，在混合学习环境中学习管理系统的系统质量对感知易用性正向影响显著，信息质量对感知有用性正向影响显著，感知易用性对感知有用性正向影响显著。周涛③ 将 DeLone 和 McLean④ 的 IS 成功模型、TAM 模型以及信任理论相整合，开展了移动商务网站关键成功因素研究。实证结果显示，系统质量、信息质量正向显著影响有用性和易用性，网站易用性正向显著影响有用性。孟猛和朱庆华⑤ 的实证研究显示，数字图书馆的信息质量对感知有用性正向影响显著，感知易用性对感知有用性正向影响显著。此外，Wixom 和 Todd⑥、Xu 等⑦ 的研究结果显示，感知易用性正向显著影响感知有用性。因此，笔者认为如果用户对 MVS 平台的信息质量的满意度越高，就越有可能发现该平台信息的应用对提高搜索绩效有用。

① 　Davis F D. A technology acceptance model for empirically testing new end-user information systems：Theory and results[D]. Ph. d. dissertation Massachusetts Institute of Technology,1986：24.

② 　Ghazal S,Aldowah H,Umar I,et al. Acceptance and satisfaction of learning management system enabled blended learning based on a modified DeLone-McLean information system success model[J]. International Journal of Information Technology Project Management,2018,9(3)：52-71.

③ 　周涛. 移动商务用户行为机理研究[M]. 北京：清华大学出版社,2017：20-28.

④ 　DeLone W H,McLean E R. Information systems success：The quest for the dependent variable[J]. Information systems research,1992,3(1)：60-95.

⑤ 　孟猛,朱庆华. 数字图书馆信息质量、系统质量与服务质量整合研究[J]. 现代情报,2017,37(08)：3-11.

⑥ 　Wixom B H,Todd P A. A theoretical integration of user satisfaction and technology acceptance[J]. Information systems research,2005,16(1)：85-102.

⑦ 　Xu J D,Benbasat I,Cenfetelli R T. Integrating service quality with system and information quality：an empirical test in the e-service context[J]. MIS Quarterly,2013,37(3)：337-352.

同样地，如果用户对 MVS 平台的系统质量越满意，就越有可能发现该平台易于使用。然而，如果用户感觉到 MVS 平台很难使用，很大程度上将会影响用户对 MVS 平台的感知有用性，也就是说用户的感知有用性将受到感知易用性的影响。鉴于此，笔者提出研究假设如下：

H2a：MVS 平台的信息质量(IQ)正向影响用户对其的感知有用性(PU)。

H2b：MVS 平台的系统质量(SysQ)正向影响用户对其的感知易用性(PEOU)。

H2c：用户对 MVS 平台的感知易用性(PEOU)正向影响用户对其的感知有用性(PU)。

5.2.3 服务质量与感知有用性、服务质量与感知愉悦性以及感知愉悦性与感知易用性之间的关系

服务质量是指 MVS 平台在支持产品图片搜索和个人用户的具体任务过程中，用户对 MVS 平台提供服务的感知。感知愉悦性是指用户从使用 MVS 平台中可以获得快乐的程度。① 学者们试图从不同视角对服务质量进行评估，最广泛应用的服务质量框架是 Parasuraman、Zeithaml 和 Berry 提出的 SERVQUAL。② 迄今为止，已有许多研究证明了 SERVQUAL 在预测和评估客户反应和响应方

① Heijden H. User acceptance of hedonic information systems [J]. MIS Quarterly, 2004, 28(4):695-704.

② Parasuraman A, Zeithaml V A, Berry L L. A conceptual model of service quality and its implications for future research. [J]. Journal of Marketing, 1985, 49(4):41-50; Parasuraman A, Zeithaml V A, Berry L L. SERVQUAL: A multiple-item scale for measuring consumer perceptions of service quality. [J]. Journal of Retailing, 1988, 64(1):12-40.

面的有效性，如用户满意度。① 服务质量在 IS 领域也得到了广泛的研究，特别是 B2C 网站直接提供的服务质量。② 服务质量最显著的结果就是用户满意度，即服务质量是用户满意度的重要决定因素。③ 而 Xu 等④认为服务满意度代表了一种基于对象的态度，作为形成行为信念（如感知有用性、感知愉悦性等）的外部变量。不少学者认为互联网和基于 web 系统的体验不仅仅是功能性方面（如感知有用性），还有乐享方面（如感知愉悦性）。⑤

在 IS 领域，学者们针对服务质量对感知有用性和感知愉悦性

———————————

① Alnaser F. the Influence of Servqual Model and Attitude on Customer's Satisfaction and Loyalty in Islamic Banks of Saudi Arabia in Developing Countries[C]//Economic and Social Development（Book of Proceedings）,27th International Scientific Conference on Economic and Social. 2018：59；Shaham S, Avci T, Sumaneeva K A. Servqual, Customer Loyalty, Word of Mouth：the Mediating Role of Customer Satisfaction[C]//8th Advances in Hospitality and Tourism Marketing and Management（AHTMM）Conference. 2018：373.

② Cenfetelli R T, Benbasat I, Al-Natour S. Addressing the what and how of online services：Positioning supporting-services functionality and service quality for business-to-consumer success[J]. Information Systems Research,2008,19(2)：161-181.

③ Cronin J J, Brady M K, Hult G T M. Assessing the effects of quality, value, and customer satisfaction on consumer behavioral intentions in service environments[J]. Journal of Retailing,2000,76(2)：193-218.

④ Xu J D, Benbasat I, Cenfetelli R T. Integrating service quality with system and information quality：an empirical test in the e-service context[J]. MIS Quarterly, 2013,37(3)：337-352.

⑤ Mahlke S. Factors influencing the experience of website usage[C]//CHI '02 Extended Abstracts on Human Factors in Computing Systems. ACM,2002：846-847；Postrel V. The substance of style：How the rise of aesthetic value is remaking commerce, culture, and consciousness[M]. New York：Harper Perennial,2004：179-180；Hassenzahl M. The Quality of Interactive Products：Hedonic-Needs, Emotions and Experience[M]. Ghaoui C. Encyclopedia of Human-Computer Interaction,2005；Park J, Han S H, Kim H K, et al. Modeling user experience：A case study on a mobile device[J]. International Journal of Industrial Ergonomics,2013,43(2)：187-196.

的影响开展了丰富的研究。例如,Childers 等①和 Fiore 等②认为除了更实用的感知有用性之外,感知愉悦性适合于捕捉服务质量的享乐感知。Hwang 和 Kim③ 以网站用户的情感变量(享受和焦虑)为中介,研究了服务内容感知 Web 质量对电子信任的影响,结果显示服务内容感知 Web 质量对感知享受产生积极影响。Landrum 等④实证研究显示,图书馆网站的信息服务质量正向显著影响感知有用性。这一结论同样被学者周涛⑤和关磊⑥证实。此外,Tan 和 Chou⑦ 探究了移动信息和娱乐服务中移动服务质量与感知愉悦性的关系,发现移动服务质量会影响用户的感知愉悦性。还有学者的研究发现,在线旅行社背景下服务质量正向显著影响感知愉悦性。⑧ 因此,笔

① Childers T L,Carr C L,Peck J,et al. Hedonic and utilitarian motivations for online retail shopping behavior[J]. Journal of Retailing,2001,77(4):511-535.

② Fiore A M,Jin H J,Kim J. For fun and profit:Hedonic value from image interactivity and responses toward an online store[J]. Psychology & Marketing,2005, 22(8):669-694.

③ Hwang Y,Kim D J. Customer self-service systems:The effects of perceived Web quality with service contents on enjoyment, anxiety, and e-trust [J]. Decision Support Systems,2007,43(3):746-760.

④ Landrum H T,Prybutok V R,Strutton D,et al. Examining the Merits of Usefulness Versus Use in an Information Service Quality and Information System Success Web-Based Model[J]. Information Resources Management Journal,2008,21 (2):1-17.

⑤ 周涛. 移动商务用户行为机理研究[M]. 北京:清华大学出版社,2017: 20-28.

⑥ 关磊. 高校图书馆微信平台阅读推广成效影响因素研究——以 TAM 和 D&M 模型为视角[J]. 图书馆,2020(06):80-89.

⑦ Tan F B,Chou J P C. The relationship between mobile service quality, perceived technology compatibility,and users' perceived playfulness in the context of mobile information and entertainment services [J]. International Journal of Human-Computer Interaction,2008,24(7):649-671.

⑧ Hsu C L,Chang K C,Chen M C. The impact of website quality on customer satisfaction and purchase intention:perceived playfulness and perceived flow as mediators[J]. Information Systems and e-Business Management,2012,10(4):549-570.

者认为如果用户对 MVS 平台服务质量的满意度越高，就越有可能发现使用该平台是有用和愉快的。鉴于此，笔者提出研究假设如下：

H3a：MVS 平台的服务质量(SQ)正向影响用户对其的感知有用性(PU)。

H3b：MVS 平台的服务质量(SQ)正向影响用户对其的感知愉悦性(PE)。

另外，感知乐享侧重于内在动机(Intrinsic Motivation)，感知乐享较高的用户会低估与技术相关的难度，从而导致较低的心理认知负担和较高的易用性感知。针对感知愉悦性对感知易用性的影响，Agarwat 和 Karahanna① 为了确定认知吸收在扩展理解用户对信息技术反应的方面所发挥的作用，提出了一个合理的认知吸收关系网络。实证分析显示，计算机娱乐性正向显著影响信息技术的认知吸收，进而正向显著影响信息技术的感知易用性。Mun 和 Hwang② 以信息系统、人机交互和社会心理学等最新研究成果为基础，将自我效能感、愉悦感和学习目标定向整合到技术接受模型中，以预测 Web 信息系统的使用。研究结果显示，感知愉悦性正向显著影响感知易用性。Sun 和 Zhang③ 开展了感知享受和感知易用性之间的因果关系研究。实证结果显示，在信息系统环境下感知享受对感知

---

① Agarwat R, Karahanna E. Time flies when you're having fun: Cognitive absorption and beliefs about information technology usage[J]. MIS Quarterly, 2000, 24(4):665-694.

② Mun Y Y, Hwang Y. Predicting the use of web-based information systems: self-efficacy, enjoyment, learning goal orientation, and the technology acceptance model[J]. International journal of human-computer studies, 2003, 59(4):431-449.

③ Sun H, Zhang P. Causal relationships between perceived enjoyment and perceived ease of use: An alternative approach[J]. Journal of the Association for Information Systems, 2006, 7(9):618-645.

易用性的影响超过了感知易用性对感知享受的影响。Xu 等①在 Wixom 和 Todd② 的技术使用集成模型的基础上，提出了 3Q 模型并进行了实证研究。研究结果显示，感知愉悦性正向显著影响感知易用性。因此，笔者认为如果用户从使用 MVS 平台中获得愉悦性越高，就越有可能发现该平台易于使用。鉴于此，笔者提出研究假设如下：

H3c：用户对 MVS 平台感知愉悦性(PE)正向影响用户对其的感知易用性(PEOU)。

5.2.4 感知有用性、感知易用性、感知愉悦性与满意度之间的关系

满意度是指用户对比 MVS 平台使用前初始期望与使用后实际体验感受而产生的心理状态的总和，③ 即用户需求被满足的程度。目前，不少学者对影响满意度的前因变量进行了探讨。例如，Bhattacherjee④ 在 EDT 的基础上，将感知有用性作为满意度前因变量，提出了一个信息系统持续模型(ECM-ISC)，并通过在线银行用户实地调查进行了实证验证。研究结果显示，感知有用性正向显著

①　Xu J D,Benbasat I,Cenfetelli R T. Integrating service quality with system and information quality:an empirical test in the e-service context[J]. MIS Quarterly, 2013,37(3):337-352.

②　Wixom B H,Todd P A. A Theoretical Integration of User Satisfaction and Technology Acceptance[J]. Information Systems Research,2005,16(1):85-102.

③　孟猛,朱庆华. 移动社交媒体用户持续使用行为研究[J]. 现代情报, 2018,38(1):5-18.

④　Bhattacherjee A. Understanding information systems continuance: an expectation-confirmation model[J]. MIS quarterly,2001,25(3):351-370.

影响用户满意度。Seddon① 在对 DeLone 和 McLean② 的 IS 成功模型重新指定时，将感知有用性作为用户满意度的主要决定因素。Rai 等③ 在准自愿的 IS 使用环境中对 DeLone 和 McLean④、Seddon⑤ 的信息系统(IS)成功模型进行评估。研究结果显示，感知有用性和感知易用性正向显著影响用户满意度。Xu 等⑥在 Wixom 和 Todd⑦ 的技术使用集成模型的基础上，提出了 3Q 模型并在电子服务环境中进行了实证研究。研究结果显示，感知有用性、感知易用性和感知愉悦性正向显著影响用户的使用态度。Chiu 等⑧在 EDT 的基础上，提出了一个电子学习持续模型，通过调查 183 名用户的电子学习使用情况进行了实证研究。研究结果显示，感知可用性正向显著影响用户满意度。Xu⑨ 等在 Bhattacherjee

①　Seddon P B. A Respecification and Extension of the DeLone and McLean Model of IS Success[J]. Information Systems Research,1997,8(3):240-253.

②　Delone W H,Mclean E R. Information Systems Success:The Quest for the Dependent Variable[M]. Information Systems Research,1992,3(1):60-95.

③　Rai A, Lang S S, Welker R B. Assessing the Validity of IS Success Models:An Empirical Test and Theoretical Analysis [J]. Information Systems Research,2002,13(1):50-69.

④　Delone W H,Mclean E R. Information Systems Success:The Quest for the Dependent Variable[M]. Information Systems Research,1992,3(1):60-95.

⑤　Seddon P B. A Respecification and Extension of the DeLone and McLean Model of IS Success[J]. Information Systems Research,1997,8(3):240-253.

⑥　Xu J D,Benbasat I,Cenfetelli R T. Integrating service quality with system and information quality:an empirical test in the e-service context [J]. MIS Quarterly,2013,37(3):337-352.

⑦　Wixom B H,Todd P A. A Theoretical Integration of User Satisfaction and Technology Acceptance[J]. Information Systems Research,2005,16(1):85-102.

⑧　Chiu C M, Hsu M H, Sun S Y, et al. Usability, quality, value and e-learning continuance decisions[J]. Computers & Education, 2005, 45(4):399-416.

⑨　Xu D J,Abdinnour S,Chaparro B. An Integrated Temporal Model of Belief and Attitude Change:An Empirical Test With the iPad[J]. Journal of the Association for Information Systems,2017,18(2):113-140.

和 Premkumar 的模型①基础上，提出一个信念和态度变化的综合时间模型(ITM)并进行实证研究。研究结果显示，感知愉悦正向显著影响用户满意度。此外，还有一些学者的研究结果表明，感知有用性、感知易用性、内在动机(感知乐享)正向显著影响用户满意度(或态度)。② 因此，笔者认为如果用户在使用 MVS 平台时感知有用性、感知易用性和感知愉悦性越高，对该平台的满意度就会越高。鉴于此，笔者提出研究假设如下：

H4a：用户对 MVS 平台感知有用性(PU)正向影响用户对其的满意度(SAT)。

H4b：用户对 MVS 平台感知易用性(PEOU)正向影响用户对其的满意度(SAT)。

H4c：用户对 MVS 平台感知愉悦性(PE)正向影响用户对其的满意度(SAT)。

---

① Bhattacherjee A, Premkumar G. Understanding Changes in Belief and Attitude toward Information Technology Usage: A Theoretical Model and Longitudinal Test[J]. MIS Quarterly, 2004, 28(2): 229-254.

② Rastegar N. Adoption of Self-service Kiosks in Quick-service Restaurants [D]. The University of Guelph, 2018; Humbani M. Consumers' adoption and continuance intention to use mobile payment services[D]. University of Pretoria, 2018; Hossain M A, Hossain M S, Jahan N. Predicting Continuance Usage Intention of Mobile Payment: An Experimental Study of Bangladeshi Customers [J]. Asian Economic and Financial Review, 2018, 8(4): 487-498; Masa'deh R, Al-Badi A, Abu-Hlalah A, et al. Factors Affecting User's Satisfaction of Tourism Board Website and Its Impact on Continuous Intention to Use[J]. International Journal of Business Administration, 2017, 8(4): 1-15; Wu B, Chen X. Continuance intention to use MOOCs: Integrating the technology acceptance model (TAM) and task technology fit (TTF) model[J]. Computers in Human Behavior, 2017, 67(FEB.): 221-232; Isaac O, Abdullah Z, Ramayah T, et al. Integrating User Satisfaction and Performance Impact with Technology Acceptance Model (TAM) to Examine the Internet Usage Within Organizations in Yemen[J]. Asian Journal of Information Technology, 2018, 17(1): 60-78.

5.2.5 有用性失验、易用性失验、愉悦性失验与满意度之间的关系

Oliver[1] 于 1980 年提出期望失验理论(EDT),所谓失验就是用户期望与感知性能比较产生不一致的结果。本书将有用性失验、易用性失验和愉悦性失验定义为用户对 MVS 平台的期望与对其感知有用性、感知易用性和感知愉悦性比较产生不一致的结果。1982年,Churchill 和 Surprenant[2] 对 EDT 模型进行了扩展,并明确指出重购意愿由满意度决定,而满意度由一个使用前因素(期望)和两个使用后因素(感知性能和失验)共同决定。关于失验与满意度的关系,许多学者得出一致的研究结论:失验对满意度产生显著影响。例如,Bhattacherjee[3] 在 EDT 理论的基础上,提出了一个信息系统持续模型(ECM-ISC),并通过在线银行用户实地调查进行了实证验证。研究结果显示,有用性失验是用户满意度的重要影响因素。Chiu 等[4]在 EDT 理论的基础上,提出了一个电子学习持续模型,通过调查 183 名用户的电子学习使用情况进行了实证研究。研究结果显示,可用性失验正向显著影响用户满意度。Bhattacherjee 和 Premkumar[5] 利用 EDT 理论和现有的 IT 使用文献,提出了一个信念和态度变化的时间模型。研究结果显示,失验和满意度等新兴

---

① Oliver R L. A Cognitive Model of the Antecedents and Consequences of Satisfaction Decisions[J]. Journal of Marketing Research,1980,17(4):460-469.

② Churchill G A, Surprenant C. An Investigation into the Determinants of Customer Satisfaction[J]. Journal of Marketing Research,1982,19(4):491-504.

③ Bhattacherjee A. Understanding information systems continuance: an expectation-confirmation model[J]. MIS quarterly,2001,25(3):351-370.

④ Chiu C M,Hsu M H,Sun S Y,et al. Usability,quality,value and e-learning continuance decisions[J]. Computers & Education,2005,45(4):399-416.

⑤ Bhattacherjee A, Premkumar G. Understanding changes in belief and attitude toward information technology usage: A theoretical model and longitudinal test[J]. MIS quarterly,2004:229-254.

构念对于理解 IT 用户信念和态度的变化至关重要，而且失验对满意度正向显著影响。Xu①等在 Bhattacherjee 和 Premkumar 的模型②基础上，提出一个信念和态度变化的综合时间模型（ITM）并进行实证研究。研究结果显示，失验与用户满意度存在显著的相关关系。Khalifa 和 Liu③提出一个解释/预测客户对基于互联网服务的满意度模型并进行了实证研究。实证结果表明，期望失验和欲望失验均正向显著影响用户满意度。因此，笔者认为如果用户对 MVS 平台的感知有用性、感知易用性和感知愉悦性超出他们的期望时，将会产生正面的有用性失验、易用性失验和愉悦性失验，进而他们对该平台的满意度就会越高。综合上述分析，笔者提出研究假设如下：

　　H5a：有用性失验（UD）正向影响用户的满意度（SAT）。
　　H5b：易用性失验（EOUD）正向影响用户的满意度（SAT）。
　　H5c：愉悦性失验（ED）正向影响用户的满意度（SAT）。

5.2.6　感知有用性与有用性失验、感知易用性与易用性失验以及感知愉悦性与愉悦性失验之间的关系

　　回顾以往的文献可以，发现有不少学者开展了感知性能对其失验的影响研究，并得出一致的研究结论：感知性能对其失验产生显

---

①　Xu D J, Abdinnour S, Chaparro B. An Integrated Temporal Model of Belief and Attitude Change：An Empirical Test With the iPad[J]. Journal of the Association for Information Systems, 2017, 18(2)：113-140.

②　Bhattacherjee A, Premkumar G. Understanding Changes in Belief and Attitude toward Information Technology Usage：A Theoretical Model and Longitudinal Test[J]. MIS Quarterly, 2004, 28(2)：229-254.

③　Khalifa M, Liu V. Satisfaction with Internet-Based Services [C]// Proceedings of the 35th Hawaii International Conference on System Sciences, Big Island, Hawaii, 2002：174b.

著影响。例如，Chiu 等①在 EDT 的基础上，提出了一个电子学习持续使用模型，通过调查 183 名用户的电子学习使用情况进行了实证研究。研究结果显示，感知有用性正向显著影响有用性失验。Khalifa 和 Liu② 提出一个解释/预测客户对基于互联网服务的满意度模型并进行了实证分析。实证结果表明，感知性能正向显著影响期望失验和欲望失验。还有学者的研究结果显示，感知有用性和感知愉悦性对期望失验产生影响。③ 此外，根据 EDT 理论，当感知性能超出用户期望时，会产生正面失验。因此，笔者认为在所有条件相同的情况下，用户对 MVS 平台的感知有用性、感知易用性和感知愉悦性越高，就越有可能超越用户对 MVS 平台的期望，从而导致感知有用性、感知易用性、感知愉悦性分别对有用性失验、易用性失验、愉悦性失验产生正向影响。鉴于此，笔者提出研究假设如下：

H6a：感知有用性(PU)正向影响有用性失验(UD)。

H6b：感知易用性(PEOU)正向影响易用性失验(EOUD)。

H6c：感知愉悦性(PE)正向影响愉悦性失验(ED)。

5.2.7　用户满意度与持续使用意愿之间的关系

用户满意度在 20 世纪 80 年代后期被 EDT 理论所解释，

①　Chiu C M,Hsu M H,Sun S Y,et al. Usability,quality,value and e-learning continuance decisions[J]. Computers & Education,2005,45(4):399-416.

②　Khalifa M, Liu V. Satisfaction with Internet-Based Services [C]// Proceedings of the 35th Hawaii International Conference on System Sciences, Big Island,Hawaii,2002:174b.

③　Xu D J,Abdinnour S,Chaparro B. An Integrated Temporal Model of Belief and Attitude Change:An Empirical Test With the iPad[J]. Journal of the Association for Information Systems,2017,18(2):113-140.

该理论认为满意度是由期望与感知性能之间差距的强度和方向决定的。① 持续使用意愿是指当前使用新技术(例如移动视觉搜索)的个人制定有意识的计划以在未来继续使用它的程度。② 到目前为止,在信息系统(IS)研究领域 EDT 得到了广泛的应用,成为该领域相关研究的重要理论基石,诸如 IS 持续使用意愿、电子商务服务延续和电子学习持续使用。例如,Bhattacherjee③ 在 EDT 理论的基础上,提出了一个信息系统持续使用模型,并通过对在线银行用户的实地调查进行了实证验证。研究结果表明,用户持续意向取决于他们对 IS 使用的满意度。Bhattacherjee④ 基于消费者行为文献中的 EDT 理论、信息系统使用文献中的 TAM 模型以及组织经济学文献中的代理理论,提出了一个客户满意度/持续理论模型,研究了消费者持续使用企业对消费者(B2C)电子商务服务意愿的关键驱动因素,并通过对在线经纪(OLB)用户的现场调查进行了实证分析。研究结果显示,消费者的持续使用意图取决于他们对初始服务使用的满意度。Bhattacherjee 等⑤ 在信息系统持续使用模型(ECM-ISC)的基础上,将持续使用意向与使用行为连接起来,并引入自我功效(Self-Efficacy)和可控制性(Controllability)两个构念,提出一个扩展的信息系统持续使用模型(ECM-ISC),并通过对乌克兰政府

----

① Oliver R L,Desarbo W S. Response Determinants in Satisfaction Judgments [J]. Journal of Consumer Research,1988,14(4):495-507.

② Humbani M. Consumers' adoption and continuance intention to use mobile payment services[D]. University of Pretoria,2018.

③ Bhattacherjee A. Understanding Information Systems Continuance:An Expectation-Confirmation Model[J]. MIS Quarterly,2001,25(3):351-370.

④ Bhattacherjee A. An empirical analysis of the antecedents of electronic commerce service continuance[J]. Decision Support Systems,2001,32(2):201-214.

⑤ Bhattacherjee A,Perols J,Sanford C. Information Technology Continuance: A Theoretic Extension and Empirical Test[J]. Data Processor for Better Business Education,2008,49(1):17-26.

机构的管理人员和工作人员的现场调查进行了实证分析。研究结果显示，使用后有用性和满意度对 IT 持续使用意向产生正向显著影响。Chiu 等①在 EDT 的基础上，提出了一个电子学习持续使用模型，通过调查 183 名用户的电子学习使用情况进行了实证研究。研究结果显示，用户满意度正向显著影响持续使用意向。Roca 等②基于 EDT 理论，在电子学习服务（e-Learning Service）环境下提出了一种分解的技术接受模型。研究结果表明，用户持续使用意向取决于满意度。此外，还有一些学者的研究结果表明，持续使用意图受客户满意度（或态度）的显著影响。③ 因此，笔者认为如果用户在使用 MVS 平台时满意度越高，在未来他们也会经常使用对该平台。综合上述分析，笔者提出研究假设如下：

H7a：用户对 MVS 平台的满意度（SAT）正向影响用户对其的持续使用意向（CUI）。

---

① Chiu C M, Hsu M H, Sun S Y, et al. Usability, quality, value and e-learning continuance decisions[J]. Computers & Education, 2005, 45(4): 399-416.

② Roca J C, Chiu C M, Martínez F J. Understanding e-learning continuance intention: An extension of the Technology Acceptance Model [J]. International Journal of human-computer studies, 2006, 64(8): 683-696.

③ Rastegar N. Adoption of Self-service Kiosks in Quick-service Restaurants [D]. The University of Guelph, 2018; Humbani M. Consumers' adoption and continuance intention to use mobile payment services[D]. University of Pretoria, 2018; Hossain M A, Hossain M S, Jahan N. Predicting Continuance Usage Intention of Mobile Payment: An Experimental Study of Bangladeshi Customers [J]. Asian Economic and Financial Review, 2018, 8(4): 487-498; Masa' deh R, Al-Badi A, Abu-Hlalah A, et al. Factors Affecting User's Satisfaction of Tourism Board Website and Its Impact on Continuous Intention to Use[J]. International Journal of Business Administration, 2017, 8(4): 1; Wu B, Chen X. Continuance intention to use MOOCs: Integrating the technology acceptance model (TAM) and task technology fit (TTF) model[J]. Computers in Human Behavior, 2017, 67(FEB.): 221-232.

5.3 研究方法

5.3.1 量表设计

本书所采用的量表由两部分构成。一部分量表来自第四章得到的正式的"MVS 平台用户体验影响因素量表"，该部分量表共由 19 个测量题目构成。其中，"准确性、完整性"2 个副范畴构念由 7 个测量题目来测量；"快捷性、灵活性"2 个副范畴构念由 9 个测量题目来测量；"移情性"由 3 个测量题目来测量。另一部分量表借鉴国内外相关文献中已有成熟量表，并对来自国外相关研究的量表，采用双向翻译的方法翻译量表，再根据 MVS 平台的主题特性做出适当调整，该部分量表共由 39 个测量题目构成。其中，"信息质量"由 3 个测量题目来测量；"系统质量"由 3 个测量题目来测量；"服务质量"由 3 个测量题目来测量，"感知有用性"由 4 个测量题目来测量；"有用性失验"由 4 个测量题目来测量；"感知易用性"由 3 个测量题目来测量；"易用性失验"由 3 个测量题目来测量；"感知愉悦性"由 5 个测量题目来测量；"愉悦性失验"由 5 个测量题目来测量；"满意度"由 3 个测量题目来测量；"持续使用意愿"由 3 个测量题目来测量。此外，感知信任(Perceived Trust，PT)为标记变量(Marker Variable)用于共同方法变异(Common Method Variance，CMV)检验，由 3 个测量题目来测量。基于这些测量题目，本书最终得到了"MVS 平台用户体验概念模型各构念的测量量表"，共由 61 个反映型测量题目构成。其中，58 个测量题目用于 MVS 平台用户体验概念模型各构念(潜变量)的测量，3 个测量题目用于感知信任(PT)的测量，如表 5-2 所示。在此量表的基础上，形成了附录 7 所示的"MVS 平台用户体验调查问卷"。

该调查问卷由两部分构成：第一部分是用户基本信息；第二部分是 MVS 平台用户体验概念模型各构念的测量量表。测量题目的测量均采用李克特（Likert）七级等距量表，① 其中"1"为完全不同意、"2"为不同意、"3"为比较不同意、"4"为不确定、"5"为比较同意、"6"为同意、"7"为完全同意，MVS 平台用户根据自己实际体验情况进行选择。

表 5-2   MVS 平台用户体验概念模型各构念的测量量表

构念	编码	测量题目	参考文献
准确性（ACC）	ACC1	c-IQ1. MVS 平台搜索出的产品图片等信息是正确的（Correct）	Roca 等② Masrek 等③ Xu 等④ 陈明红等⑤ 自定义
	ACC2	c-IQ2. MVS 平台搜索出的产品图片等信息很少有错误	
	ACC3	c-IQ3. MVS 平台搜索出的产品图片等信息是准确的（Accurate）	
	ACC4	c-IQ4. MVS 平台搜索出的产品图片等信息正是我需要的	

①　Finn R H. Effects of Some Variations in Rating Scale Characteristics on the Means and Reliabilities of Ratings[J]. Educational & Psychological Measurement, 1972,32(2):255-265; Kankanhalli A, Ye H J, Teo H H. Comparing Potential and Actual Innovators: An Empirical Study of Mobile Data Services Innovation[J]. MIS Quarterly, 2015,39(3):667-682.

②　Roca J C, Chiu C M, Martínez F J. Understanding e-learning continuance intention: An extension of the Technology Acceptance Model [J]. International Journal of Human-Computer Studies, 2006,64(8):683-696.

③　Masrek M N, Jamaludin A, Mukhtar S A. Evaluating academic library portal effectiveness: A Malaysian case study[J]. Library Review, 2010,59(3):198-212.

④　Xu J D, Benbasat I, Cenfetelli R T. Integrating service quality with system and information quality: An empirical test in the e-service context [J]. MIS Quarterly, 2013,37(3):337-352.

⑤　陈明红,甄慧琳,韦芷晴,张玉子,徐玮婕. 移动视觉搜索行为意向模型及实证研究[J]. 图书馆论坛,2018:1-10.

续表

构念	编码	测量题目	参考文献
完整性 （COM）	COM1	c-IQ6. MVS 平台搜索出的产品描述信息是完整的（Complete）	Liu 等① Delone 和 McLean② Wixom 和 Todd③ Masrek 等④ Xu 等⑤ 自定义
	COM2	c-IQ7. MVS 平台搜索出的产品描述信息是详细的（Detailed）	
	COM3	c-IQ8. MVS 平台搜索出的产品描述信息是全面的（Comprehensive）	
信息 质量 （IQ）	IQ1	总的来说，我会给 MVS 平台的图片等信息打高分	Wixom 和 Todd⑥ Xu 等⑦
	IQ2	总的来说，我会在质量方面对 MVS 平台提供的图片等信息给予很高的评价	
	IQ3	一般来说，MVS 平台为我提供了高质量的图片等信息	

---

① Liu C,Arnett K P. Exploring the factors associated with Web site success in the context of electronic commerce[J]. Information & Management,2000,38(1):23-33.

② Delone W H,McLean E R. The DeLone and McLean model of information systems success:a ten-year update[J]. Journal of management information systems,2003,19(4):9-30.

③ Wixom B H,Todd P A. A theoretical integration of user satisfaction and technology acceptance[J]. Information systems research,2005,16(1):85-102.

④ Masrek M N,Jamaludin A,Mukhtar S A. Evaluating academic library portal effectiveness:A Malaysian case study[J]. Library Review,2010,59(3):198-212.

⑤ Xu J D,Benbasat I,Cenfetelli R T. Integrating service quality with system and information quality: An empirical test in the e-service context [J]. MIS Quarterly,2013,37(3):337-352.

⑥ Wixom B H,Todd P A. A Theoretical Integration of User Satisfaction and Technology Acceptance[J]. Information Systems Research,2005,16(1):85-102.

⑦ Xu J D,Benbasat I,Cenfetelli R T. Integrating service quality with system and information quality:an empirical test in the e-service context[J]. MIS Quarterly,2013,37(3):337-352.

续表

构念	编码	测量题目	参考文献
快捷性 （QUI）	QUI1	c-SysQ9. 对我来说，MVS 平台的操作很简单	Roca 等① Masrek 等② Xu 等③ 陈明红等④ 自定义
	QUI2	c-SysQ11. 对我来说，MVS 平台的操作很快捷	
	QUI3	c-SysQ15. MVS 平台搜索结果立刻反馈	
	QUI4	c-SysQ17. 我可以很轻松打开 MVS 平台	
	QUI5	c-SysQ19. 我感觉使用 MVS 平台的步骤很简单	
灵活性 （FLE）	FLE1	c-SysQ20. 在使用 MVS 平台时，我能够灵活地在图片上圈定搜索范围	Xu 等⑤ 自定义
	FLE2	c-SysQ21. 在使用 MVS 平台时，我能够灵活地在图片上调整搜索范围大小	
	FLE3	c-SysQ22. MVS 平台能够灵活地适应新的需求，如搜索结果可以根据圈定图片搜索范围大小而自动改变	
	FLE4	c-SysQ23. MVS 平台能够适应各种各样的需求，如各类产品的图片搜索	

---

① Roca J C，Chiu C M，Martínez F J. Understanding e-learning continuance intention：An extension of the Technology Acceptance Model［J］. International Journal of Human-Computer Studies，2006，64（8）：683-696.

② Masrek M N，Jamaludin A，Mukhtar S A. Evaluating academic library portal effectiveness：A Malaysian case study［J］. Library Review，2010，59（3）：198-212.

③ Xu J D，Benbasat I，Cenfetelli R T. Integrating service quality with system and information quality：An empirical test in the e-service context［J］. MIS Quarterly，2013，37（3）：337-352.

④ 陈明红，甄慧琳，韦芷晴，张玉子，徐玮婕. 移动视觉搜索行为意向模型及实证研究［J］. 图书馆论坛，2018：1-10.

⑤ Xu J D，Benbasat I，Cenfetelli R T. Integrating service quality with system and information quality：An empirical test in the e-service context［J］. MIS Quarterly，2013，37（3）：337-352.

续表

构念	编码	测量题目	参考文献
系统质量（SysQ）	SysQ1	在系统质量方面，我对 MVS 平台的评价很高	Wixom 和 Todd① Xu 等②
	SysQ2	总的来说，我使用的 MVS 平台系统是高质量的	
	SysQ3	总的来说，我对 MVS 平台系统的质量给予很高的评价	
移情性（EMP）	EMP1	c-SQ25. MVS 平台能够给我提供搜索"历史记录"服务	自定义
	EMP2	c-SQ26. MVS 平台能够给我提供"打开相册"或"操作帮助"等服务	
	EMP3	c-SQ27. MVS 平台能够给我提供二次筛选服务，如按照销量或其他分类进行筛选	
服务质量（SQ）	SQ1	总的来说，我从 MVS 平台上获得的服务质量水平是不错的	Xu 等③
	SQ2	总的来说，我从 MVS 平台上获得的服务质量水平是非常好的	
	SQ3	总的来说，我从 MVS 平台上获得的服务质量水平是很高的	

① Wixom B H, Todd P A. A Theoretical Integration of User Satisfaction and Technology Acceptance[J]. Information Systems Research, 2005, 16(1): 85-102.

② Xu J D, Benbasat I, Cenfetelli R T. Integrating service quality with system and information quality: an empirical test in the e-service context[J]. MIS Quarterly, 2013, 37(3): 337-352.

③ Xu J D, Benbasat I, Cenfetelli R T. Integrating service quality with system and information quality: an empirical test in the e-service context[J]. MIS Quarterly, 2013, 37(3): 337-352.

续表

构念	编码	测量题目	参考文献
感知有用性（PU）	PU1	使用MVS平台提高了搜索效能	Rai 等① Bhattacherjee② Xu 等③ Xu 等④
感知有用性（PU）	PU2	使用MVS平台提高了搜索效率	Rai 等① Bhattacherjee② Xu 等③ Xu 等④
感知有用性（PU）	PU3	使用MVS平台增强了搜索效果	Rai 等① Bhattacherjee② Xu 等③ Xu 等④
感知有用性（PU）	PU4	我发现MVS平台对我搜索产品是有用的	Rai 等① Bhattacherjee② Xu 等③ Xu 等④
有用性失验（UD）	UD1	使用MVS平台提高搜索效能，比我最初的预期要好	Bhattacherjee 和 Premkumar⑤ Chiu 等⑥ Bhattacherjee⑦
有用性失验（UD）	UD2	使用MVS平台提高搜索效率，比我最初的预期要好	Bhattacherjee 和 Premkumar⑤ Chiu 等⑥ Bhattacherjee⑦
有用性失验（UD）	UD3	使用MVS平台增强搜索效果，比我最初的预期要好	Bhattacherjee 和 Premkumar⑤ Chiu 等⑥ Bhattacherjee⑦

① Rai A,Lang S S,Welker R B. Assessing the Validity of IS Success Models：An Empirical Test and Theoretical Analysis[J]. Information Systems Research,2002,13(1):50-69.

② Bhattacherjee A. Understanding information systems continuance：an expectation-confirmation model[J]. MIS Quarterly,2001,25(3):351-370.

③ Xu J D,Benbasat I,Cenfetelli R T. Integrating service quality with system and information quality：an empirical test in the e-service context[J]. MIS Quarterly,2013,37(3):337-352.

④ Xu D J,Abdinnour S,Chaparro B. An Integrated Temporal Model of Belief and Attitude Change：An Empirical Test With the iPad[J]. Journal of the Association for Information Systems,2017,18(2):113-140.

⑤ Bhattacherjee A,Premkumar G. Understanding changes in belief and attitude toward information technology usage：A theoretical model and longitudinal test[J]. MIS quarterly,2004:229-254.

⑥ Chiu C M,Hsu M H,Sun S Y,et al. Usability,quality,value and e-learning continuance decisions[J]. Computers & Education,2005,45(4):399-416.

⑦ Bhattacherjee A. Understanding information systems continuance：an expectation-confirmation model[J]. MIS quarterly,2001,25(3):351-370.

续表

构念	编码	测量题目	参考文献
有用性失验（UD）	UD4	MVS 平台对我搜索产品有用，比我最初的预期要好	Xu 等①
感知易用性（PEOU）	PEOU1	学习使用 MVS 平台很容易	Davis② Xu 等③ 周涛④
	PEOU2	熟练使用 MVS 平台很容易	
	PEOU3	总的来说，我发现使用 MVS 平台很容易	
易用性失验（EOUD）	EOUD1	学习使用 MVS 平台很容易，比我最初的预期要好	Xu 等⑤
	EOUD2	熟练使用 MVS 平台很容易，比我最初的预期要好	
	EOUD3	总的来说，使用 MVS 平台很容易，超出了我的最初预期	

---

① Xu D J,Abdinnour S,Chaparro B. An Integrated Temporal Model of Belief and Attitude Change：An Empirical Test With the iPad［J］. Journal of the Association for Information Systems,2017,18(2)：113-140.

② Davis F D. A technology acceptance model for empirically testing new end-user information systems：Theory and results［D］. Ph. d. dissertation Massachusetts Institute of Technology,1986：24.

③ Xu J D,Benbasat I,Cenfetelli R T. Integrating service quality with system and information quality：an empirical test in the e-service context［J］. MIS Quarterly,2013,37(3)：337-352.

④ 周涛. 移动商务用户行为机理研究［M］. 北京：清华大学出版社,2017：20-28.

⑤ Xu D J,Abdinnour S,Chaparro B. An Integrated Temporal Model of Belief and Attitude Change：An Empirical Test With the iPad［J］. Journal of the Association for Information Systems,2017,18(2)：113-140.

续表

构念	编码	测量题目	参考文献
感知 愉悦性 （PE）	PE1	使用 MVS 平台是愉快的	Xu 等① Xu 等②
	PE2	使用 MVS 平台是令人兴奋的	
	PE3	使用 MVS 平台是令人感兴趣的	
	PE4	使用 MVS 平台是好玩的	
	PE5	使用 MVS 平台是乐享的	
愉悦性 失验 （ED）	ED1	使用 MVS 平台是愉快的，比我预想得要好	Xu 等③
	ED2	使用 MVS 平台是令人兴奋的，比我预想的要好	
	ED3	使用 MVS 平台是令人感兴趣的，比我预想的要好	
	ED4	使用 MVS 平台是好玩的，比我预想的要好	
	ED5	使用 MVS 平台是乐享的，比我预想的要好	
感知 信任 （PT）	PT1	我相信网商能够提供与其承诺一致的产品	标记变量 （Marker Variable）
	PT2	我相信我选择的网商能够提供优质的服务	
	PT3	我相信网商会考虑消费者的利益	

① Xu J D,Benbasat I,Cenfetelli R T. Integrating service quality with system and information quality:an empirical test in the e-service context[J]. MIS Quarterly,2013,37(3):337-352.

② Xu D J,Abdinnour S,Chaparro B. An Integrated Temporal Model of Belief and Attitude Change:An Empirical Test With the iPad[J]. Journal of the Association for Information Systems,2017,18(2):113-140.

③ Xu D J,Abdinnour S,Chaparro B. An Integrated Temporal Model of Belief and Attitude Change:An Empirical Test With the iPad[J]. Journal of the Association for Information Systems,2017,18(2):113-140.

续表

构念	编码	测量题目	参考文献
满意度 (SAT)	SAT1	我对 MVS 平台的性能感到满意	Chiu 等① Roca 等②
	SAT2	我对使用 MVS 平台的体验感到满意	
	SAT3	我决定使用 MVS 平台是明智之举	
持续使 用意愿 (CUI)	CUI1	我打算将来继续使用 MVS 平台	Chiu 等③ Roca 等④
	CUI2	我将来会继续使用 MVS 平台	
	CUI3	我将来会定期使用 MVS 平台	

5.3.2 样本构成与数据收集

本章在选择调查对象时，参照 iiMedia Research 发布的《2017—2018 中国移动电商行业研究报告》⑤中移动电子商务购物的性别和年龄段占比，来选择调查对象，并以年轻用户为主。

本次问卷调查时间为 2018 年 11 月 13 日—2018 年 12 月 2 日，采用便利抽样法，通过线上(问卷星)和线下(纸质)两种方式共发

---

① Chiu C M, Hsu M H, Sun S Y, et al. Usability, quality, value and e-learning continuance decisions[J]. Computers & Education, 2005, 45(4):399-416.

② Roca J C, Chiu C M, Martínez F J. Understanding e-learning continuance intention: An extension of the Technology Acceptance Model[J]. International Journal of human-computer studies, 2006, 64(8):683-696.

③ Chiu C M, Hsu M H, Sun S Y, et al. Usability, quality, value and e-learning continuance decisions[J]. Computers & Education, 2005, 45(4):399-416.

④ Roca J C, Chiu C M, Martínez F J. Understanding e-learning continuance intention: An extension of the Technology Acceptance Model[J]. International Journal of human-computer studies, 2006, 64(8):683-696.

⑤ 艾媒咨询. 2017-2018 中国移动电商行业研究报告[EB/OL]. [2018-05-20]. http://report. iimedia. cn/report. jsp? reportId=2468.

放 400 份调研问卷，回收问卷 375 份，回收率为 93.75%，剔除全部选"1"或"7"及其他无效问卷 30 份，有效问卷 345 份，有效率为 92.0%。另外，为了确保样本估计的稳健性，作为流行的经验法则，Barclay 等①和 Chin② 建议最小样本量应为测量模型中最大题目数的 10 倍或结构模型中最大路径关系数的 10 倍。在本书的概念模型中，测量模型中最大题目数为 5，结构模型中最大路径关系数为 6，最小样本量至少应为 50 或 60 个。因此，本书的样本数为 345 个，满足 Barclay 等③和 Chin④ 关于采用 PLS 数据分析最小样本数的建议准则。

在此次问卷调查对象中，男性 143 人，女性 202 人；年龄段分布，24 岁以下 156 人、25~30 岁 86 人、31~35 岁 51 人、36~40 岁 22 人、41 岁以上 30 人；教育水平涵盖大专 12 人、本科 294 人、硕士 20 人、博士 19 人；调查对象使用经验分布，半年以下 161 人、半年~1 年(不含 1 年)83 人、1~2 年(不含 2 年)57 人、2~3 年(不含 3 年)27 人、3 年及以上 17 人。从调查对象的性别和年龄段占比来看，男性占比为 41.4%，女性占比为 58.6%；24 岁以下占比为 45.2%，25~30 岁占比为 24.9%，与 iiMedia Research 《2017—2018 中国移动电商行业研究报告》中移动电子商务购物的性别和年龄段占比基本一致，使用 MVS 平台拍照搜索以年轻用户

① Barclay D W, Thompson R L, Higgins C. The Partial Least Squares (PLS) Approach to Causal Modeling: Personal Computer Use as an Illustration [J]. Technology Studies, 1995, 2(2): 285-309.

② Chin W W. The partial least squares approach to structural equation modeling[J]. Modern methods for business research, 1998, 295(2): 295-336.

③ Barclay D W, Thompson R L, Higgins C. The Partial Least Squares (PLS) Approach to Causal Modeling: Personal Computer Use as an Illustration [J]. Technology Studies, 1995, 2(2): 285-309.

④ Chin W W. The partial least squares approach to structural equation modeling[J]. Modern methods for business research, 1998, 295(2): 295-336.

为主。此外，iiMedia Research 发布的《2018 Q1 中国移动搜索市场研究报告》数据显示，① 2018 年第一季度，中国移动搜索用户男性占比 57.2%，女性占比 42.8%，过半的中国移动搜索用户年龄在 30 岁以下。因而，笔者认为该样本在一定程度上可以代表总体，其有效样本的人口统计学特征如表 5-3 所示。

表 5-3　有效样本的人口统计学特征

特征变量	分类	人数	比例（%）
性别	男	143	41.4%
	女	202	58.6%
年龄段	24 岁以下	156	45.2%
	25~30 岁	86	24.9%
	31~35 岁	51	14.8%
	36~40 岁	22	6.4%
	41 岁以上	30	8.7%
教育水平	大专	12	3.5%
	本科	294	85.2%
	硕士	20	5.8%
	博士	19	5.5%
使用经验	半年以下	161	46.7%
	半年~1 年（不含 1 年）	83	24.1%
	1 年~2 年（不含 2 年）	57	16.5%
	2 年~3 年（不含 3 年）	27	7.8%
	3 年及以上	17	4.9%

① 艾媒咨询.2018Q1 中国移动搜索市场研究报告［EB/OL］.［2018-05-20］.http://report.iimedia.cn/report.jsp? reportId＝2442.

5.3.3 共同方法变异检验

在问卷调查时，由于所有测量题目均由同一被调查者填写，就容易产生共同方法变异（CMV）的问题。① 根据Podsakoff等②建议，在问卷设计过程中，为了确保问卷质量，笔者对问卷进行两次前测，并根据被调查者反馈信息修正问卷语义。在问卷调查过程中，采用被调查者信息匿名法。③ 同时，在数据分析前，使用Harman单因子鉴定法检验共同方法变异，④ 将该研究所有测量题目进行探索性因子分析，判断标准为特征值是否大于1，在未旋转时提取10个主成分共解释总方差的72.979%，其中第一主成分解释了总方差的40.878%，如表5-4所示，高于解释总方差的30%，显示可能受CMV的影响。另外，根据Lindell和Whitney⑤的建议，采用标记变量技术（Marker Variable Technique）进行CMV检验，首先定义一个理论上与该研究无关的变量为标记变量——感知信任（PT），计算该变量与结构模型内生变量之间的相关性。如果存在一定的相关性且显著，由于标记变量是理论上不相关的变量，说明受到

① 吴寿进,方文昌,黄恒奖. 虚拟社群成员识别匿名性与群体规范之研究:外在自我觉察与社群认同之中介效果[J]. 资讯管理学报,2012,19（02）:315-347.

② Podsakoff P M, MacKenzie S B, Lee J Y, et al. Common method biases in behavioral research: a critical review of literature and recommended remedies[J]. Journal of Applied Psychology,2003,88(5):879-903.

③ 赵卫东,吴继红,王颖. 组织学习对员工—组织匹配的影响——知识惯性调节作用的实证研究[J]. 管理工程学报,2012,26(3):7-14.

④ Podsakoff P M, Organ D W. Self-Report in Organizational Research[J]. Journal of Management,1986,12(4):531-544.

⑤ Lindell M K, Whitney D J. Accounting for common method variance in cross-sectional research designs[J]. Journal of Applied Psychology,2001,86(1):114-21.

CMV 的影响，然后通过标记变量排除多余的相关性。① 经计算，感知信任($\beta=0.066$，$p<0.05$)对信息质量正向影响且显著；感知信任($\beta=0.259$，$p<0.001$)对系统质量正向影响且显著；感知信任($\beta=0.248$，$p<0.001$)对感知愉悦性正向影响且显著；感知信任($\beta=0.242$，$p<0.001$)对有用性失验正向影响且显著；感知信任($\beta=0.177$，$p<0.001$)对易用性失验正向影响且显著；感知信任($\beta=0.108$，$p<0.01$)对愉悦性失验正向影响且显著；感知信任($\beta=0.138$，$p<0.001$)对满意度正向影响且显著，说明该研究受CMV 的影响。因此，该研究采用标记变量——感知信任(PT)，在排除 CMV 的影响下进行数据分析。

表 5-4　概念模型测量题目因子分析——总方差解释

总方差解释						
成分	初始特征值			提取载荷平方和		
	总计	方差百分比（%）	累积（%）	总计	方差百分比（%）	累积（%）
1	23.709	40.878	40.878	23.709	40.878	40.878
2	5.292	9.124	50.002	5.292	9.124	50.002
3	3.288	5.669	55.671	3.288	5.669	55.671
4	1.918	3.307	58.977	1.918	3.307	58.977
5	1.687	2.908	61.886	1.687	2.908	61.886
6	1.637	2.823	64.708	1.637	2.823	64.708
7	1.303	2.247	66.955	1.303	2.247	66.955
8	1.260	2.172	69.127	1.260	2.172	69.127

---

① Ylitalo J. Controlling for common method variance with partial least squares path modeling: A Monte Carlo study [J]. Research project, Helsinki University of Technology, 2009.

续表

成分	初始特征值			提取载荷平方和		
	总计	方差百分比（%）	累积（%）	总计	方差百分比（%）	累积（%）
9	1.225	2.111	71.239	1.225	2.111	71.239
10	1.009	1.740	72.979	1.009	1.740	72.979
11	0.832	1.434	74.413			
12	0.742	1.279	75.692			
13	0.711	1.226	76.918			
14	0.675	1.164	78.082			
15	0.620	1.070	79.152			
16	0.602	1.038	80.190			
17	0.587	1.011	81.201			
18	0.543	0.936	82.137			
19	0.515	0.888	83.026			
20	0.501	0.864	83.889			
21	0.472	0.814	84.703			
22	0.454	0.784	85.487			
23	0.435	0.750	86.237			
24	0.422	0.728	86.965			
25	0.410	0.706	87.671			
26	0.395	0.681	88.352			
27	0.379	0.654	89.006			
28	0.369	0.637	89.643			

总方差解释

续表

成分	初始特征值			提取载荷平方和		
	总计	方差百分比（%）	累积（%）	总计	方差百分比（%）	累积（%）
29	0.352	0.607	90.249			
30	0.336	0.579	90.829			
31	0.325	0.561	91.389			
32	0.315	0.543	91.932			
33	0.308	0.530	92.463			
34	0.273	0.471	92.934			
35	0.270	0.465	93.399			
36	0.265	0.457	93.856			
37	0.243	0.419	94.274			
38	0.234	0.403	94.677			
39	0.228	0.393	95.071			
40	0.225	0.387	95.458			
41	0.215	0.371	95.830			
42	0.207	0.357	96.186			
43	0.199	0.344	96.530			
44	0.191	0.329	96.859			
45	0.180	0.311	97.170			
46	0.169	0.291	97.461			
47	0.163	0.280	97.741			
48	0.151	0.261	98.002			

表头：总方差解释

续表

成分	初始特征值			提取载荷平方和		
	总计	方差百分比 （%）	累积 （%）	总计	方差百分比 （%）	累积 （%）
49	0.150	0.259	98.261			
50	0.143	0.246	98.507			
51	0.133	0.230	98.737			
52	0.129	0.222	98.959			
53	0.125	0.216	99.175			
54	0.113	0.195	99.370			
55	0.103	0.178	99.548			
56	0.096	0.165	99.714			
57	0.085	0.146	99.860			
58	0.081	0.140	100.000			

（表头：总方差解释）

提取方法：主成分分析法

5.4 数据分析

本书采用偏最小二乘法（Partial Least Squares，PLS）分析样本数据，软件工具包为 SmartPLS 3.0，PLS 属于第二代统计学范畴的分析方法。① 采用 PLS 理由在于：其一，PLS 可以避免小样本和非

---

① Fornell C. A Second generation of multivariate analysis：classification of methods and implications for marketing research [R]. Review of Marketing, M. J. Houston, Chicago, American Marketing Association. 1985.

正态性问题;① 其二, PLS 特别适合于预测;② 其三, PLS 可以最大限度地解释方差;③ 其四, PLS 适合探索式研究, 理论发展及复杂的模型, 而且与研究的目标更接近。④ 模型评估是指系统地评估结构模型所表达的假设是否被数据所支持, 一般来说, 模型评估是试图确定测量模型和结构模型是否满足实证工作的质量标准。⑤ 由于 PLS 并没有提供一个既定的全局拟合优度准则, 评估模型通常分两个阶段：测量模型评估和结构模型评估。⑥ 此外, 本书在运用 SmartPLS 3.0 计算时, 估计方法选用路径加权方案(Path Weighting Scheme), ⑦ 最大迭代次数 300; 显著性计算选用自助法(Bootstrapping) 抽样为 5000 次。⑧

① Henseler J, Ringle C M, Sinkovics R R. The use of partial least squares path modeling in international marketing[J]. Social Science Electronic Publishing, 2009,20(4):277-319; Chin W W. The partial least squares approach to structural equation modeling[J]. Modern methods for business research, 1998,295(2):295-336.

② Ringle C M, Sarstedt M, Straub D W. A critical look at the use of PLS-PM in MIS quarterly[J]. MIS Quarterly, 2012,36(1):iii-xiv.

③ Teo H H, Wei K K, Benbasat I. Predicting Intention to Adopt Interorganizational Linkages: An Institutional Perspective[J]. MIS Quarterly, 2003, 27(1):19-49.

④ Hair J F, Sarstedt M, Ringle C M, et al. An assessment of the use of partial least squares structural equation modeling in marketing research[J]. Journal of the Academy of Marketing Science, 2012,40(3):414-433.

⑤ Urbach N, Ahlemann F. Structural equation modeling in information systems research using Partial Least Squares[J]. Jitta Journal of Information Technology Theory & Application, 2010,11(2):5-40.

⑥ Anderson J C, Gerbing D W. Structural equation modeling in practice: A review and recommended two-step approach[J]. Psychological Bulletin, 1988, 103 (3):411-423.

⑦ Henseler J. On the convergence of the partial least squares path modeling algorithm[J]. Computational Statistics, 2010,25(1):107-120.

⑧ Hair J F, Ringle C M, Sarstedt M. PLS-SEM: Indeed a Silver Bullet[J]. Journal of Marketing Theory & Practice, 2011,19(2):139-152.

5.4.1　测量模型评估

根据 Straub 等①和 Lewis 等②的验证指南，本书对反映型测量模型的内部一致性、题目信度、组成信度、收敛效度和区别效度进行了验证。Hair 等③认为反映型测量模型的内部一致性：Cronbach's Alpha >0. 70（在探索性研究中，0. 60≤Cronbach's Alpha ≤0. 70 被认为是可以接受的）；测量题目信度：因素负荷量（Factor loadings）大于 0. 70 且在 0. 05 水平时显著；收敛效度：平均方差萃取量（Average Variance Extracted，AVE）大于 0. 50。Nunnally 和 Bernstein④认为反映型测量模型的内部一致性：Cronbach's Alpha > 0. 70，组成信度（Composite Reliability，CR）>0. 70。经计算，从表 5-5 可知，在排除 CMV 的影响下，0. 731<Cronbach's Alpha<0. 946，0. 844< CR < 0. 959，0. 635 < AVE < 0. 865，0. 727 < Factor loadings <0. 944 且在 0. 001 水平时显著，符合 Hair 等⑤、Nunnally 和 Bernstein⑥的建议标准，并且因素负荷量符合 Chin⑦的建议标准：

---

①　Straub D, Boudreau M C, Gefen D. Validation guidelines for IS positivist research[J]. Communications of the Association for Information systems, 2004, 13 (1):380-427.

②　Lewis B R, Templeton G F, Byrd T A. A methodology for construct development in MIS research[J]. European Journal of Information Systems, 2005, 14 (4):388-400.

③　Hair J F, Ringle C M, Sarstedt M. PLS-SEM: Indeed a Silver Bullet[J]. Journal of Marketing Theory & Practice, 2011, 19(2):139-152.

④　Nunnally J C and Bernstein I H. Psychometric Theory, 3rd edn[M], New York: McGraw-Hill, 1994.

⑤　Hair J F, Ringle C M, Sarstedt M. PLS-SEM: Indeed a Silver Bullet[J]. Journal of Marketing Theory & Practice, 2011, 19(2):139-152.

⑥　Nunnally J C and Bernstein I H. Psychometric Theory, 3rd edn[M], New York: McGraw-Hill, 1994.

⑦　Chin W W. Issues and opinion on structural equation modeling[J]. MIS Quarterly, 1998, 22(1):1.

Factor loadings >0.60。说明测量模型具有良好的信度和内部一致性,并且具有较高的收敛效度。

区别效度分析用于验证模型构念之间的相关性在统计上是否有差异。Chin 建议①每个构念的因素负荷量(Factor loadings)应高于任何其他构念的交叉载荷量。Fornell 和 Larcker② 建议每个构念的 AVE 应大于该构念与任何其他构念的最大相关平方(即 Fornell-Larcker 准则),Bagozzi 和 Yi③ 建议每个构念的 AVE 的算术平方根应大于该构念与任何其他构念之间皮尔森(Pearson)相关系数的绝对值。经计算,从附录 9、附录 10 可知,在排除 CMV 的影响下,每个构念的因子载荷高于任何其他构念的交叉载荷,而且每个构念的 AVE 的算术平方根均大于该构念与任何其他构念之间的 Pearson 相关系数,符合 Chin④、Fornell 和 Larcker⑤、Bagozzi 和 Yi⑥ 的建议标准。此外,Henseler 等⑦指出 PLS-SEM(variance-based SEM)会高估因素负荷量和低估构念之间的关系,建议采用 Herterotrait-Monotrait(HTMT)方法来评估区别效度,计算方法如公式(1)所示。经计算,从附录 11 可知,在排除 CMV 的影响下,HTMT 构念相关

① Chin W W. The partial least squares approach to structural equation modeling[J]. Modern methods for business research,1998,295(2):295-336.

② Fornell C, Larcker D F. Evaluating structural equation models with unobservable variables and measurement error[J]. Journal of marketing research,1981:39-50.

③ Bagozzi R P,Yi Y. On the evaluation of structural equation models[J]. Journal of the academy of marketing science,1988,16(1):74-94.

④ Chin W W. The partial least squares approach to structural equation modeling[J]. Modern methods for business research,1998,295(2):295-336.

⑤ Fornell C, Larcker D F. Evaluating structural equation models with unobservable variables and measurement error[J]. Journal of marketing research,1981:39-50.

⑥ Bagozzi R P,Yi Y. On the evaluation of structural equation models[J]. Journal of the academy of marketing science,1988,16(1):74-94.

⑦ Henseler J, Ringle C M, Sarstedt M. A new criterion for assessing discriminant validity in variance-based structural equation modeling[J]. Journal of the academy of marketing science,2015,43(1):115-135.

系数满足阈值 0.90，这为区别效度分析提供了额外的支持。综上所述，表明该模型各构念之间具有较好的区别效度。

$$\mathrm{HTMT}_{ij} = \frac{1}{k_i k_j} \sum_{g=1}^{k_i} \sum_{h=1}^{k_j} r_{ig,\,jh} \div \left(\frac{2}{k_i(k_i-1)} \cdot \sum_{g=1}^{k_i-1} \sum_{h=g+1}^{k_i} r_{ig,\,ih} \right.$$

$$\left. \cdot \frac{2}{k_j(k_j-1)} \cdot \sum_{g=1}^{k_j-1} \sum_{h=g+1}^{k_j} r_{jg,\,jh} \right)^{\frac{1}{2}} \tag{1}$$

表 5-5 信度和收敛效度分析

Construct	Loading	P	Cronbach's Alpha	CR	AVE
Accuracy (ACC)	0.818	***	0.877	0.916	0.731
	0.869	***			
	0.898	***			
	0.833	***			
Completeness (COM)	0.857	***	0.845	0.906	0.763
	0.865	***			
	0.897	***			
Continuance Usage Intention (CUI)	0.931	***	0.877	0.925	0.804
	0.943	***			
	0.812	***			
Enjoyment Disconfirmation (ED)	0.893	***	0.946	0.959	0.822
	0.901	***			
	0.916	***			
	0.916	***			
	0.907	***			
Empathy (EMP)	0.743	***	0.731	0.844	0.644
	0.816	***			
	0.845	***			

续表

Construct	Loading	P	Cronbach's Alpha	CR	AVE
Ease of Use Disconfirmation (EOUD)	0.878	* * *	0.846	0.907	0.764
	0.872	* * *			
	0.873	* * *			
Flexibility (FLE)	0.805	* * *	0.811	0.874	0.635
	0.806	* * *			
	0.846	* * *			
	0.727	* * *			
Information Quality (IQ)	0.902	* * *	0.885	0.929	0.814
	0.922	* * *			
	0.882	* * *			
Perceived Enjoyment (PE)	0.826	* * *	0.908	0.932	0.732
	0.866	* * *			
	0.889	* * *			
	0.839	* * *			
	0.858	* * *			
Perceived Ease of Use (PEOU)	0.886	* * *	0.895	0.935	0.827
	0.926	* * *			
	0.916	* * *			
Perceived Trust (PT)	0.899	* * *	0.867	0.919	0.79
	0.902	* * *			
	0.865	* * *			
Perceived Usefulness (PU)	0.859	* * *	0.88	0.918	0.736
	0.882	* * *			

Construct	Loading	P	Cronbach's Alpha	CR	AVE
	0.864	＊＊＊			
	0.825	＊＊＊			
Quickness (QUI)	0.851	＊＊＊	0.897	0.923	0.707
	0.886	＊＊＊			
	0.779	＊＊＊			
	0.847	＊＊＊			
	0.838	＊＊＊			
Satisfaction (SAT)	0.913	＊＊＊	0.896	0.935	0.828
	0.928	＊＊＊			
	0.889	＊＊＊			
Service Quality (SQ)	0.883	＊＊＊	0.908	0.942	0.845
	0.944	＊＊＊			
	0.93	＊＊＊			
System Quality (SysQ)	0.923	＊＊＊	0.922	0.95	0.865
	0.941	＊＊＊			
	0.925	＊＊＊			
Usefulness Disconfirmation (UD)	0.88	＊＊＊	0.926	0.947	0.818
	0.908	＊＊＊			
	0.927	＊＊＊			
	0.902	＊＊＊			

注：＊$p<0.05$，＊＊$p<0.01$，＊＊＊$p<0.001$。

5.4.2 结构模型评估

5.4.2.1 决定系数(R^2)

在成功验证了测量模型的结构效度和信度后,即可对结构模型进行分析。首先,本书采用 PLS 对结构模型中每个内生构念(潜变量)的决定系数 R^2 进行评估。Chin[①] 认为内生潜变量的决定系数 R^2 近似为 0.67 表示具有实质性解释能力,R^2 约为 0.33 表示解释能力中等,R^2 约为 0.19 表示解释能力薄弱。经计算,从附录 12 可知,在排除 CMV 的影响下,感知易用性(PEOU)的 R^2 值为 0.123,表示解释能力薄弱;易用性失验(EOUD)、感知愉悦性(PE)、感知有用性(PU)、系统质量(SysQ)、持续使用意向(CUI)和有用失验(UD)的 R^2 值分别为 0.39、0.423、0.423、0.46、0.466 和 0.492,表示解释能力中等;满意度(SAT)、服务质量(SQ)、愉悦性失验(ED)和信息质量(IQ)的 R^2 值分别为 0.671、0.674、0.706 和 0.726,表示具有实质性解释能力。因此,本书结构模型具有较强的解释能力。

5.4.2.2 路径系数

在排除 CMV 的影响下,采用 PLS 对本书结构模型的路径关系进行分析,除 EOUD($\beta = -0.034$,$p > 0.05$)→ SAT、PE($\beta = 0.022$,$p > 0.05$)→ SAT、PEOU($\beta = -0.003$,$p > 0.05$)→ SAT、QUI($\beta = 0.082$,$p > 0.05$)→ SysQ 和 SysQ($\beta = 0.115$,$p > 0.05$)→ PEOU 的路径系数不显著外,其他均显著,如表 5-6 所示。本书结构模型的标准化路径系数 PLS 分析结果,如图 5-2 所示,具体详见附录 13 和附录 14 所示的 SmartPLS 3.0 运行分析结果。

211

---

① Chin W W. The partial least squares approach to structural equation modeling[J]. Modern methods for business research,1998,295(2):295-336.

表 5-6　模型路径系数

Path	Original Sample	Standard Deviation	T Statistics	P
ACC→IQ	0.302	0.055	5.525	***
COM→IQ	0.309	0.043	7.131	***
ED→SAT	0.4	0.064	6.117	***
EMP→SQ	0.167	0.043	3.896	***
EOUD→SAT	−0.034	0.055	0.634	n.s.
FLE→SysQ	0.497	0.052	9.495	***
IQ→PU	0.272	0.06	4.529	***
IQ→SQ	0.22	0.048	4.632	***
PE→ED	0.786	0.035	22.469	***
PE→PEOU	0.268	0.063	4.360	***
PE→SAT	0.022	0.063	0.349	n.s.
PEOU→EOUD	0.567	0.045	12.612	***
PEOU→PU	0.237	0.056	4.189	***
PEOU→SAT	−0.003	0.051	0.067	n.s.
PU→SAT	0.211	0.056	3.737	***
PU→UD	0.581	0.039	14.824	***
QUI→SysQ	0.082	0.05	1.638	n.s.
SAT→CUI	0.683	0.032	21.311	***
SQ→PE	0.512	0.047	10.621	***
SQ→PU	0.314	0.063	4.979	***
SysQ→IQ	0.324	0.049	6.656	***
SysQ→PEOU	0.115	0.062	1.887	n.s.
SysQ→SQ	0.568	0.056	10.298	***
UD→SAT	0.247	0.063	3.927	***

注：$*p<0.05$，$**p<0.01$，$***p<0.001$，n.s.：no significance.

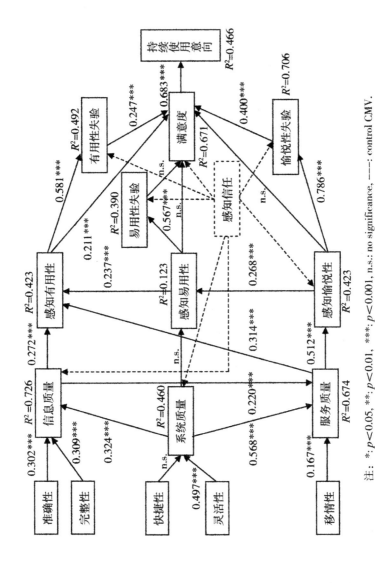

注: *: $p < 0.05$, **: $p < 0.01$, ***: $p < 0.001$, n.s.: no significance, ——: control CMV.

图5-2 模型路径PLS分析结果

213

5.4.2.3 效应值(f^2)

效应值(f^2)表示自变量对因变量的效应大小。Chin[1] 和 Cohen[2] 认为可以根据 Cohen 的效应值(f^2)来评估结构方程模型中每条路径的效应大小(Effect Size),$0.020 < f^2 < 0.150$,$0.150 < f^2 < 0.350$,$f^2 > 0.350$ 分别表示自变量对因变量具有弱效应、中效应、强效应。经计算,从附录12可知,在排除 CMV 的影响下,QUI→SysQ、SysQ→PEOU、PE→SAT、PEOU→SAT、EOUD→SAT 变量之间的 f^2 小于 0.02,其他变量之间的 f^2 均大于 0.02,分别为 $f^2(ACC→QI) = 0.127$(弱效应)、$f^2(COM→QI) = 0.149$(弱效应)、$f^2(FLE→SysQ) = 0.291$(中效应)、$f^2(EMP→SQ) = 0.074$(弱效应)、$f^2(SysQ→IQ) = 0.202$(中效应)、$f^2(SysQ→SQ) = 0.447$(强效应)、$f^2(IQ→SQ) = 0.069$(弱效应)、$f^2(IQ→PU) = 0.068$(弱效应)、$f^2(PEOU→PU) = 0.086$(弱效应)、$f^2(SQ→PU) = 0.083$(弱效应)、$f^2(SQ→PE) = 0.385$(强效应)、$f^2(PE→PEOU) = 0.05$(弱效应)、$f^2(PU→SAT) = 0.06$(弱效应)、$f^2(UD→SAT) = 0.075$(弱效应)、$f^2(ED→SAT) = 0.127$(弱效应)、$f^2(PU→UD) = 0.587$(强效应)、$f^2(PEOU→EOUD) = 0.509$(强效应)、$f^2(PE→ED) = 1.675$(强效应)和 $f^2(SAT→CUI) = 0.873$(强效应),说明本书概念模型中自变量对因变量存在某种程度的影响效应。

5.4.2.4 预测相关性(Q^2)

最后,采用 Stone-Geisser 的 Q^2 方法对结构模型的预测相关性进行评估,[3] 该方法采用一个样本重用技术 Blindfolding 程序来创

① Chin W W. The partial least squares approach to structural equation modeling[J]. Modern methods for business research, 1998, 295(2): 295-336.

② Cohen J. Statistical power analysis for the behavioral sciences [M]. Hillsdale, NJ: Lawrence Erlbaum: 1988.

③ Geisser S. The predictive sample reuse method with applications [J]. Journal of the American statistical Association, 1975, 70 (350): 320-328; Stone M. Cross-validatory choice and assessment of statistical predictions[J]. Journal of the royal statistical society. Series B (Methodological), 1974: 111-147.

建残差估计。① Q^2 是指某个内生构念(潜变量)的交叉验证冗余。当 $Q^2>0$ 时,表明自变量对因变量具有预测相关性;否则,没有预测相关性。Fornell 和 Cha② 认为 Q^2 越大,模型预测相关性越好。经计算,从附录 12 可知,在排除 CMV 的影响下,本书概念模型中内生构念(潜变量)的 Q^2 分别为信息质量的 $Q^2(\text{IQ})=0.556$、系统质量的 $Q^2(\text{SysQ})=0.374$、服务质量的 $Q^2(\text{SQ})=0.537$、感知有用性的 $Q^2(\text{PU})=0.289$、感知易用性的 $Q^2(\text{PEOU})=0.095$、感知愉悦性的 $Q^2(\text{PE})=0.288$、有用性失验的 $Q^2(\text{UD})=0.377$、易用性失验的 $Q^2(\text{EOUD})=0.279$、愉悦性失验的 $Q^2(\text{ED})=0.541$、满意度的 $Q^2(\text{SAT})=0.519$ 和持续使用意向的 $Q^2(\text{CUI})=0.355$。这些值均大于 0,表明自变量对因变量具有预测相关性,本书结构模型预测能力较好、稳健性较高。

5.4.2.5 拟合优度(Goodness-of-Fit,GoF)

Tenenhaus 等③指出,GoF 可用于 PLS 路径模型的全局拟合度量,其计算公式为:$\text{GoF} = \sqrt{\text{communality} \times \overline{R^2}}$,其中共同度(Communality)与 AVE 取值相同。根据 Fornell 和 Larcker④ 的标准,本章建议 Communality 的临界值为 0.5。此外,Hair 等⑤认为内生

① Tenenhaus M, Vinzi V E, Chatelin Y M, et al. PLS path modeling[J]. Computational statistics & data analysis,2005,48(1):159-205.

② Fornell C, Cha J. Partial Least Squares [M]. In Advanced Methods of Marketing Research,Bagozzi,R. P. (ed.),Blackwell,Cambridge,1994:I52-178.

③ Tenenhaus M, Vinzi V E, Chatelin Y M, et al. PLS path modeling[J]. Computational Statistics & Data Analysis,2005,48(1):159-205.

④ Fornell C, Larcker D F. Evaluating structural equation models with unobservable variables and measurement error[J]. Journal of marketing research, 1981:39-50.

⑤ Hair J F, Ringle C M, Sarstedt M. PLS-SEM:Indeed a Silver Bullet[J]. Journal of Marketing Theory & Practice,2011,19(2):139-152.

潜变量的决定系数 R^2 值为 0.25、0.5 和 0.75，分别表示该模型具有薄弱、中度和实质性的解释能力。根据 Communality 和 R^2 的取值以及 GoF 的计算公式（ $GoF = \sqrt{communality \times \overline{R^2}}$ ），本章得出了 GoF 的标准：$GoF_{small} = 0.35$、$GoF_{medium} = 0.50$ 和 $GoF_{large} = 0.61$，分别表示该模型具有较小、中度和高度的拟合优度。根据表 5-5 中 AVE 值和图 5-2 中 R^2 值，本章计算出 $\overline{AVE} = 0.771$，$\overline{R^2} = 0.505$，并得到了 GoF 值为 0.624，大于 $GoF_{large} = 0.61$，说明本书结构模型具有较高的的拟合优度。

5.4.3　结果讨论

本书根据用户体验理论模型、期望失验理论、S-O-R 模型、D&M 的 IS 成功模型，以及扎根分析构建的 MVS 平台用户体验影响因素及其作用机理理论框架（UX3Q）等，构建了 MVS 平台用户体验概念模型。根据本书概念模型，提出研究假设和问卷设计，以淘宝的"拍立淘"和京东的"拍照购"等为例，对用户进行问卷调查收集样本数据。采用 PLS 分析数据，在排除 CMV 的影响下，对测量模型和结构模型进行评估。研究结果显示，本书测量模型具有较好的信度和效度，结构模型中 15 假设得到验证，具有较强的解释能力和较好的预测能力，因此所得到的研究结果是可信的。本书结果讨论如下：

（1）准确性和完整性正向显著影响信息质量，灵活性正向显著影响系统质量，移情性正向显著影响服务质量。

本部分实证研究发现，准确性（ $\beta = 0.302$，$p < 0.001$ ）和完整性（ $\beta = 0.309$，$p < 0.001$ ）正向显著影响信息质量；灵活性（ $\beta = 0.497$，$p < 0.001$ ）正向显著影响系统质量；移情性（ $\beta = 0.167$，$p < 0.001$ ）正向显著影响服务质量。与前人的研究结果相比，本书结果与

Wixom 和 Todd①、Xu 等②的研究结果相近，只是在本书中快捷性（$\beta=0.082$，$p>0.05$）对系统质量没有显著影响。究其原因在于研究对象存在差异，Wixom 和 Todd③ 以数据仓库软件为研究对象，Xu 等④以电子服务为对象，本书以 MVS 平台为研究对象。MVS 平台旨在为用户提供简单、方便、快捷的交互式"无输入搜索"方式，这种简单的交互式操作解决了用户搜索过程中难以用文字、语音准确描述产品特征的问题，为用户带来方便快捷的拍照搜索体验。随着用户使用 MVS 平台次数的增加和使用经验的累积，这种方便快捷的交互式体验被用户认为是理所当然的。因此，就用户而言，快捷性并未像其他因素（准确性、完整性、灵活性、移情性）那么重要。

这些研究结果表明，在使用 MVS 平台进行拍照检索购物时，如果 MVS 平台能够为用户提供准确无误且详细完整的产品图片等信息，用户会认为 MVS 平台的信息质量很高。根据 Shatford⑤ 的图像需求分类理论和 Fidel⑥ 的图像用途两极理论，在使用 MVS 平台进行拍照检索购物时，用户的检索任务具有专指性，并且将图像作

① Wixom B H,Todd P A. A Theoretical Integration of User Satisfaction and Technology Acceptance[J]. Information Systems Research,2005,16(1):85-102.

② Xu J D,Benbasat I,Cenfetelli R T. Integrating service quality with system and information quality:an empirical test in the e-service context[J]. MIS Quarterly, 2013,37(3):337-352.

③ Wixom B H,Todd P A. A Theoretical Integration of User Satisfaction and Technology Acceptance[J]. Information Systems Research,2005,16(1):85-102.

④ Xu J D,Benbasat I,Cenfetelli R T. Integrating service quality with system and information quality:an empirical test in the e-service context[J]. MIS Quarterly, 2013,37(3):337-352.

⑤ Shatford S. Analyzing the subject of a picture:a theoretical approach[J]. Cataloging & classification quarterly,1986,6(3):39-62.

⑥ Fidel R. The image retrieval task:implications for the design and evaluation of image databases[J]. New Review of Hypermedia and Multimedia,1997,3(1): 181-199.

为信息和数据源来使用。也就是说，在使用 MVS 平台进行拍照检索购物时，用户的检索目标比较明确，并且将 MVS 平台搜索出的产品图片等信息作为购物时的主要参考信息和数据源。与此同时，如果用户能够灵活地对 MVS 平台搜索出的产品图片进行搜索范围圈定、搜索范围大小调整，且搜索结果可以根据圈定图片搜索范围大小而自动改变，他们会对 MVS 平台的系统质量给予很高的评价。此外，MVS 作为新一代互联网服务模式，在使用 MVS 平台进行拍照检索购物时，如果 MVS 平台能够为用户提供更多的关心和支持，用户会认为从 MVS 平台上获得的服务质量水平非常高。例如，按照风格、品牌、款型、颜色、价格和销量等进行产品分类，为用户提供二次筛选服务；通过文字或语音向用户提供诸如"请点击开启闪光灯""请保持手机不要晃动""请尽量保持物品在一个框内"和"请调整好拍摄角度和距离"等信息提示服务；根据"购物车"的收藏记录和"历史记录"的拍摄照片，判断用户的行为喜好，为用户提供个性化推荐服务等。

综合上述分析，结合本书和前人研究的结果可以得出结论：准确性、完整性、灵活性和移情性是影响 MVS 平台用户体验的显著因素，快捷性不再是显著因素，而是可能对不同类型系统产生的相对影响有差异。

（2）系统质量正向显著影响信息质量和服务质量，信息质量正向显著影响服务质量。

本部分实证研究发现，系统质量正向显著影响信息质量（$\beta = 0.324$，$p < 0.001$）和服务质量（$\beta = 0.568$，$p < 0.001$）；信息质量（$\beta = 0.220$，$p < 0.001$）正向显著影响服务质量。在 IS 领域，已有一些学者对系统质量、信息质量和服务质量之间的关系进行了探寻。例如，Xu 等[1]的研究结果显示，系统质量正向显著影响信息质量，

---

① Xu J D, Benbasat I, Cenfetelli R T. Integrating service quality with system and information quality: an empirical test in the e-service context[J]. MIS Quarterly, 2013, 37(3): 337-352.

信息质量正向显著影响服务质量。Cenfetelli 等①的研究结果表明，感知服务功能正向显著影响服务质量。Tan 等②的实证结果则显示，以 IT 为中介的服务内容和交付都是实现电子政务服务质量的重要因素。此外，穆斯定律(Mooers' Law)显示系统质量会影响信息质量。③ 然而，本书与 Xu 等④不同之处表现为系统质量(β = 0.568，p < 0.001)正向显著影响服务质量。究其原因在于研究对象不同，Xu 等⑤以电子服务为对象，本书以 MVS 平台为研究对象。因此，针对 MVS 这种新一代互联网服务模式，通过改进系统技术算法和优化系统设计，可以提高 MVS 平台系统质量即系统感知服务功能，从而促进服务质量的提升。这些研究结果表明，在使用 MVS 平台进行拍照检索购物时，如果 MVS 平台可以灵活地进行组合搜索、点选图像、编辑图像、圈定图像搜索范围并可调整大小等，则该 MVS 平台的搜索准确率将会提高，而且识别也会更为准确。与此同时，如果 MVS 平台搜索准确率高，而且识别比较准确，则该平台提供的推荐服务也会比较准确。此外，如果 MVS 平台的用户界面清晰、访问方便快捷、各种操作灵活等，则该平台提供的

① Cenfetelli R T, Benbasat I, Al-Natour S. Addressing the what and how of online services：Positioning supporting-services functionality and service quality for business-to-consumer success[J]. Information Systems Research, 2008, 19(2)：161-181.

② Tan C W, Benbasat I, Cenfetelli R T. IT-mediated customer service content and delivery in electronic governments：An empirical investigation of the antecedents of service quality[J]. MIS quarterly, 2013, 37(1)：77-109.

③ Moore C N. Mooers' Law or Why Some Retrieval Systems Are Used and Others Are Not[J]. Bulletin of the American Society for Information Science & Technology, 2010, 23(1)：22-23.

④ Xu J D, Benbasat I, Cenfetelli R T. Integrating service quality with system and information quality：an empirical test in the e-service context[J]. MIS Quarterly, 2013, 37(3)：337-352.

⑤ Xu J D, Benbasat I, Cenfetelli R T. Integrating service quality with system and information quality：an empirical test in the e-service context[J]. MIS Quarterly, 2013, 37(3)：337-352.

相关服务就容易被发现(如信息提示、历史记录、图像搜索范围圈定等),将进一步提高 MVS 平台的服务质量。

综合上述分析,结合本书和前人研究的结果可以得出结论:提高 MVS 平台系统质量,可以促进信息质量和服务质量的提高,同时提高 MVS 平台信息质量,也可以促进服务质量的提高。

(3)信息质量、服务质量正向显著影响感知有用性,服务质量正向显著影响感知愉悦性。

本部分实证研究发现,信息质量($\beta = 0.272$,$p < 0.001$)正向显著影响感知有用性,该研究结果与 Ghazal 等①、周涛②的研究结果一致。服务质量($\beta = 0.314$,$p < 0.001$)正向显著影响感知有用性,该研究结果与周涛③的研究结果一致。这些研究结果表明,在使用 MVS 平台进行拍照检索购物时,如果用户对 MVS 平台的信息质量的满意度越高,就越有可能发现该平台信息的应用对提高搜索绩效有帮助。根据 Shatford④ 的图像需求分类理论和 Fidel⑤ 的图像用途两极理论,用户在拍照检索购物时搜索目标比较明确,并且将 MVS 平台搜索出的产品图片等信息作为购物时的主要参考信息和数据源。因而,MVS 平台搜索出的产品图片等信息是否准确无误且详细完整,将直接影响用户对 MVS 平台有用性的感知。同样地,如果用户对 MVS 平台的服务质量的满意度越高,就越有可能发现

① Ghazal S,Aldowah H,Umar I,et al. Acceptance and satisfaction of learning management system enabled blended learning based on a modified DeLone-McLean information system success model[J]. International Journal of Information Technology Project Management,2018,9(3):52-71.

② 周涛. 移动商务用户行为机理研究[M]. 北京:清华大学出版社,2017:20-28.

③ 周涛. 移动商务用户行为机理研究[M]. 北京:清华大学出版社,2017:20-28.

④ Shatford S. Analyzing the subject of a picture:a theoretical approach[J]. Cataloging & classification quarterly,1986,6(3):39-62.

⑤ Fidel R. The image retrieval task:implications for the design and evaluation of image databases[J]. New Review of Hypermedia and Multimedia,1997,3(1):181-199.

使用该平台是有用和令人愉快的。也就是说，MVS 平台如果能够按照风格、品牌、款型、颜色、价格和销量等进行产品分类，为用户提供二次筛选服务，或者根据"购物车"的收藏记录和"历史记录"的拍摄照片，判断用户的行为喜好，为用户提供个性化推荐服务等。如此一来，用户不但能轻松找到想要购买的产品，还会认为该平台的设计考虑周全、功能强大且实用。然而，本书与 Ghazal 等①、周涛②的研究结果不同之处表现为系统质量正向影响感知易用性但未显著（$\beta = 0.115$，p >0.05），这一研究结果表明，对于 MVS 平台这种便捷的"无输入搜索"方式来说，其背后的系统质量改进并不能明显增强用户的感知易用性。

此外，本部分实证研究还发现，服务质量（$\beta = 0.512$，$p < 0.001$）正向显著影响感知愉悦性。该研究结果与 Hsu 等③、Tan 和 Chou④、Hwang 和 Kim⑤ 的研究结果一致。这一研究结果表明，MVS 作为新一代互联网服务模式，用户在使用的过程中难免会遇到各式各样的问题。如果 MVS 平台能够为用户提供更多的关心和

① Ghazal S, Aldowah H, Umar I, et al. Acceptance and satisfaction of learning management system enabled blended learning based on a modified DeLone-McLean information system success model[J]. International Journal of Information Technology Project Management, 2018, 9(3): 52-71.

② 周涛. 移动商务用户行为机理研究[M]. 北京: 清华大学出版社, 2017: 20-28.

③ Hsu C L, Chang K C, Chen M C. The impact of website quality on customer satisfaction and purchase intention: perceived playfulness and perceived flow as mediators[J]. Information Systems and e-Business Management, 2012, 10(4): 549-570.

④ Tan F B, Chou J P C. The relationship between mobile service quality, perceived technology compatibility, and users' perceived playfulness in the context of mobile information and entertainment services[J]. International Journal of Human-Computer Interaction, 2008, 24(7): 649-671.

⑤ Hwang Y, Kim D J. Customer self-service systems: The effects of perceived Web quality with service contents on enjoyment, anxiety, and e-trust[J]. Decision Support Systems, 2007, 43(3): 746-760.

支持，例如通过文字或语音向用户提供诸如"请点击开启闪光灯""请保持手机不要晃动""请尽量保持物品在一个框内"和"请调整好拍摄角度和距离"等信息提示服务。这样不仅能唤起用户使用 MVS 平台的内在动机，也会为其带来愉悦感和趣味性。

综合上述分析，结合本书和前人研究的结果可以得出结论：MVS 平台为用户提供满意的信息和服务有助于提高搜索绩效，而且满意的服务能为用户带来愉悦感和趣味性。

(4)感知愉悦性正向显著影响感知易用性，感知易用性正向显著影响感知有用性。

本部分实证研究发现，感知愉悦性($\beta = 0.268$，$p < 0.001$)正向显著影响感知易用性，这一研究结果与 Mun 和 Hwang[1]、Sun 和 Zhang[2]、Agarwat 和 Karahanna[3] 的研究结果一致。感知易用性($\beta = 0.237$，$p < 0.001$)正向显著影响感知有用性，这一研究结果与 Wixom 和 Todd[4]、Xu 等[5]的研究结果一致。这些研究结果表明，在使用 MVS 平台进行拍照检索购物时，如果用户从使用 MVS 平台中获得愉悦性越高，就越有可能认为该平台易于使用。也就是说，感知愉悦性较高的用户会低估使用 MVS 平台相关的难度，从而导

① Mun Y Y, Hwang Y. Predicting the use of web-based information systems: self-efficacy, enjoyment, learning goal orientation, and the technology acceptance model[J]. International journal of human-computer studies, 2003, 59(4): 431-449.

② Sun H, Zhang P. Causal relationships between perceived enjoyment and perceived ease of use: An alternative approach[J]. Journal of the Association for Information Systems, 2006, 7(9): 618-645.

③ Agarwat R, Karahanna E. Time flies when you're having fun: Cognitive absorption and beliefs about information technology usage[J]. MIS Quarterly, 2000, 24(4): 665-694.

④ Wixom B H, Todd P A. A theoretical integration of user satisfaction and technology acceptance[J]. Information systems research, 2005, 16(1): 85-102.

⑤ Xu J D, Benbasat I, Cenfetelli R T. Integrating service quality with system and information quality: an empirical test in the e-service context[J]. MIS Quarterly, 2013, 37(3): 337-352.

致较低的心理认知负担和较高的易用性感知。同时，如果用户感觉到 MVS 平台很难使用，将会在很大程度上影响用户对 MVS 平台的感知有用性，也就是说用户的感知有用性将受到感知易用性的影响。

综合上述分析，结合本书和前人研究的结果可以得出结论：MVS 平台的愉悦性感知较高的用户会低估使用该技术的难度，从而导致较低的心理认知负担和较高的易用性感知，并认为 MVS 平台有助于提高搜索绩效。

(5)感知有用性正向显著影响有用性失验，感知易用性正向显著影响易用性失验，感知愉悦性正向显著影响愉悦性失验。

本部分实证研究发现，感知有用性($\beta = 0.581$，$p < 0.001$)正向显著影响有用性失验；感知易用性($\beta = 0.567$，$p < 0.001$)正向显著影响易用性失验；感知愉悦性($\beta = 0.786$，$p < 0.001$)正向显著影响愉悦性失验。这些发现与先前的研究一致：例如，Chiu 等[1]的研究发现，感知有用性正向显著影响有用性失验；Khalifa 和 Liu[2] 的研究则发现，感知性能正向显著影响期望失验和欲望失验。这些研究结果表明，在使用 MVS 平台进行拍照检索购物时，用户对 MVS 平台的有用性、易用性和愉悦性的感知度都超出了对该平台的初始期望，从而产生正面失验。

综合上述分析，结合本书和前人研究的结果可以得出结论：用户对 MVS 平台的有用性、易用性和愉悦性的感知度都高于对该平台的期望值，即超出了用户的最初预期。

(6)感知有用性、有用性失验、愉悦性失验正向显著影响满意度，满意度正向显著影响持续使用意向。

① Chiu C M，Hsu M H，Sun S Y，et al. Usability，quality，value and e-learning continuance decisions[J]. Computers & Education，2005，45(4)：399-416.

② Khalifa M，Liu V. Satisfaction with Internet-Based Services [C]// Proceedings of the 35th Hawaii International Conference on System Sciences，Big Island，Hawaii，2002：174b.

本部分实证研究发现，感知有用性（$\beta = 0.211$，$p < 0.001$）、有用性失验（$\beta = 0.247$，$p < 0.001$）、愉悦性失验（$\beta = 0.400$，$p < 0.001$）正向显著影响满意度。这些发现与先前的研究基本一致：例如，Chiu 等[1]、Bhattacherjee[2] 和 Roca 等[3]的研究发现，感知有用性和有用性失验正向显著影响用户满意度；Khalifa 和 Liu[4]的研究则发现，感知性能和期望失验正向显著影响用户满意度。这些研究结果表明，在使用 MVS 平台进行拍照检索购物时，如果用户对 MVS 平台的感知有用性、有用性失验和愉悦性失验越高，其对该平台的满意度就会越高。此外，本部分实证研究还发现，满意度（$\beta = 0.683$，$p < 0.001$）正向显著影响持续使用意向，解释 46.6% 持续使用意向的方差变异。这一发现与 Bhattacherjee[5]、Hossain 等[6]、Bhattacherjee 等[7]以及一些学

① Chiu C M, Hsu M H, Sun S Y, et al. Usability, quality, value and e-learning continuance decisions[J]. Computers & Education, 2005, 45(4): 399-416.

② Bhattacherjee A. Understanding information systems continuance: an expectation-confirmation model[J]. MIS quarterly, 2001, 25(3): 351-370.

③ Roca J C, Chiu C M, Martínez F J. Understanding e-learning continuance intention: An extension of the Technology Acceptance Model[J]. International Journal of Human-Computer Studies, 2006, 64(8): 683-696.

④ Khalifa M, Liu V. Satisfaction with Internet-Based Services [C]// Proceedings of the 35th Hawaii International Conference on System Sciences, Big Island, Hawaii, 2002: 174b.

⑤ Bhattacherjee A. Understanding Information Systems Continuance: An Expectation-Confirmation Model [J]. MIS Quarterly, 2001, 25(3): 351-370.

⑥ Hossain M A, Hossain M S, Jahan N. Predicting Continuance Usage Intention of Mobile Payment: An Experimental Study of Bangladeshi Customers[J]. Asian Economic and Financial Review, 2018, 8(4): 487-498.

⑦ Bhattacherjee A, Perols J, Sanford C. Information Technology Continuance: A Theoretic Extension and Empirical Test[J]. Data Processor for Better Business Education, 2008, 49(1): 17-26.

者①的研究结果一致。这一研究结果表明，只有当用户在实际生活中使用 MVS 平台并且对整个使用过程和结果感到满意时，才会产生后续持续使用的意向。

综合上述分析，结合本书和前人研究的结果可以得出结论：感知有用性、有用性失验和愉悦性失验在解释或预测 MVS 平台用户满意度方面占主导地位，并进一步影响 MVS 平台用户未来的使用意向。

5.5 本章小结

首先，本章从用户体验全过程的视角出发，将 S-O-R 模型与 EDT 模型整合，结合系统特征、认知要素、情感体验和期望失验等，构建了 MVS 平台用户体验概念模型。其次，根据图式理论、期望失验理论和已有的相近研究成果，提出了 MVS 平台用户体验概念模型中各构念（潜变量）之间关系的研究假设。再次，根据正式的"MVS 平台用户体验影响因素量表"和借鉴国内外相关文献中已有成熟量表，形成了最终的"MVS 平台用户体验概念模型各构念的测量量表"，并在此基础上进行"MVS 平台用户体验调查问卷"设

① Bhattacherjee A. An empirical analysis of the antecedents of electronic commerce service continuance[J]. Decision Support Systems, 2001, 32（2）：201-214；Rastegar N. Adoption of Self-service Kiosks in Quick-service Restaurants[D]. The University of Guelph, 2018；Humbani M. Consumers' adoption and continuance intention to use mobile payment services[D]. University of Pretoria, 2018；Masa'deh R, Al-Badi A, Abu-Hlalah A, et al. Factors Affecting User's Satisfaction of Tourism Board Website and Its Impact on Continuous Intention to Use[J]. International Journal of Business Administration, 2017, 8（4）：1；Wu B, Chen X. Continuance intention to use MOOCs: Integrating the technology acceptance model（TAM）and task technology fit（TTF）model[J]. Computers in Human Behavior, 2017, 67（FEB.）：221-232.

计和数据采集。最后，采用 SmartPLS 3.0 分析数据，在排除 CMV 的影响下对测量模型和结构模型进行了评估，并对研究结果进行了分析与讨论。

6 MVS平台用户体验提升策略研究

在深入研究 MVS 平台用户体验影响因素作用机理的基础上，本章拟提出 MVS 平台用户体验提升策略。从表5-6、图5-2可知，MVS 平台用户体验影响因素主要包括信息质量、系统质量和服务质量，涉及四个关键子维度：准确性、完整性、灵活性和移情性。基于此，本章在参考国内外 MVS 相关文献的基础上，主要从信息质量、系统质量和服务质量三个视角提出 MVS 平台用户体验提升策略，以期为 MVS 平台的管理者、设计者及运营商提供参考与借鉴。

6.1 信息质量视角

从表5-6、图5-2可知，准确性（$\beta=0.302$，$p<0.001$）和完整性（$\beta=0.309$，$p<0.001$）正向显著影响信息质量。根据 Shatford[1] 的图像需求分类理论和 Fidel[2] 的图像用途两极理论，用户在使用

---

[1] Shatford S. Analyzing the subject of a picture: a theoretical approach[J]. Cataloging & classification quarterly, 1986, 6(3): 39-62.

[2] Fidel R. The image retrieval task: implications for the design and evaluation of image databases[J]. New Review of Hypermedia and Multimedia, 1997, 3(1): 181-199.

MVS平台进行拍照搜索购物时，他们的搜索任务具有专指性，并且将图像作为信息和数据源来使用，也就是说用户在使用MVS平台进行拍照搜索购物时，他们的搜索目标比较明确，并且将MVS平台搜索出的产品图片等信息作为购物时的主要参考信息和数据源。因此，为了提高MVS平台搜索出的产品图片等信息的准确性和完整性，MVS平台设计者应加强产品视觉对象数据集的构建研究，以提升MVS平台的信息质量。

为了提高MVS的搜索性能，学者们开展了视觉对象数据集构建研究。例如，斯坦福大学信息系统实验室的Chandrasekhar等[1]认为一个良好的视觉搜索应用程序数据集应该具有的特征包括：①应有良好的地面真实参考图像；②应有多种拍照手机的查询图像（闪光/不闪光，自动对焦/无自动对焦）；③应在各种光照条件下收集；④应捕捉MVS应用中常见的透视失真、运动模糊、前景和背景混乱；⑤应代表不同类别（例如书籍、CDs、DVDs、文本文件、产品等）；⑥应包含刚性对象，以便可以在查询和参考数据库图像之间估计变换。北京大学数字媒体研究所的Ji等[2]提出了一个在GPS支持下用于MVS定量评估的基准数据库（PKUBench）。该数据库包含了13179张图片，分布在北大校园内198个不同的地标位置，每个位置都使用数码相机和手机相机以多种尺寸和视角拍摄，即从远焦、中焦和近焦分别对每个位置的8个方向，每45°拍摄一次，试图从地标位置正面视角360°覆盖。此外，该数据库还考虑了移动拍摄中典型的质量退化场景，包括可变分辨率、模糊、光照变化、遮挡等。笔者在半结构化访谈中发现，多位受访者认为MVS平台只是识别出外形上相似的产品，并没有识别出产品图标（Logo）或者图案等一些细节的东西。例如：

---

①　Chandrasekhar V R, Chen D M, Tsai S S, et al. The stanford mobile visual search data set[C]//ACM Conference on Multimedia Systems. ACM,2011:117-122.

②　Ji R, Duan L Y, Chen J, et al. PKUBench:A context rich mobile visual search benchmark[C]//IEEE International Conference on Image Processing. IEEE, 2011:2545-2548.

比如说我同学买了一个包，我挺喜欢的。我查一下这个包，来看一下它的价格啊，有没有其他款式啊，比如说它是某一个品牌的。但是我就把这个包拍个照，比如说在京东或者淘宝上搜的时候，它出来的包确实是有这种类型，我拍的时候故意把它那个牌子也拍上了，但它出来的时候就不是同一个牌子的，但只是说外形相似。它可能只是识别的形状，没有识别它们某个牌子的图标或者标志或者一些图案什么的，所以检出来的就是跟我想要目标的那个牌子通常都是不相符的。

综上所述，为了提高 MVS 平台搜索出的产品图片等信息的准确性和完整性，进而提升 MVS 平台的信息质量。本章认为 MVS 平台设计者或商家在构建产品视觉对象数据集时，应从以下几个方面考虑：

（1）为了适应不同品牌的手机终端（华为、苹果、荣耀、vivo、OPPO、三星、小米和魅族等）拍照搜索，MVS 平台设计者或商家应使用多种品牌拍照手机对产品进行拍照。

（2）MVS 平台设计者或商家应在多种不同的光照条件下对产品进行拍照，以应对用户移动拍照搜索过程中的光线变化问题。除对产品正常拍照外，同时还应在实际情景（如穿戴等）中对产品进行拍照，以更好地适应用户拍照搜索情景。

（3）MVS 平台设计者或商家在使用拍照手机对产品进行拍照时，应通过双指拉伸屏幕等方式调节拍照手机焦距，从远焦、中焦和近焦分别对不同产品的 8 个方向，每 45°拍摄一次，确保对产品的正面 360°拍摄。

（4）MVS 平台设计者或商家应对不同的产品（例如书籍、CDs、DVDs、文本文件等）进行分类拍照，以便于构建视觉词袋（Bag of Visual Words，BovW），如图 6-1 所示。同时，这也有利于图像特征提取以及语义标注生成等。

（5）MVS 平台设计者或商家在对产品进行拍照时，除考虑上述

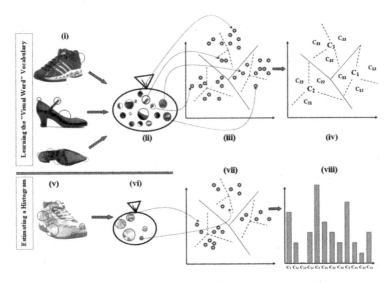

图 6-1 视觉词袋(BovW)方法说明

(资料来源：Çalışır①)

几个方面外，还应该包含刚性对象，以便能够在查询和后台数据集图像之间估计转换。

(6) MVS 平台设计者或商家将不同的产品(例如书籍、CD、DVD、文本文件等)图像上传至后台数据集进行关联数据查询时，应添加产品品牌名称，以便于在拍照搜索时进行品牌选择。同时，应尽可能完整、全面、详细地对产品信息进行描述，以便于为视觉资源提供领域语义描述内容，缓解图像处理中的"语义鸿沟"问题。

230

6.2 系统质量视角

从表 5-6、图 5-2 可知，灵活性($\beta = 0.497$，$p < 0.001$)正向显著

---

① Çalışır F. Mobile image search using multi-image queries [D]. Bilkent University,2015.

影响系统质量。MVS 平台旨在为用户提供简单、方便、快捷的交互式"无输入搜索"方式,这种简单的交互式操作解决了用户搜索过程中难以用文字、语音准确描述产品特征的问题,为用户带来方便快捷的拍照搜索体验。随着用户使用 MVS 平台次数的增加和使用经验的累积,这种方便快捷的交互式体验被用户认为是理所当然的。因此,就用户而言,快捷性并未像灵活性那么重要,也不再是显著因素,只是可能对不同类型系统产生的相对影响有差异。因而,本书重点放在如何提高 MVS 平台系统质量的"灵活性"方面。通过利用智能手机或移动智能终端的多模式、多点触控等功能,用户可以方便灵活地制定他们的搜索意图,从而显著提高搜索性能。有鉴于此,学者们开展了多模式联合搜索系统、多点触控交互式搜索系统等的研究。

在多模式联合搜索系统研究方面,Wang 等①利用智能手机的多模式和多点触控交互等功能,提出了一种交互式 MVS 系统(简称 JIGSAW)。该系统采用图像(ImaGe)、语音(Speech)和文字(Words)进行联合搜索,是对现有移动搜索应用程序的有效补充。用户通过 JIGSAW 可以更方便地表达其搜索意图,从而显著提高搜索性能,极大地改善了他们的视觉搜索体验。Li 等②提出了一个多模式交互移动图像搜索系统(简称 JIGSAW+)。该系统充分利用了移动设备的多模式输入和自然的用户交互,实现了图像(ImaGe)、语音(Speech)和文字+(Word Plus)的联合搜索。JIGSAW+为那些已经在脑海中有图片但没有精确描述或名称的用户设计的。与以前的 JIGSAW 相比,JIGSAW+在以下三个方面得到了显著改进:①采用基于分割的图像表示来移除人工块分区;②相对位置检查取代了固

---

① Wang Y, Mei T, Wang J, et al. JIGSAW: interactive mobile visual search with multimodal queries[C]//ACM International Conference on Multimedia. ACM, 2011:73-82.

② Li H, Wang Y, Mei T, et al. Interactive Multimodal Visual Search on Mobile Device[J]. IEEE Transactions on Multimedia, 2013, 15(3):594-607.

定位置惩罚；③构造倒排索引而不是蛮力匹配。类似的，Bagul 和 Gaikwad① 提出了一种用于多类型输入的交互式视觉搜索系统，例如文字、图像、声音或在移动设备上使用地理标记（Geotag）输入的任何组合。此外，Aher 等② 提出了一种充分利用移动设备多模式和多点触控功能的智能图像检索系统，该系统允许用户在手机上使用图像、语音和文本进行搜索，并为图像搜索提供了类似游戏的用户界面。

在多点触控交互式系统研究方面，Zhang 等③ 提出了一种交互式的"点击搜索"方法，该方法利用个人意图通过移动触摸屏上的"点击"动作选择感兴趣区域，以及通过搜索机制在大型图像数据库中进行视觉识别。Zhang 等④ 针对 CBIR 存在语义鸿沟等问题，提出了一种使用查询图像上下文的交互式视觉搜索系统，以完成诸如本地商业推荐等社交活动。该系统一般分为客户端和云端：在客户端，通过捕获图像上的"O"手势（圆圈的手势）指定用户的视觉搜索意图（感兴趣的对象）；在云端，通过利用用户选择感兴趣的对象和围绕该对象的图像上下文，应用识别搜索机制辨认用户的视觉意图。Sang 等⑤ 通过利用移动设备的多点触控交互，提出了一个交互式 MVS 原型系统（简称 TapTell），以帮助用户更方便地表达他

---

① Bagul M R E, Gaikwad K P. Interactive Robust Multitudinous Visual Search on Mobile Devices [J]. International Journal of Computer Science & Mobile Computing, 2014, 3(12):83-89.

② Aher K V, Waykar S B. Interactive Image Search for Mobile Devices [EB/OL]. [2019-12-26]. http://www.inase.org/library/2015/zakynthos/bypaper/COMPUTERS/COMPUTERS-75. pdf.

③ Zhang N, Mei T, Hua X S, et al. Tap-to-search: Interactive and contextual visual search on mobile devices [C]//IEEE, International Workshop on Multimedia Signal Processing. IEEE, 2011:1-5.

④ Zhang N, Mei T, Hua X S, et al. Interactive mobile visual search for social activities completion using query image contextual model [C]//IEEE, International Workshop on Multimedia Signal Processing. IEEE, 2012:238-243.

⑤ Sang J, Mei T, Xu Y Q, et al. Interaction Design for Mobile Visual Search [J]. IEEE Transactions on Multimedia, 2013, 15(7):1665-1676.

们的视觉意图。这种搜索利用了手机有限但自然的用户交互，来实现更有效的视觉搜索，同时保持令人满意的用户体验。该原型系统引入了四种基于手势的交互模式：剪裁（Crop）、划线（Line）、套索（Lasso）、点击（Tap）。研究结果显示，套索（Lasso）模式获得了最佳的用户体验和性能。Muneesawang 等①将 BoW 模型与高级检索算法相结合，在互联网规模上提出了一种基于移动的视觉搜索和社交活动推荐系统（简称 TapTell）。通过对"轻击片段、绘制矩形线、通过多点触摸屏制作'O'形圈"三种不同手势进行调查研究，表明"O"行为是最自然和最愉快的用户与移动设备之间的交互。Zhang 等②提出了一种基于上下文的移动视觉意图模型，在此基础上，为了在手机上实现视觉意图的发现，开发了一个示例性真实应用程序（简称 TapTell）。TapTell 通过利用多媒体内容（作为输入）和丰富的上下文信息，向移动用户推荐有意义的任务。此外，还研究了不同绘制模式，从轻击片段到绘制矩形线，再到通过触摸屏制作"O"形圈，并证明了"O"行为是最自然和最令人愉快的用户与移动设备之间的交互。用户研究显示，TapTell 的用户体验优于 Google Goggles，TapTell 和 Google Goggles 的平均分数分别为 Linkert 量表的 5.69 和 4.37。

综上所述，为了提高 MVS 平台系统质量的"灵活性"，本章认为 MVS 平台设计者在设计 MVS 平台时，应从以下几个方面考虑：

（1）MVS 平台设计者可以利用智能手机的多模式输入和自然的用户交互优势，设计一种将图像（ImaGe）、语音（Speech）和文字+（Word Plus）进行联合搜索的多模式交互 MVS 系统功能模块（命名为 JIGSAW+），并将该模块添加到 MVS 初次搜索结果页面，以帮助用户更方便地表达他们的视觉意图。JIGSAW+的用户界面，如图

---

① Muneesawang P, Zhang N, Guan L. Interactive Mobile Visual Search and Recommendation at Internet Scale [M]//Multimedia Database Retrieval. Springer International Publishing, 2014:101-130.

② Zhang N, Mei T, Hua X S, et al. TapTell: Interactive visual search for mobile task recommendation [J]. Journal of Visual Communication & Image Representation, 2015, 29:114-124.

6-2所示。JIGSAW+最顶层的文本框是用来接受输入或语音转换的查询文本。按下旁边的添加按钮,即可解析查询文本并将提取的关键词列为标签。当用户选择其中一个标签时,下面将显示该标签代表的示例性图像列表。用户可以向下将示例性图像拖动到画布区域并调整大小,也可以向上拖回到示例性图像列表。一旦用户完成示例性图像组合查询,点击搜索按钮即可搜索。①

图 6-2　JIGSAW+的用户界面

(2)MVS平台设计者可以利用拍照手机的多点触控交互,通过捕获图像上的"O"手势(圆圈的手势)或套索(Lasso),指定用户的视觉搜索意图(感兴趣的对象),设计一种多点触控交互式MVS系统功能模块(命名为TapTell),并将该模块添加到MVS初次搜索结果页面,以帮助用户更方便地制定其视觉意图。TapTell的用户界面,如图6-3所示。而且,学者们的研究显示,"O"行为和套索

234

① Li H,Wang Y,Mei T,et al. Interactive Multimodal Visual Search on Mobile Device[J]. IEEE Transactions on Multimedia,2013,15(3):594-607.

（Lasso）的交互模式获得了最佳的用户体验和性能。①

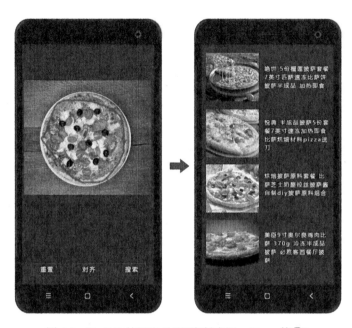

图6-3 TapTell 的用户界面（资料来源：Zhang 等②）

（3）此外，笔者在半结构化访谈中发现，多位受访者提出搜索图像的背景和前景等因素会影响他们的搜索效果，希望能够更加灵活地在搜索图片上通过"圈定搜索范围"和"擦除（涂抹）前（背）景"

① Sang J, Mei T, Xu Y Q, et al. Interaction Design for Mobile Visual Search［J］. IEEE Transactions on Multimedia, 2013, 15（7）：1665-1676；Muneesawang P, Zhang N, Guan L. Interactive Mobile Visual Search and Recommendation at Internet Scale［M］//Multimedia Database Retrieval. Springer International Publishing, 2014：101-130；Zhang N, Mei T, Hua X S, et al. TapTell：Interactive visual search for mobile task recommendation［J］. Journal of Visual Communication & Image Representation, 2015, 29：114-124.

② Zhang N, Mei T, Hua X S, et al. TapTell：Interactive visual search for mobile task recommendation［J］. Journal of Visual Communication & Image Representation, 2015, 29：114-124.

235

等进行交互式 MVS。例如：

> 我觉得它在图像识别物体的时候，比如说两个物品它能够更智能地识别出主次之分，识别出我想要的，或者是它可以让我选择，有选择框可以让我自己定位到我想要的商品，而不是系统自动给我定位到哪一个物品上，当有两个或三个物品的时候，我自己可以选择框框，选择哪个物品；
>
> 如果当你看到它，但是你不方便光明正大地走到那个铅笔盒前面拍照的话，你就需要在那个图片上进行一个范围的框定，就是把你要搜索的这个东西突出出来，然后检索才更好一点；
>
> 比如说你拍一个整体的物品，一个裤子衣服鞋子都有，你可以自己设定，你要搜的是衣服裤子还是鞋子；
>
> 还有我感觉就是最好能将搜索图片的有些地方涂抹掉，例如这个前景可以涂抹掉。

因此，MVS 平台设计者可考虑增加"擦除(涂抹)"功能，以便于用户将搜索图片的背景和前景等擦除(涂抹)掉，更好地帮助用户表达其视觉意图，从而显著提高 MVS 平台的搜索性能。

6.3 服务质量视角

从表 5-6、图 5-2 可知，移情性($\beta = 0.167$，$p < 0.001$)正向显著影响服务质量。移情性是指 MVS 平台为用户在搜索产品图片等信息过程中提供关心和关注。因此，为了提高用户满意度、增加用户感知效果和增强用户黏性，MVS 平台设计者在设计 MVS 平台时，应考虑如何为用户在使用 MVS 平台拍照搜索产品图片等信息过程中提供更多的关心和支持，以帮助用户更好地使用 MVS 平台，进而提升 MVS 平台的服务质量。

笔者在半结构化访谈中发现，多位受访者希望 MVS 平台能够

236

从风格、品牌、款型、颜色、价格和销量等进行分类，以提供更好的"筛选服务"。例如：

> 我希望它这个检索结果，其实是给我一个有选择的或者说做过筛选的。比如说我想搜黑色书包的时候，它可以给我归个类，风格上、品牌上、款式上这些类；
>
> 你搜索之后，它只会识别图片所有的水壶相关的，但是我们可以增加一个品牌的选择，因为有些我想要这个类型的其他品牌的货，有一个品牌的选择更好一点；
>
> 如果能够根据你后台的这些数据对比提出，先说用户评价比较高的，或者是说销售数量比较多的，可以优先来进行排列的话，那就相对更好一点了；
>
> 因为如果是品牌的话，品牌的东西它的价格一般是偏贵的，所以可以对价格这些做这种框定，或做一个筛选，可能它的结果就是最后你筛选的就更加接近你要的目标产品。

有些受访者希望 MVS 平台在为用户提供"推荐服务"时，应考虑"推荐的及时性、用户的行为习惯、大件商品（家电）购买后是否再推荐等"。例如：

> 因我看淘宝还有一个问题，我搜这个东西实际上我是买到了，你过几天还在给我推送这个，我早就不想买；
>
> 因为我觉得系统既然能给你推荐东西，应该它都是经过一些可能叫什么智能匹配，应该它可能会抓取你个人的用户习惯，平常搜购一些什么，来推荐一些你比较感兴趣的东西，这个是可以接受的；
>
> 可能还需要技术人员再去研究一下，比如说已经买过东西，再去分析我是否还继续需要。比如说一些一次性的东西、大点东西，像电视、冰箱这些大件的东西，我一般不太可能会去买个两三台，买一台就够了，但是它有时候还会继续推荐出这些类似的家电出来；

237

希望能分析准确一点，因为它现在都是要根据你搜索的内容、看过的历史记录，然后给你推荐、会去猜想你所需要的东西，所以现在相当于很多可能是偏个性化服务了；

就像我这刚搜了一个什么空调滤芯，它会列出类似的一些东西，你可以根据这里面的推荐情况，猜你喜欢的这种情况来进行一个筛选，也是不错的。

还有一些受访者希望，MVS 平台能够为用户提供诸如拍摄距离、拍摄环境、拍摄角度、打开闪光灯等方面的"信息提示服务"。例如：

我觉得这个主要取决于用户的一个操作习惯，就是说它这个功能可以适当地加一些提示性的文字。就是说你拍照的时候，尽量把一个物品拍在一个框内，不要在比较复杂的场景，或者说是拍出多样物品在一张图片里面，这样的话它识别出来可能就会有误差；

如果没太注意的话就拍下来，可能就不一定能找到你想要的那个东西。还是有一些适当的提示会比较好。比如说拍摄角度、拍摄亮度，做一些提示，这样子体验会更好一点；

应该提示你把手机距离东西大概距离多远，然后保持这个东西全部都在整张图片内；

比如说你之前经验不丰富，你去拍的时候可能没有得到你想要的结果。你在想为什么会有这样结果？然后人家提示你，你可能会跟着它的提示找到你想要的结果。尤其是新手的话，用的时候还是需要一点提示的；

我觉得就是有时候一开始进去，可以给你一些操作提示……就是先给你一个操作的演示或者怎么样，让你学着先试一遍，用户的第一次体验、首次体验是非常重要的；

可以在拍照的时候有那个闪光灯选项，它这个你看这个拍照，没有说是能使用闪光灯。如果有闪光灯的话，你就可以在黑暗的情况下拍出来。

综上所述，为了能给用户在使用 MVS 平台拍照搜索产品图片等信息过程中提供更多的关心和支持，以帮助用户更好地使用 MVS 平台，进而提升 MVS 平台的服务质量，本章认为设计者在设计 MVS 平台时，应从以下几个方面考虑：

（1）为了能够给 MVS 平台用户提供更好的"筛选服务"，MVS 平台设计者可以在后台数据集构建不同类别产品及其属性列表作为关联数据。当用户拍照搜索产品时，MVS 平台根据搜索结果提供"产品分类"，并在用户点选"产品分类"后，再根据该类产品的属性以及销量、用户评价等进行筛选排序，以方便用户选择。图 6-4 所示为淘宝的"拍立淘"和京东的"拍照购"拍照搜索"迪士尼 Disney 米奇"的产品分类。

（2）由于背景纷杂、前景遮挡、视角变化、距离变化、旋转变

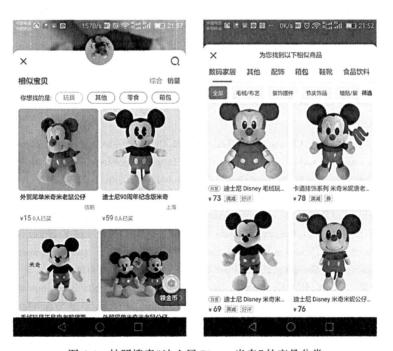

图 6-4　拍照搜索"迪士尼 Disney 米奇"的产品分类

239

化和光照变化等因素引起的图像外观变化,① 将影响 MVS 平台从
服务器查找候选图像时的匹配精度。② 因此,为了提高 MVS 平台
的准确性和效率,帮助用户更好地使用 MVS 平台,设计者在设计
MVS 平台时,应考虑当用户在使用 MVS 平台搜索产品图片等信息
过程中,如遇到上述引起图像外观变化的因素,应及时通过文字或
语音向用户提供"信息提示服务",例如:"请尽量保持物品在一个
框内""请调整好拍摄角度和距离""请点击开启闪光灯""请保持手
机不要晃动"和"请参看右上角操作帮助"等。

(3)用户在使用 MVS 平台进行拍照搜索时,可能未搜索到完
全相同的产品,因而希望 MVS 平台提供相似产品的"推荐服务",
而且这种"推荐服务"应考虑"推荐的及时性、用户的行为习惯、大
件产品(家电)购买后是否再推荐等"。基于此,MVS 平台在为用户
提供"推荐服务"时,应先判断用户是否已下单,如果用户下单了
可以推荐一些互补产品,如果用户未下单应及时推荐一些相似或替
代产品。可根据"购物车"的收藏记录和"历史记录"的拍摄照片,
判断用户的行为喜好,进行个性化推荐,例如"拍立淘"的猜你喜
欢。同时还要判断用户拍照搜索的产品是否为大件产品(家电),
诸如电视机、冰箱、洗衣机等,如果用户搜索的是大件产品(家

① Chen D, Cheung N M, Tsai S, et al. Dynamic selection of a feature-rich
query frame for mobile video retrieval[C]//Image Processing (ICIP),2010 17th
IEEE International Conference on. IEEE,2010:1017-1020;Zhang X,Wang Y,Liu Z,
et al. Selectively Aggregated Fisher Vectors of Query Video for Mobile Visual
Search[C]//IEEE Second International Conference on Multimedia Big Data. IEEE,
2016:334-341;Sun, Huiguang. Mobile visual search[D]. Master of Engineering by
Research thesis,School of Electrical,Computer and Telecommunications Engineering,
University of Wollongong,2013. http://ro. uow. edu. au/theses/4108.

② Cao Y, Ritz C, Raad R. The joint effect of image blur and illumination
distortions for Mobile Visual Search of print media[C]//International Symposium on
Communications and Information Technologies. IEEE,2013:507-512;Cao Y,Ritz C,
Raad R. Image compression and retrieval for Mobile Visual Search[C]//International
Symposium on Communications and Information Technologies. IEEE, 2012: 1027-
1032.

电)而且已经下单，可以推荐一些附加产品等。

（4）此外，笔者在半结构化访谈中发现，多位受访者认为 MVS 平台的拍照搜索按钮太小，初次使用多由旁人告知。Ji 等①认为用户界面设计质量对移动用户体验产生巨大影响。因此，设计者应考虑在用户初次安装含有 MVS 功能的 Apps 时，提示用户体验拍照搜索功能，或者在用户输入文字搜索时以"气泡"式文字告知用户拍照搜索功能。

综上所述，本书主要根据 MVS 平台用户体验影响因素的作用机理，从信息质量、系统质量和服务质量三个视角，提出 MVS 平台用户体验提升策略。然而，由于移动设备与一般的计算机环境不同，设计者在设计 MVS 平台时，必须考虑到移动设备固有的局限性：CPU 的处理能力较低、内存容量较少、屏幕尺寸较小以及嘈杂的查询。② 此外，学者们还认为数据传输延迟、③ 特征提取和索引算法的性能④将极大地影响 MVS 平台的用户体验。因而，本书

---

① Ji R, Yu F X, Zhang T, et al. Active query sensing：Suggesting the best query view for mobile visual search[J]. Acm Transactions on Multimedia Computing Communications & Applications, 2012,8(3s)：1-21.

② Yang X, Cheng K T T. Mobile Image Search：Challenges and Methods [M]//Mobile Cloud Visual Media Computing. Springer International Publishing, 2015.

③ Girod B, Chandrasekhar V, Chen D M, et al. Mobile Visual Search[J]. IEEE Signal Processing Magazine, 2011,28(4)：61-76；Chen D M, Girod B. Memory-Efficient Image Databases for Mobile Visual Search[J]. IEEE Multimedia, 2014,21 (1)：14-23；Zhang Q, Li Z, Du Y, et al. A Novel Progressive Transmission in Mobile Visual Search[C]//IEEE, International Conference on Dependable, Autonomic and Secure Computing. IEEE, 2014：259-264；Damade M K, Kulkarni R A, Bano S. Mobile Visual Search：Memory Efficient Image Database [J]. International Journal of Innovative and Emerging Research in Engineering, 2015,2(3)：209-213；Miao S, Li Z, Qu W, et al. Progressive transmission based on wavelet used in mobile visual search[J]. International Journal of Embedded Systems, 2014,6(2/3)：114-123.

④ Yang X, Cheng K T T. Mobile Image Search：Challenges and Methods [M]//Mobile Cloud Visual Media Computing. Springer International Publishing, 2015.

借鉴学者们公开发表的研究成果，从技术算法视角进一步提出MVS平台用户体验提升策略，以便于MVS平台设计者在改进系统技术算法时参考借鉴。具体提升策略如下：

（1）MVS平台设计者可借鉴已有研究成果的兴趣点检测子和描述符算法等来改进系统技术算法。例如，斯坦福大学信息系统实验室的Chandrasekhar等①研究了不同兴趣点检测子和描述符的三种组合：①SIFT高斯差分（DoG）兴趣点检测子和SIFT描述符；②Hessian仿射兴趣点检测子和SIFT描述符；③快速Hessian斑点兴趣点检测子和压缩梯度直方图（CHoG）描述符。研究结果显示，选项③最适合在移动设备上实现，因为快速Hessian斑点兴趣点检测子比SIFT高斯差分（DoG）兴趣点检测子要快一个数量级，而CHoG描述符比SIFT描述符产生的数据少一个数量级，以便有效传输。Lin等②针对现有视觉描述符技术无法适应无线环境中的带宽波动，提出了一种速率自适应紧凑费希尔代码（RCFC），来产生比特率可扩展的图像签名。在公共可用数据集上对RCFC的检索性能进行评估实验显示，RCFC不仅显著优于现有视觉描述符技术，还解决了描述符比特率和搜索准确性之间的平衡问题。Ji等③针对低比特率MVS，提出了一种基于多通道编码的紧凑视觉描述符（MCVD）。研究结果显示，在产品、CD/书籍封面等搜索中，与现有视觉描述符技术相比，MCVD在描述符紧凑性和检索平均准确率（mAP）方面具有显著优势。Chatzilari等④对移动视觉识别方法（关键点检测、

---

①　Chandrasekhar V R，Chen D M，Tsai S S，et al. The stanford mobile visual search data set［C］//ACM Conference on Multimedia Systems. ACM，2011：117-122.

②　Lin J，Duan L Y，Huang Y，et al. Rate-adaptive Compact Fisher Codes for Mobile Visual Search［J］. IEEE Signal Processing Letters，2014，21（2）：195-198.

③　Ji R，Duan L Y，Chen J，et al. Towards low bit rate mobile visual search with multiple-channel coding ［C］//ACM International Conference on Multimedia. ACM，2011：573-582.

④　Chatzilari E，Liaros G，Nikolopoulos S，et al. A comparative study on mobile visual recognition ［C］//International Workshop on Machine Learning and Data Mining in Pattern Recognition. Springer，Berlin，Heidelberg，2013：442-457.

特征提取和编码算法）进行了广泛的比较研究。实验结果显示，SURF+SURF+VLAD 的情况似乎是最吸引人的，因为对于 300×500 分辨率的图像，它仅需要 0.96 秒即可达到 31.72% 的 mAP。

（2）MVS 平台设计者可借鉴已有研究成果的视觉描述符渐进式传输方案或哈希位传输策略来减少 MVS 的网络延迟。例如，Chandrasekhar 等①为了减少移动视觉搜索的网络延迟，提出了压缩梯度直方图（CHoG）描述符的渐进式传输方案。实验结果显示，CHoG 描述符的渐进式传输能够将 3G 网络中的网络延迟减少到 1 秒，与传输未压缩的 SIFT 描述符或 JPEG 图像相比，端到端系统延迟少了 4 倍。Xia 等②针对现有的几何一致性验证方法（如 RANSAC 等）耗时过长，难以在 MVS 中应用，提出了一种适用于 MVS 有效且高效的几何上下文保护渐进传输方法。研究结果显示，该方法大大减少了传输所需的特征数量，显著减少了检索延迟。类似地，Du 等③提出了一种基于图像显著性的 MVS 图像描述符渐进式传输模型，Miao 等④提出了一种基于多级别小波分解和重构原理的渐进式传输策略。此外，Zhang Q 等⑤为了减少 MVS 环境中的

① Chandrasekhar V R,Tsai S S,Takacs G,et al. Low latency image retrieval with progressive transmission of CHoG descriptors[C]. ACM multimedia,2010:41-46.

② Xia J, Gao K, Zhang D, et al. Geometric context-preserving progressive transmission in mobile visual search [C]//ACM International Conference on Multimedia. ACM,2012:953-956.

③ Du Y, Li Z, Qu W, et al. MVSS:Mobile Visual Search Based on Saliency[C]//IEEE, International Conference on High Performance Computing and Communications & 2013 IEEE International Conference on Embedded and Ubiquitous Computing. IEEE,2013:922-928.

④ Miao S,Li Z,Qu W,et al. Progressive transmission based on wavelet used in mobile visual search[J]. International Journal of Embedded Systems,2014,6(2/3):114-123.

⑤ Zhang Q, Li Z, Du Y, et al. A Novel Progressive Transmission in Mobile Visual Search[C]//IEEE, International Conference on Dependable, Autonomic and Secure Computing. IEEE,2014:259-264.

传输延迟，提出了一种基于 BoHB 并遵循客户机—服务器结构的渐进式传输 MVS 系统。Qi 等①提出了一种参数少、低延迟和高精度的深度哈希方法，用于构建 MVS 的二进制哈希代码。Chang 等②提出了一种基于 BoHB 的 MVS 系统，实验结果显示，BoHB 方法明显优于现有的 MVS 方法(如 CHoG)以及其他(传统桌面)视觉搜索方法(词汇袋或乘积量化)。

(3)MVS 平台设计者可借鉴已有研究成果的嵌入式 3D 几何评分或几何重新排序方案等来提高 MVS 系统的召回率。例如，Wu 等③提出了一个用于移动 3D 视觉搜索(M3DVS)的嵌入式 3D 几何评分。实验结果表明，与传统的视觉评分或基于 3D 几何重新排序相比，嵌入式 3D 几何评分提高了召回数据传输率性能。Mars④ 提出了一种用于移动 3D 视觉搜索的多视图词汇树方案，该方案不仅捕获查询对象的视觉外观，而且还使用底层的 3D 几何信息。在斯德哥尔摩建筑多视图数据集上实验结果表明，该多视图词汇树提高了 MVS 的匹配和排序性能。类似地，Li 和 Flierl⑤ 提出了一种使用立体特征进行 3D 对象识别的移动 3D 视觉搜索方案。实验结果表明，该移动 3D 视觉搜索方法优于基于 JPEG 的搜索和基于 SIFT 的

① Qi H, Liu W, Liu L. An efficient deep learning hashing neural network for mobile visual search[C]//2017 IEEE Global Conference on Signal and Information Processing (GlobalSIP). IEEE, 2017:701-704.

② Chang S F, Chung H, Lin T H, et al. Mobile product search with Bag of Hash Bits and boundary reranking[C]//IEEE Conference on Computer Vision and Pattern Recognition. IEEE Computer Society, 2012:3005-3012.

③ Wu H, Li H, Flierl M. An embedded 3D geometry score for mobile 3D visual search [C]//IEEE, International Workshop on Multimedia Signal Processing. IEEE, 2017:1-6.

④ Mars D E. Multi-View Vocabulary Trees for Mobile 3D Visual Search[D]. Stockholm:Kungliga Tekniska högskolan, 2015.

⑤ Li H, Flierl M. Mobile 3D visual search using the Helmert transformation of stereo features [C]//IEEE International Conference on Image Processing. IEEE, 2014:3470-3474.

单视图搜索。Luo 和 Lang① 提出了一种新颖有效的几何重新排序方法，该方法的基本思想是两个真正匹配的局部特征不仅应在相似的空间上下文中，而且还应具有一致的空间关系，因此应同时引入上下文相似性和空间相似性来描述几何一致性。实验结果显示，该方法可以比 BoW 方法和软分配方法获得更高的检索精度。Tsai 等② 提出了一种快速有效的几何重新排序方法，该方法通过比较词汇树（VT）中的描述符分类路径，在查询和候选图像之间找到匹配的特征对。然后，将特征对的位置信息转换为成对距离，并生成两幅图像的位置几何相似性分数。实验结果显示，该方法可以显著提高识别准确性，并且可以将总体延迟时间降低到 1 秒。此外，Adamek 和 Marimon③ 认为当前大多数可扩展的视觉搜索方法依赖于局部特征、BoVW 表示和基于向量空间模型的排序机制。然而，在这些方法中，初始排序未考虑到任何空间信息，因此它们不适合识别"掩埋"在复杂场景中的多个小物体。为了减轻这个限制，提出在有限位姿空间中使用匹配聚类来执行初始排序，并将它与视觉词的软分配(SA)和 RANSAC 启发的空间一致性验证进行平滑集成，提出一个在减少的位姿空间中基于投票的大规模视觉搜索系统。实验结果表明，该系统在 mAP 方面具有良好的鲁棒性，以及在工业和商业环境中的适用性。

① Luo J, Lang B. Efficient Geometric Re-ranking for Mobile Visual Search[M]//Computer Vision-ACCV 2012 Workshops. Springer Berlin Heidelberg, 2013:520-532.

② Tsai S S, Chen D, Takacs G, et al. Fast geometric re-ranking for image-based retrieval [C]//Image Processing (ICIP), 2010 17th IEEE International Conference on. IEEE,2010:1029-1032.

③ Adamek T, Marimon D. Large-scale visual search based on voting in reduced pose space with application to mobile search and video collections[C]// 2011 IEEE International Conference on Multimedia and Expo. IEEE,2011:1-4.

6.4　本章小结

　　本章根据已得到的 MVS 平台用户体验影响因素作用机理，主要从信息质量、系统质量和服务质量三个视角提出了 MVS 平台用户体验提升策略，并借鉴学者们公开发表的研究成果，从技术算法视角进一步提出了 MVS 平台用户体验提升策略。信息质量提升策略主要建议：MVS 平台设计者或商家应使用多种品牌的手机在广泛变化的光照条件下，从远焦、中焦和近焦分别对不同产品的 8 个方向进行分类拍照。除正常对产品拍照外，同时还应在实际情景（如穿戴等）中对产品进行拍照，以更好地适应用户拍照搜索情景。系统质量提升策略主要建议：MVS 平台设计者利用智能手机的多模式输入和自然的用户交互优势，设计一种将图像（ImaGe）、语音（Speech）和文字+（Word Plus）进行联合搜索的多模式交互 MVS 系统功能模块（如 JIGSAW+），以及利用拍照手机的多点触控交互，通过捕获图像上的"O"手势（圆圈的手势）或套索（Lasso），指定用户的视觉搜索意图（感兴趣的对象），设计一种多点触控交互式 MVS 系统功能模块（如 TapTell），并将上述功能模块添加到 MVS 初次搜索结果页面，以帮助用户更方便地表达他们的视觉意图。服务质量提升策略主要建议：MVS 平台设计者向用户提供更好的"筛选服务""推荐服务"和"信息提示服务"等，以帮助用户更好地使用 MVS 平台。技术算法提升策略主要建议：MVS 平台设计者借鉴已有研究成果的兴趣点检测子和描述符算法、视觉描述符渐进式传输方案或哈希位传输策略、嵌入式 3D 几何评分或几何重新排序方案等，尝试改进 MVS 平台系统技术算法以提升用户体验。以上提升用户体验的策略，可供设计者在设计 MVS 平台时参考与借鉴。

7 结 语

7.1 研究结论

首先，本书根据国内外 MVS 相关文献分析和半结构化访谈资料扎根分析的结果，经综合分析，提出了 MVS 平台用户体验影响因素。其次，在 MVS 平台用户体验影响因素研究的基础上，对 MVS 平台用户体验影响因素量表进行开发，得到了正式的"MVS 平台用户体验影响因素量表"。再次，从用户体验全过程的视角出发，将 S-O-R 模型与 EDT 模型整合，结合系统特征、认知要素、情感体验和期望失验等，构建了 MVS 平台用户体验概念模型并进行了实证研究。最后，根据 MVS 平台用户体验影响因素的作用机理，主要从信息质量、系统质量和服务质量三个视角提出了 MVS 平台用户体验提升策略，以期为 MVS 平台的管理者、设计者及运营商提供理论借鉴与实践指导。本书获得的结论如下：

（1）本书根据国内外 MVS 相关文献分析和半结构化访谈资料扎根分析的结果，经综合分析，提出了 MVS 平台用户体验影响因素，主要由三个主范畴因素和九个副范畴因素构成。其中，主范畴因素分别为信息质量、系统质量和服务质量，副范畴因素包括准确性、真伪性、完整性、便利性、及时性、可达性、灵活性、有形性和移情性。

(2)本书通过验证性因子分析对探索性因子分析所构建的 MVS 平台用户体验影响因素量表的内部一致性信度、收敛效度和区别效度进行了检验，删除了各测量模型中残差不独立的测量题目，各指标均在建议的标准范围之内。在此基础上，最终得到了正式的"MVS 平台用户体验影响因素量表"。该量表由 19 个测量题目构成，其中"准确性、完整性"两个副范畴构念由 7 个测量题目来测量；"快捷性、灵活性"两个副范畴构念由 9 个测量题目来测量；"移情性"由 3 个测量题目来测量。

(3)准确性、完整性、灵活性和移情性是影响 MVS 平台用户体验的显著因素，快捷性不再是显著因素，只是可能对不同类型系统产生的相对影响有差异。提高 MVS 平台系统质量，可以促进信息质量和服务质量的提高，同时提高 MVS 平台信息质量，也可以促进服务质量的提高。MVS 平台为用户提供满意的信息和服务有助于提高搜索绩效，而且满意的服务能为用户带来愉悦感和趣味性。MVS 平台的愉悦性感知较高的用户会低估使用该技术的难度，从而导致较低的心理认知负担和较高的易用性感知，并认为 MVS 平台有助于提高搜索绩效。用户对 MVS 平台的有用性、易用性和愉悦性的感知度都高于对该平台的期望值，即超出了用户的最初预期。感知有用性、有用性失验和愉悦性失验在解释或预测 MVS 平台用户满意度方面占主导地位，并进一步影响 MVS 平台用户未来的使用意向。

7.2 实践启示

本书从用户行为视角开展了 MVS 平台用户体验研究，提出了 MVS 平台用户体验影响因素，开发了 MVS 平台用户体验影响因素量表，分析了 MVS 平台用户体验影响因素的作用机理。根据本书研究结论，对 MVS 平台的管理者、设计者及运营商给出管理建议如下(详见第 6 章)：

(1)为了提高 MVS 平台搜索出的产品图片等信息的准确性和完整性，管理者、设计者及运营商应加强产品视觉对象数据集的构建研究，以提升 MVS 平台的信息质量。

（2）就用户而言，快捷性并未像灵活性那么重要，也不再是显著因素，只是可能对不同类型系统产生的相对影响有差异。因而，管理者、设计者及运营商应重点研究如何提高 MVS 平台系统质量的"灵活性"。

（3）为了提高用户满意度、增加用户感知效果、增强用户黏性，MVS 平台的管理者、设计者及运营商在设计 MVS 平台时，应考虑如何为用户在使用 MVS 平台搜索产品图片等信息过程中提供更多的关心和支持，以帮助用户更好地使用 MVS 平台。

（4）除信息质量、系统质量、服务质量对 MVS 平台的用户体验直接影响外，技术算法也间接影响 MVS 平台的用户体验。因而，MVS 平台的管理者、设计者及运营商可以通过优化升级技术算法，以提升 MVS 平台的用户体验。

7.3　理论贡献

本书主要从以下几个方面对现有研究进行了补充和拓展：

（1）提出了 MVS 平台用户体验影响因素及其作用机理理论框架（UX3Q），所得到的结果更具体、更确切，也更符合实际，拓展了信息系统成功模型三个质量因素之间关系，证实了图式理论。

MVS 作为新一代互联网服务模式，受到学术界和工业界的广泛关注。然而与国外相比，国内 MVS 应用还存在巨大差距。尽管已有一些应用案例，但是尚未得到广泛应用，使用率并不高，用户黏性较差，这主要是因为 MVS 平台用户体验不佳，从而阻碍了用户对 MVS 平台的采纳和使用。但是，究竟哪些因素影响 MVS 平台用户体验，目前尚不清楚。现有的 IS 领域用户体验影响因素未必符合并适用于 MVS 平台，而且由于应用领域、使用情景等方面存在差异，用户体验影响因素也会有所不同。有鉴于此，本书采用文献调查法对国内外 MVS 相关文献进行梳理、分析及归纳总结，并从用户行为视角回顾了 MVS 的研究现状，发现了影响 MVS 平台用户使用行为的相关因素，诸如准确性、及时性（效率）、有形性和个性化等。然而，从国内外 MVS 相关研究成果的分析来看，学者们从用户行为视角研究 MVS 还相当匮乏。为了使 MVS 平台用户体验的影响因素更具有针对性和说服力，本书采用半结构化访谈法对 MVS 平台用户开展一对一的深度访谈，并采用扎根理论方法分析进一步提炼了影响 MVS 平台用户体验的相关因素，主要包括信息质量、系统质量和服务质量三个方面。其中，信息质量主要受到准确性、真伪性和完整性三个维度的影响，系统质量主要受到便利性、及时性、可达性和灵活性四个维度的影响，服务质量主要受到有形性和移情性两个维度的影响。最后，本书根据国内外文献分析和访谈资料扎根分析的结果，经综合分析，提出了 MVS 平台用户体验影响因素。与现有的 IS 领域的相关研究相比，本书针对的是 MVS 平台，提出了 MVS 平台用户体验影响因素及其作用机理理论框架（UX3Q），所得到的结果更具体、更确切、更符合实际，避免了因应用领域、使用情景等方面存在差异，而导致现有 IS 领域用户体验影响因素对 MVS 平台适用性存在异议的问题。同时，本书发现，MVS 平台系统质量会影响信息质量和服务质量，而且信息质量会进一步影响服务质量。该典型关系拓展了 Delone 和 Mclean① 的信息系统成功模型中"信息质量、系统质量和服务质量"三者之间的关系。此外，该典型关系还证实了 Bartlett② 提出的图式理论（Schema Theory），该理论认为人们会根据他们先前的知识或过去的经验来构建具有不同对象的各种图式。换言之，MVS 平台用户心理的信息质量图式将包括系统质量，服务质量图式将包括信息质量和系统质量。

（2）开发了稳健而实用的 MVS 用户体验影响因素量表，所得

---

① Delone W H, Mclean E R. The DeLone and McLean Model of Information Systems Success: A Ten-Year Update [J]. Journal of Management Information Systems, 2003, 19(4): 9-30.

② Bartlett F C. Remembering: A study in experimental and social psychology[M]. Cambridge, UK: Cambridge University Press, 1932.

到的量表更加具体和明细，便于更有针对性地提出提升策略，避免了引用量表时面临应用领域、使用情景以及量表语义等方面差异的问题，丰富了 IS 领域量表方面的研究。

MVS 作为一种新兴的研究领域，在引用量表时会面临应用领域、使用情景以及量表语义等方面差异的问题。在现有的 IS 领域用户行为研究中，大多数研究者直接对信息质量、系统质量和服务质量三个设计特征进行测量。可这种测量方式未免有些过于笼统，所得到的结果不够具体和明细，也不便于更有针对性地提出提升策略。有鉴于此，本书首先在 MVS 平台用户体验影响因素研究的基础上，通过借鉴已有研究成果，分别对主范畴因素和副范畴因素进行构念(潜变量)定义，并对副范畴构念的测量题目进行操作型定义。其次，在初始量表设计完成后，对初始量表内容进行了效度评估和适应性调研，并根据反馈意见对初始量表进行了修订，形成了"修订后的 MVS 平台用户体验影响因素量表(第二轮)"。再次，为了使 MVS 平台用户体验影响因素量表的测量题目更加准确，通过探索性因子分析对 MVS 平台用户体验影响因素量表的测量题目作进一步探索和确定。最后，通过验证性因子分析对探索性因子分析所构建的 MVS 平台用户体验影响因素量表的内部一致性信度、收敛效度和区别效度进行了检验，删除了各测量模型中残差不独立的测量题目，各指标均在建议的标准范围之内。在此基础上，最终得到了正式的"MVS 平台用户体验影响因素量表"。与现有 IS 领域的量表相比，本书针对的是 MVS 这一新兴领域，不仅开发了稳健而实用的 MVS 用户体验影响因素量表，而且所得到的量表更加具体和明细，也便于更有针对性地提出提升策略，同时避免了引用量表时面临应用领域、使用情景以及量表语义等方面差异的问题，还丰富了 IS 领域量表方面的研究。

(3)从用户体验全过程的视角出发，将 S-O-R 模型与 EDT 模型整合，结合系统特征、认知要素、情感体验和期望失验等，构建了 MVS 平台用户体验概念模型，并通过实证研究揭示了 MVS 平台用户体验影响因素的作用机理，丰富了 IS 领域用户体验的研究成果。

在现有的 MVS 平台用户行为意向研究中，主要以使用与满足理论（Uses and Gratifications，U&G）或科技接受模型（Technology Acceptance Model，TAM）为基础，构建 MVS 平台用户行为意向模型，更多地关注用户的认知要素，却未考虑到用户的情感体验。此外，由于 MVS 作为新一代互联网服务模式，在使用 MVS 平台过程中如果用户的初始期望未得到满足，以后就很难再有继续使用 MVS 平台的兴趣。有鉴于此，本书首先从用户体验全过程的视角出发，将 S-O-R 模型与 EDT 模型整合，结合系统特征、认知要素、情感体验和期望失验等，构建了 MVS 平台用户体验概念模型。其次，根据图式理论、期望失验理论和已有的相近研究成果，提出了 MVS 平台用户体验概念模型中各构念（潜变量）之间的关系的研究假设。再次，将正式的"MVS 平台用户体验影响因素量表"和国内外相关文献中已有成熟量表进行整合，形成了最终的"MVS 平台用户体验概念模型各构念的测量量表"，并在此基础上进行"MVS 平台用户体验调查问卷"设计和数据采集。最后，采用 SmartPLS 3.0 分析数据，在排除 CMV 的影响下，对测量模型和结构模型进行评估，并对数据分析结果进行了分析与讨论。与前人的研究结果相比，在本书中，快捷性对系统质量没有显著影响，究其原因在于研究对象存在差异。MVS 平台旨在为用户提供简单、方便、快捷的交互式"无输入搜索"方式，这种简单的交互式操作解决了用户搜索过程中难以用文字、语音准确描述产品特征的问题，为用户带来方便快捷的拍照搜索体验。随着用户使用 MVS 平台次数的增加和使用经验的累积，这种方便快捷的交互式体验被用户认为是理所当然的。因此，就用户而言，快捷性并未像其他因素（准确性、完整性、灵活性、移情性）那么重要。这一研究结果表明，准确性、完整性、灵活性和移情性是影响 MVS 平台用户体验的显著因素，快捷性不再是显著因素，只是可能对不同类型系统产生的相对影响有差异。与现有的 MVS 平台用户行为意向模型相比，本书不但关注用户的认知要素，而且考虑到用户的情感体验和期望失验，构建了 MVS 平台用户体验概念模型，并通过实证研究揭示了 MVS 平台用户体验影响因素的作用机理，进一步丰富了 IS 领域用户体验的研究成果，在一定程度上也为 MVS 平台用户体验的后续研究提供了理论借鉴和学术参考。同时，本书发现，系统质量正向显著影响信息质量和服务质量，信息质量正向显著影响服务质量。该发现完善了 Xu 等①的研究结果，实证并拓展了 Delone 和 Mclean② 的信息系统成功模型中"信息质量、系统质量和服务质量"三者之间的关系。

7.4 研究展望

本书围绕 MVS 平台用户体验影响因素的构成，MVS 平台用户体验影响因素量表的开发，MVS 平台用户体验模型构建与实证，以及 MVS 平台用户体验提升策略进行了一系列的分析和探讨，并取得了一些成果。然而，由于受到时间、资源等研究条件的限制，本书的研究仍存在一些局限性，而这些局限性则为未来 MVS 平台用户体验的研究指出了方向。

（1）开展跨文化、跨地域的比较研究。

由于受到时间、精力和资源等条件的限制，本书仅参照 iiMedia Research 发布的《2017—2018 中国移动电商行业研究报告》和《2018 Q1 中国移动搜索市场研究报告》中用户群体的性别和年龄段占比，在国内选择调查对象，并以年轻用户为主。因此，未来的研究应在不同国家、不同文化以及不同地域背景下，探寻 MVS 平台用户体验影响因素的作用机理，并将所得的实证研究结果进行比较分析。通过跨文化和跨地域的比较研究，力求全面深入地探寻影响 MVS 平台用户体验的因素，进而提出 MVS 平台用户体验提升策略，以期为 MVS 平台的管理者、设计者及运营商提供理论借鉴与实践指导。

---

① Xu J D, Benbasat I, Cenfetelli R T. Integrating service quality with system and information quality: an empirical test in the e-service context[J]. MIS Quarterly, 2013,37(3):337-352.

② Delone W H, Mclean E R. The DeLone and McLean Model of Information Systems Success: A Ten-Year Update [J]. Journal of Management Information Systems, 2003,19(4):9-30.

（2）开展跨 MVS 平台的用户体验比较研究。

本书选取的 MVS 平台主要指淘宝的"拍立淘"、京东的"拍照购"等，并未将这些 MVS 平台进行分开研究，用户体验也是指用户在使用这些 MVS 平台过程中的累积主观感受。然而，由于不同的 MVS 平台的视觉数据集、系统技术算法和服务支持功能存在差异，导致用户在使用不同的 MVS 平台时对不同的 MVS 平台的信息质量、系统质量和服务质量的感知存在差异。因此，未来的研究应拓展到不同的 MVS 平台，以便于比较不同的 MVS 平台用户体验影响因素作用机理的差异。通过不同的 MVS 平台用户体验横向比较，发现存在的不足，以便于为不同的 MVS 平台的管理者、设计者及运营商提出更有针对性的用户体验提升策略。

（3）引入人口统计变量作为控制变量进行研究。

尽管本书在选取调查对象时已经对样本分布来源进行了一定控制，但是考虑到模型的复杂性，并未将人口统计变量中可看作连续变量的变量作为控制变量引入 MVS 平台用户体验概念模型。因此，未来的研究可在回归分析中引入"性别、年龄、受教育水平、MVS 平台使用经验"四个人口统计变量作为控制变量，[①] 探寻 MVS 平台用户体验影响因素的作用机理，以便于估计更精准。选取控制变量主要基于几个方面的考虑：第一，性别。根据社会角色理论，社会行为中存在性别差异，男性和女性在社会中扮演着不同的角色。[②]

[①] Huang Q, Chen X, Ou C X, et al. Understanding buyers' loyalty to a C2C platform: the roles of social capital, satisfaction and perceived effectiveness of e-commerce institutional mechanisms[J]. Information Systems Journal, 2015, 27(1): 91-119; Wang E T G, Wang E T G, Fang Y H, et al. Understanding customers' repeat purchase intentions in B2C e-commerce: the roles of utilitarian value, hedonic value and perceived risk[J]. Information Systems Journal, 2013, 24(1): 85-114; 张晓飞. 基于现状偏差理论在线医疗服务采纳阻碍因素研究[D]. 哈尔滨工业大学, 2014: 38-39.

[②] Archer J. Sex differences in social behavior. Are the social role and evolutionary explanations compatible? [J]. Am Psychol, 1996, 51(9): 909-917; Gad Saad Associate Professor of Marketing †. Applications of evolutionary psychology in marketing[J]. Psychology & Marketing, 2000, 17(12): 1005-1034.

一般来说，女性更倾向于关注人际关系和情感方面，而男性则更注重进步和解决问题。① 在 IS 领域，男性多以任务为导向，更关注信息技术的感知有用性。② 第二，年龄。随着年龄的增长，人的身体各项指标和心理活动状态均会发生变化，这些变化将导致不同年龄段的人群看待新鲜事物的态度不同。③ 年轻群体对新鲜事物的态度比较积极，乐意尝试新兴的 IT 技术。然而，年长群体则对新鲜事物的态度不积极，不愿意尝试新兴的 IT 技术，而且在学习和使用新技术方面，年长群体通常比年轻群体面临更多的困难，④ 甚至会产生抵触心理。第三，受教育水平。NG 和 Feldman⑤ 研究发现受教育水平与任务绩效呈正相关，尤其是高复杂性的任务。通常人们受教育水平越高，对新兴的 IT 技术越容易接受。第四，使用经验。Venkatesh 等⑥认为更好的经验可以导致用户更加熟悉信息技

① Gefen D, Straub D W. Gender differences in the perception and use of E-mail: an extension to the technology acceptance model [J]. MIS Quarterly, 1997, 21 (4):389-400.

② Venkatesh V, Davis F D. A Theoretical Extension of the Technology Acceptance Model: Four Longitudinal Field Studies [J]. Management Science, 2000, 46(2):186-204; Venkatesh V, Morris M G. Why don't men ever stop to ask for directions? Gender, social influence, and their role in technology acceptance and usage behavior [J]. MIS quarterly, 2000:115-139; Venkatesh V, Morris M G, Davis G B, et al. User acceptance of information technology: Toward a unified view [J]. MIS quarterly, 2003: 425-478; Zhang K Z K, Lee M K O, Cheung C M K, et al. Understanding the role of gender in bloggers' switching behavior [J]. Decision Support Systems, 2009, 47(4):540-546.

③ 张晓飞. 基于现状偏差理论在线医疗服务采纳阻碍因素研究 [D]. 哈尔滨工业大学, 2014:38-39.

④ Lee B, Chen Y, Hewitt L. Age differences in constraints encountered by seniors in their use of computers and the internet [J]. Computers in Human Behavior, 2011, 27(3):1231-1237.

⑤ Ng T W H, Feldman D C. How broadly does education contribute to job performance? [J]. Personnel Psychology, 2010, 62(1):89-134.

⑥ Venkatesh V, Thong J Y L, Xu X. Consumer acceptance and use of information technology: extending the unified theory of acceptance and use of technology [J]. MIS quarterly, 2012:157-178.

术。一般来说，具有较长使用经验的群体在使用 MVS 平台进行拍照搜索时比较熟练，而且使用的积极性较高。

(4)开展 MVS 平台用户体验提升策略验证研究。

根据得到的 MVS 平台用户体验影响因素的作用机理，本书提出了 MVS 平台用户体验提升策略。然而，由于受到技术能力、专业背景等方面的限制，本书并未能对所提出的提升策略进行实际验证。因此，未来的研究应考虑与不同的 MVS 平台运营商合作，将这些提升策略提交给 MVS 平台开发技术人员，以便于采取有效措施改善用户体验，优化 MVS 平台应用，并通过用户行为研究，从而验证这些提升策略的适应性和可接受性。

(5)引入人工智能方法深化 MVS 平台用户体验研究。

本书针对 MVS 这一新兴领域，采用了自己熟悉的传统实证研究方法对 MVS 平台用户体验影响因素的构成、量表的开发以及模型的构建进行了研究。在此基础上，提出了 MVS 平台用户体验提升策略。然而，囿于自身专业的特点、技术能力的限制，未能采用人工智能方法挖掘用户使用 MVS 平台的客观数据来开展研究。因此，未来的研究应考虑引入人工智能方法深化 MVS 平台用户体验研究，进而提出 MVS 平台用户体验提升策略，以期为 MVS 平台的管理者、设计者及运营商提供理论借鉴与实践指导。

主要参考文献

一、英文参考文献

[1] Adamek T, Marimon D. Large-scale visual search based on voting in reduced pose space with application to mobile search and video collections[C]//2011 IEEE International Conference on Multimedia and Expo. IEEE, 2011:1-4.

[2] Agarwat R, Karahanna E. Time flies when you're having fun:Cognitive absorption and beliefs about information technology usage[J]. MIS Quarterly, 2000, 24(4):665-694.

[3] Aher K V, Waykar S B. Interactive Image Search for Mobile Devices[EB/OL]. [2019-12-26]. http://www. inase. org/library/2015/zakynthos/bypaper/COMPUTERS/COMPUTERS-75. pdf.

[4] Ahmed K A, Sathish A S. The Effect of App Quality on M-Payment Satisfaction and Adoption Intention among Young Indian College Students:A (IS) Success Model Approach[J]. Bonfring International Journal of Industrial Engineering and Management Science, 2016:121-124.

[5] Aladwani A M, Palvia P C. Developing and validating an instrument for measuring user-perceived web quality[J]. Information & management, 2002, 39(6):467-476.

[6] Alnaser F. the Influence of Servqual Model and Attitude on Customer's Satisfaction and Loyalty in Islamic Banks of Saudi Arabia in Developing Countries [C]//Economic and Social Development (Book of Proceedings), 27th International Scientific Conference on Economic and Social. 2018:59.

[7] Anderson J C, Gerbing D W. Some methods for respecifying measurement models to obtain unidimensional construct measurement [J]. Journal of Marketing Research, 1982, 19(4):453-460.

[8] Anderson J C, Gerbing D W. Structural equation modeling in practice:A review and recommended two-step approach[J]. Psychological Bulletin, 1988, 103(3):411-423.

[9] Andoni A, Indyk P. Near-Optimal Hashing Algorithms for Approximate Nearest Neighbor in High Dimensions[J]. Communications of the ACM, 2008, 51(1):117-122.

[10] Archer J. Sex differences in social behavior. Are the social role and evolutionary explanations compatible? [J]. Am Psychol, 1996, 51(9):909-917.

[11] Armstrong D J, Hardgrave B C. Understanding Mindshift Learning: The Transition to Object-Oriented Development[J]. MIS Quarterly, 2007, 31(3):453-474.

[12] Arhippainen L. Capturing user experience for product design[C]// the 26th Information Systems Research Seminar(IRIS26) in Scandinavia. Porvoo, Finland. 2003:9-12.

[13] Bagozzi R P, Yi Y. On the evaluation of structural equation models[J]. Journal of the academy of marketing science, 1988, 16(1):74-94.

[14] Bagul M R E, Gaikwad K P. Interactive Robust Multitudinous Visual Search on Mobile Devices[J]. International Journal of Computer Science & Mobile Computing, 2014, 3(12):83-89.

[15] Bailey J E, Pearson S W. Development of a Tool for Measuring and Analyzing Computer User Satisfaction [J]. Management Science,

1983, 29(5):530-545.

[16] Balog A. Testing a multidimensional and hierarchical quality assessment model for digital libraries[J]. Studies in Informatics and Control, 2011, 20(3):233-246.

[17] Barclay D W, Thompson R L, Higgins C. The Partial Least Squares (PLS) Approach to Causal Modeling:Personal Computer Use as an Illustration[J]. Technology Studies, 1995, 2(2):285-309.

[18] Bartlett F C. Remembering:A study in experimental and social psychology[M]. Cambridge, UK:Cambridge University Press, 1932.

[19] Bay H, Ess A, Tuytelaars T, et al. Speeded-Up Robust Features[J]. Computer Vision & Image Understanding, 2008, 110(3):404-417.

[20] Bellman S, Rossiter J R. The Website Schema[J]. Journal of Interactive Advertising, 2004, 4(2):38-48.

[21] Bevan N. What is the difference between the purpose of usability and user experience evaluation methods[C]//The UXEM Workshop at 12th IFIP Conference on Human-Computer Interaction, Uppsala, Sweden, 2009.

[22] Bhattacherjee A, Perols J, Sanford C. Information Technology Continuance:A Theoretic Extension and Empirical Test[J]. Data Processor for Better Business Education, 2008, 49(1):17-26.

[23] Bhattacherjee A, Premkumar G. Understanding Changes in Belief and Attitude toward Information Technology Usage:A Theoretical Model and Longitudinal Test[J]. MIS Quarterly, 2004, 28(2):229-254.

[24] Bhattacherjee A. An empirical analysis of the antecedents of electronic commerce service continuance[J]. Decision Support Systems, 2001, 32(2):201-214.

[25] Bhattacherjee A. Understanding Information Systems Continuance:An Expectation-Confirmation Model[J]. MIS Quarterly, 2001, 25

(3):351-370.

[26] Bilgihan A. Gen Y customer loyalty in online shopping: An integrated model of trust, user experience and branding[J]. Computers in Human Behavior, 2016, 61:103-113.

[27] Brown T A. Confirmatory factor analysis for applied research. [J]. Guilford Pubn, 2006.

[28] Byrne B M. Structural equation modeling with AMOS: Basic concepts, applications, and programming [M]//Structural equation modeling with AMOS: basic concepts, applications, and programming. Routledge, 2009:343-344.

[29] Caivano S, Ferreira B J, Domene S M Á. Evaluation of the usability of a mobile Digital Food Guide based on user perception[J]. Ciencia & saude coletiva, 2014, 19(5):1437-1446.

[30] Çalışır F, Baştan M, Özgür Ulusoy, et al. Mobile multi-view object image search [J]. Multimedia Tools & Applications, 2017, 76 (10):1-24.

[31] Çalışır F. Mobile image search using multi-image queries [D]. Bilkent University, 2015.

[32] Cao Y, Ritz C, Raad R. How much longer to go? The influence of waiting time and progress indicators on quality of experience for mobile visual search applied to print media[C]//Fifth International Workshop on Quality of Multimedia Experience. IEEE, 2013:112-117.

[33] Cao Y, Ritz C, Raad R. The joint effect of image blur and illumination distortions for Mobile Visual Search of print media[C]//International Symposium on Communications and Information Technologies. IEEE, 2013:507-512.

[34] Cenfetelli R T, Benbasat I, Al-Natour S. Addressing the what and how of online services: Positioning supporting-services functionality and service quality for business-to-consumer success[J]. Information Systems Research, 2008, 19(2):161-181.

[35]Chandrasekhar V R, Chen D M, Tsai S S, et al. The stanford mobile visual search data set[C]//ACM Conference on Multimedia Systems. ACM, 2011:117-122.

[36]Chandrasekhar V R, Tsai S S, Takacs G, et al. Low latency image retrieval with progressive transmission of CHoG descriptors[C]. ACM multimedia, 2010:41-46.

[37]Chang C. Exploring the determinants of e-learning systems continuance intention in academic libraries[J]. Library Management, 2013, 34(1/2):40-55(16).

[38]Chang S F, Chung H, Lin T H, et al. Mobile product search with Bag of Hash Bits and boundary reranking[C]//IEEE Conference on Computer Vision and Pattern Recognition. IEEE Computer Society, 2012:3005-3012.

[39]Chatzilari E, Liaros G, Nikolopoulos S, et al. A comparative study on mobile visual recognition[C]//International Workshop on Machine Learning and Data Mining in Pattern Recognition. Springer, Berlin, Heidelberg, 2013:442-457.

[40]Chen D M, Girod B. Memory-Efficient Image Databases for Mobile Visual Search[J]. IEEE Multimedia, 2014, 21(1):14-23.

[41]Chen D M, Tsai S S, Chandrasekhar V, et al. Inverted Index Compression for Scalable Image Matching[C]//Data Compression Conference. IEEE, 2010.

[42]Chen D, Cheung N M, Tsai S, et al. Dynamic selection of a feature-rich query frame for mobile video retrieval[C]//Image Processing (ICIP), 2010 17th IEEE International Conference on. IEEE, 2010:1017-1020.

[43]Chen D, Tsai S, Chandrasekhar V, et al. Residual enhanced visual vector as a compact signature for mobile visual search[J]. Signal Processing, 2013, 93(8):2316-2327.

[44]Chen J, Duan L Y, Ji R, et al. Pruning tree-structured vector quantizer towards low bit rate mobile visual search[C]//IEEE In-

261

ternational Conference on Acoustics, Speech and Signal Processing. IEEE, 2012:965-968.

[45] Chen X, Koskela M. Mobile visual search from dynamic image databases[C]//Scandinavian Conference on Image Analysis. Springer-Verlag, 2011, 6688:196-205.

[46] Childers T L, Carr C L, Peck J, et al. Hedonic and utilitarian motivations for online retail shopping behavior[J]. Journal of Retailing, 2001, 77(4):511-535.

[47] Chin W W. Issues and opinion on structural equation modeling[J]. MIS Quarterly, 1998, 22(1):1.

[48] Chin W W. The partial least squares approach to structural equation modeling[J]. Modern methods for business research, 1998, 295(2):295-336.

[49] Chiu C M, Hsu M H, Sun S Y, et al. Usability, quality, value and e-learning continuance decisions[J]. Computers & Education, 2005, 45(4):399-416.

[50] Churchill G A, Surprenant C. An Investigation into the Determinants of Customer Satisfaction[J]. Journal of Marketing Research, 1982, 19(4):491-504.

[51] Churchill G A. A Paradigm for Developing Better Measures of Marketing Constructs[J]. Journal of Marketing Research, 1979, 16(1):64-73.

[52] Cohen J. Statistical power analysis for the behavioral sciences[M]. Hillsdale, NJ:Lawrence Erlbaum:1988.

[53] Coursaris C, Kim D. A Qualitative Review of Empirical Mobile Usability Studies[C]//Connecting the Americas. 12th Americas Conference on Information Systems, AMCIS 2006, Acapulco, México, August 4-6, 2006. DBLP, 2006.

[54] Cronbach L J, Warrington W G. Time-limit tests:Estimating their reliability and degree of speeding[J]. Psychometrika, 1951, 16(2):167-188.

[55]Cronin J J, Brady M K, Hult G T M. Assessing the effects of quality, value, and customer satisfaction on consumer behavioral intentions in service environments. [J]. Journal of Retailing, 2000, 76 (2):193-218.

[56]Damade M K, Kulkarni R A, Bano S. Mobile Visual Search:Memory Efficient Image Database[J]. International Journal of Innovative and Emerging Research in Engineering, 2015, 2(3):209-213.

[57]Datar M, Immorlica N, Indyk P, et al. Locality-sensitive hashing scheme based on p-stable distributions[C]//Twentieth Symposium on Computational Geometry. ACM, 2004:253-262.

[58]Davis F D. A technology acceptance model for empirically testing new end-user information systems:Theory and results[D]. Ph. d. dissertation Massachusetts Institute of Technology, 1986:24.

[59]Davis F D. Perceived usefulness, perceived ease of use, and user acceptance of information technology[J]. MIS Quarterly, 1989, 13 (3):319-340.

[60]DeLone W H, McLean E R. Information systems success:The quest for the dependent variable [J]. Information systems research, 1992, 3(1):60-95.

[61]Delone W H, Mclean E R. The DeLone and McLean Model of Information Systems Success: A Ten-Year Update [J]. Journal of Management Information Systems, 2003, 19(4):9-30.

[62]Doll W J, Xia W, Torkzadeh G. A confirmatory factor analysis of the end-user computing satisfaction instrument[J]. MIS quarterly, 1994:453-461.

[63]Doller M, Tous R, Gruhne M, et al. The MPEG Query Format:Unifying Access to Multimedia Retrieval Systems [J]. Multimedia IEEE, 2008, 15(4):82-95.

[64]Du Y, Li Z, Qu W, et al. MVSS:Mobile Visual Search Based on Saliency[C]//IEEE, International Conference on High Perform-

263

ance Computing and Communications & 2013 IEEE International Conference on Embedded and Ubiquitous Computing. IEEE, 2013: 922-928.

[65]Duan L Y, Ji R, Chen Z, et al. Towards Mobile Document Image Retrieval for Digital Library[J]. IEEE Transactions on Multimedia, 2014, 16(2):346-359.

[66]Eidaroos A, Alkraiji A. Evaluating the Usability of Library Websites Using an Heuristic Analysis Approach on Smart Mobile Phones:Preliminary Findings of a Study in Saudi Universities[J]. Advances in Intelligent Systems and Computing, 2015, 353:1141-1152.

[67]Fidel R. The image retrieval task:implications for the design and evaluation of image databases[J]. New Review of Hypermedia and Multimedia, 1997, 3(1):181-199.

[68]Finn R H. Effects of Some Variations in Rating Scale Characteristics on the Means and Reliabilities of Ratings[J]. Educational & Psychological Measurement, 1972, 32(2):255-265.

[69]Fiore A M, Jin H J, Kim J. For fun and profit:Hedonic value from image interactivity and responses toward an online store[J]. Psychology & Marketing, 2005, 22(8):669-694.

[70]Fiore A M, Kim J. An integrative framework capturing experiential and utilitarian shopping experience[J]. International Journal of Retail & Distribution Management, 2007, 35(6):421-442.

[71]Fischler M A, Bolles R C. Random sample consensus:a paradigm for model fitting with applications to image analysis and automated cartography[J]. Communications of the ACM, 1981, 24(6):381-395.

[72]Floropoulos J, Spathis C, Halvatzis D, et al. Measuring the success of the Greek Taxation Information System [J]. International Journal of Information Management, 2010, 30(1):47-56.

[73]Forlizzi J, Battarbee K. Understanding experience in interactive

systems[C]//Proceedings of the 5th conference on Designing interactive systems: processes, practices, methods, and techniques. ACM, 2004:261-268.

[74] Fornell C, Cha J. Partial Least Squares[M]. In Advanced Methods of Marketing Research, Bagozzi, R. P. (ed.), Blackwell, Cambridge, 1994:152-178.

[75] Fornell C, Larcker D F. Evaluating Structural Equation Models with Unobservable Variables and Measurement Error[J]. Journal of Marketing Research, 1981, 18(1):39-50.

[76] Fornell C. A Second generation of multivariate analysis: classification of methods and implications for marketing research[R]. Review of Marketing, M. J. Houston, Chicago, American Marketing Association. 1985.

[77] Fung R H Y, Chiu D K W, Ko E H T, et al. Heuristic usability evaluation of university of hong kong libraries' mobile website[J]. The Journal of Academic Librarianship, 2016, 42(5):581-594.

[78] Gad Saad Associate Professor of Marketing †. Applications of evolutionary psychology in marketing[J]. Psychology & Marketing, 2000, 17(12):1005-1034.

[79] Gao K, Zhang Y, Zhang D, et al. Accurate off-line query expansion for large-scale mobile visual search[J]. Signal Processing, 2013, 93(8):2305-2315.

[80] Geerts D, Moor K D, Ketykó I, et al. Linking an integrated framework with appropriate methods for measuring QoE[C]//Second International Workshop on Quality of Multimedia Experience. IEEE, 2010:158-163.

[81] Gefen D, Straub D W. Gender differences in the perception and use of E-mail: an extension to the technology acceptance model[J]. MIS Quarterly, 1997, 21(4):389-400.

[82] Geisser S. The predictive sample reuse method with applications [J]. Journal of the American statistical Association, 1975, 70

(350):320-328.

[83] Girod B, Chandrasekhar V, Chen D M, et al. Mobile Visual Search[J]. IEEE Signal Processing Magazine, 2011, 28(4):61-76.

[84] Girod B, Chandrasekhar V, Grzeszczuk R, et al. Mobile Visual Search: Architectures, Technologies, and the Emerging MPEG Standard[J]. IEEE Multimedia, 2011, 18(3):86-94.

[85] Glaser B, Strauss A L. The discovery of grounded theory: strategy of qualitative research[J]. Nursing Research, 1967, 3(4):377-380.

[86] Goh J C L, Karimi F. Towards the development of a 'user-experience' technology adoption model for the interactive mobile technology[C]//International Conference on HCI in Business. Springer, Cham, 2014:620-630.

[87] Grönroos C, Heinonen F, Isoniemi K, et al. The NetOffer model: a case example from the virtual marketspace[J]. Management decision, 2000, 38(4):243-252.

[88] Gruhne M, Tous R, Delgado J, et al. MP7QF:An MPEG-7 Query Format[C]//International Conference on Automated Production of Cross Media Content for Multi-channel Distribution. IEEE Computer Society, 2007:15-18.

[89] Hair J F, Anderson R E, Tatham R L, et al. Multivariate data analysis (5th Edition). Upper Saddle River:Prentice Hall, 1998.

[90] Hair J F, Black W C, Babin B J, et al. Multivariate Data Analysis (7th Edition)[M]. Prentice Hall, New Jersey, USA, 2009.

[91] Hair J F, Ringle C M, Sarstedt M. PLS-SEM:Indeed a Silver Bullet[J]. Journal of Marketing Theory & Practice, 2011, 19(2):139-152.

[92] Hair J F, Sarstedt M, Ringle C M, et al. An assessment of the use of partial least squares structural equation modeling in marketing research[J]. Journal of the Academy of Marketing Science, 2012,

266

40(3):414-433.

[93]Harris C, Stephens M. A combined corner and edge detector[C]//
Proceedings of the 4th Alvey Vision Conference. Manchester, UK:
The Plessey Company, 1988:147-151.

[94]Hassenzahl M. The Quality of Interactive Products:Hedonic-Needs,
Emotions and Experience[M]. Ghaoui C. Encyclopedia of Human-
Computer Interaction, 2005:166-178.

[95]Hassenzahl M, Diefenbach S, Göritz A. Needs, affect, and inter-
active products-Facets of user experience [J]. Interacting with
Computers, 2010, 22:353-362.

[96] Hassenzahl M, Tractinsky N. User experience-a research
agenda[J]. Behaviour & information technology, 2006, 25(2):
91-97.

[97]Heijden H. User acceptance of hedonic information systems[J].
MIS Quarterly, 2004, 28(4):695-704.

[98]Henseler J, Ringle C M, Sinkovics R R. The use of partial least
squares path modeling in international marketing[J]. Social Sci-
ence Electronic Publishing, 2009, 20(4):277-319.

[99]Henseler J, Ringle C M, Sarstedt M. A new criterion for assessing
discriminant validity in variance-based structural equation modeling
[J]. Journal of the academy of marketing science, 2015, 43(1):
115-135.

[100]Henseler J. On the convergence of the partial least squares path
modeling algorithm[J]. Computational Statistics, 2010, 25(1):
107-120.

[101]Hossain M A, Hossain M S, Jahan N. Predicting Continuance Us-
age Intention of Mobile Payment:An Experimental Study of Ban-
gladeshi Customers[J]. Asian Economic and Financial Review,
2018, 8(4):487-498.

[102]Hsu C L, Chang K C, Chen M C. The impact of website quality
on customer satisfaction and purchase intention:perceived playful-

ness and perceived flow as mediators[J]. Information Systems and e-Business Management, 2012, 10(4):549-570.

[103]Hu L T, Bentler P M. Fit Indices in Covariance Structure Modeling:Sensitivity to Underparametrized Model Misspesification[J]. Psychological Methods, 1998, 3(4):424-453.

[104]Huang M, Ali R, Liao J. The effect of user experience in online games on word of mouth:A pleasure-arousal-dominance (PAD) model perspective[J]. Computers in Human Behavior, 2017, 75: 329-338.

[105]Huang Q, Chen X, Ou C X, et al. Understanding buyers' loyalty to a C2C platform:the roles of social capital, satisfaction and perceived effectiveness of e-commerce institutional mechanisms[J]. Information Systems Journal, 2015, 27(1):91-119.

[106]Huang Z, Benyoucef M. From e-commerce to social commerce:A close look at design features[J]. Electronic Commerce Research & Applications, 2013, 12(4):246-259.

[107]Humbani M. Consumers' adoption and continuance intention to use mobile payment services[D]. University of Pretoria, 2018.

[108]Hwang Y, Kim D J. Customer self-service systems:The effects of perceived Web quality with service contents on enjoyment, anxiety, and e-trust[J]. Decision Support Systems, 2007, 43(3): 746-760.

[109]Iacobucci D. Structural equations modeling:Fit Indices, sample size, and advanced topics[J]. Journal of Consumer Psychology, 2010, 20(1):90-98.

[110]Isaac O, Abdullah Z, Ramayah T, et al. Integrating User Satisfaction and Performance Impact with Technology Acceptance Model (TAM) to Examine the Internet Usage Within Organizations in Yemen[J]. Asian Journal of Information Technology, 2018, 17 (1):60-78.

[111]ISO 9241-11. Ergonomic requirements for office work with visual-

display terminals (VDT's)-Part 11:Guidance on usability [S]. Geneva:ISO, 1998.

[112] ISO 9241-210. Ergonomics of human-system interaction-Part 210: Human-centered design for interactive systems[S]. Geneva:ISO, 2008.

[113] ISO/IEC 15938-12: 2008. Information Technology-Multimedia Content Description Interface-Part 12:Query Format[S]. 2008.

[114] ISO/IEC 24800-2:2011. Information technology-JPSearch-Part 2: Registration, identication and management of schema and ontology[S]. 2011.

[115] ISO/IEC 24800-3:2010. Information technology-JPSearch-Part 3: JPSearch Query format[S]. 2010.

[116] ISO/IEC DIS 15938-13. Information technology-multimedia content descriptor interface-part 13: Compact descriptors for visual search[S]. 2014.

[117] Jackson D L, Gillaspy J A, Purcstephenson R. Reporting practices in confirmatory factor analysis:an overview and some recommendations. [J]. Psychological Methods, 2009, 14(1):6-23.

[118] Jegou H, Douze M, Schmid C. Hamming Embedding and Weak Geometric Consistency for Large Scale Image Search[M]//Computer Vision-ECCV 2008. OAI, 2008:304-317.

[119] Jégou H, Douze M, Schmid C. Improving Bag-of-Features for Large Scale Image Search[J]. International Journal of Computer Vision, 2010, 87(3):316-336.

[120] Ji R, Duan L Y, Chen J, et al. Mining compact bag-of-patterns for low bit rate mobile visual search[J]. IEEE Transactions on Image Processing A Publication of the IEEE Signal Processing Society, 2014, 23(7):3099-3113.

[121] Ji R, Duan L Y, Chen J, et al. PKUBench:A context rich mobile visual search benchmark[C]//IEEE International Conference on Image Processing. IEEE, 2011:2545-2548.

[122]Ji R, Duan L Y, Chen J, et al. Towards low bit rate mobile visual search with multiple-channel coding [C]//ACM International Conference on Multimedia. ACM, 2011:573-582.

[123]Ji R, Yu F X, Zhang T, et al. Active query sensing:Suggesting the best query view for mobile visual search[J]. Acm Transactions on Multimedia Computing Communications & Applications, 2012, 8(3s):1-21.

[124]Jiang Z, Chan J, Tan B C Y, et al. Effects of interactivity on website involvement and purchase intention[J]. Journal of the Association for Information Systems, 2010, 11(1):1.

[125]Kaiser H F. An indexo factorial simplicity[J]. Psychometrika, 1974, 39(1):34-36.

[126]Kankanhalli A, Ye H J, Teo H H. Comparing Potential and Actual Innovators:An Empirical Study of Mobile Data Services Innovation[J]. MIS Quarterly, 2015, 39(3):667-682.

[127]Ke Y, Sukthankar R. PCA-SIFT:a more distinctive representation for local image descriptors[C]//IEEE Computer Society, 2004: 506-513.

[128]Kenny D A. Measuring Model Fit[EB/OL]. http://davidakenny. net/cm/fit. htm.

[129]Khaire P S. Mobile Visual Search:A Low Transmission Overhead Framework Based on Vocabulary Decomposition[J]. International Journal of Innovative and Emerging Research in Engineering, 2015, 2(3):118-122.

[130]Khalifa M, Liu V. Satisfaction with Internet-Based Services[C]// Proceedings of the 35th Hawaii International Conference on System Sciences, Big Island, Hawaii, 2002:174b.

[131]Kim H K, Han S H, Park J, et al. The definition of user experience through a literature survey [C]//Proceedings of the 2009 Fall Conference of the Korean Institute of Industrial Engineers. 2009.

[132] Koopman R J, Petroski G F, Canfield S M, et al. Development of the PRE-HIT instrument: patient readiness to engage in health information technology[J]. Bmc Family Practice, 2014, 15(1): 18-18.

[133] Kourouthanassis P E, Giaglis G M, Vrechopoulos A P. Enhancing user experience through pervasive information systems: The case of pervasive retailing[J]. International Journal of Information Management, 2007, 27(5): 319-335.

[134] Landrum H T, Prybutok V R, Strutton D, et al. Examining the Merits of Usefulness Versus Use in an Information Service Quality and Information System Success Web-Based Model[J]. Information Resources Management Journal, 2008, 21(2): 1-17.

[135] Lapierre J, Giroux V P. Creativity and Work Environment in a High - Tech Context[J]. Creativity & Innovation Management, 2003, 12(1): 11-23.

[136] Law E L C, Van Schaik P. Modelling user experience-An agenda for research and practice[J]. Interacting with computers, 2010, 22(5): 313-322.

[137] Lee S, Choi K D. A study on mobile erp application usage of smartphones: A case of traveling salesman in pharmaceutical company[J]. Journal of Theoretical & Applied Information Technology, 2018, 96(2): 492-500.

[138] Lee B, Chen Y, Hewitt L. Age differences in constraints encountered by seniors in their use of computers and the internet[J]. Computers in Human Behavior, 2011, 27(3): 1231-1237.

[139] Lee Y, Kozar K A. Investigating the effect of website quality on e-business success: An analytic hierarchy process (AHP) approach [J]. Decision Support Systems, 2006, 42(3): 1383-1401.

[140] Lewis B R, Templeton G F, Byrd T A. A methodology for construct development in MIS research[J]. European Journal of Information Systems, 2005, 14(4): 388-400.

［141］Li D, Chuah M C. EMOVIS: An Efficient Mobile Visual Search System for Landmark Recognition［C］//IEEE Ninth International Conference on Mobile Ad-Hoc and Sensor Networks. IEEE, 2014:53-60.

［142］Li H, Flierl M. Mobile 3D visual search using the Helmert transformation of stereo features［C］//IEEE International Conference on Image Processing. IEEE, 2014:3470-3474.

［143］Li H, Wang Y, Mei T, et al. Interactive Multimodal Visual Search on Mobile Device［J］. IEEE Transactions on Multimedia, 2013, 15(3):594-607.

［144］Limayem M, Hirt S G, Cheung C M K. How Habit Limits the Predictive Power of Intention: The Case of Information Systems Continuance［J］. MIS Quarterly, 2007, 31(4):705-737.

［145］Lin J, Duan L Y, Chen J, et al. Learning multiple codebooks for low bit rate mobile visual search［C］//IEEE International Conference on Acoustics, Speech and Signal Processing. IEEE, 2012: 933-936.

［146］Lin J, Duan L Y, Huang Y, et al. Rate-adaptive Compact Fisher Codes for Mobile Visual Search［J］. IEEE Signal Processing Letters, 2014, 21(2):195-198.

［147］Lindell M K, Whitney D J. Accounting for common method variance in cross-sectional research designs［J］. Journal of Applied Psychology, 2001, 86(1):114-21.

［148］Ling-Yu Duan, Jie Chen, Chunyu Wang, et al. Key Technologies in Mobile Visual Search and MPEG Standardization Activities［J］. ZTE Communications, 2012, 10(2):57-66.

［149］Liu C, Arnett K P. Exploring the factors associated with Web site success in the context of electronic commerce［J］. Information & Management, 2000, 38(1):23-33.

［150］Liu W, Ma H, Qi H, et al. Deep learning hashing for mobile visual search［J］. Eurasip Journal on Image & Video Processing,

2017, 2017(1):17.

[151]Liu W, Mei T, Zhang Y. Instant Mobile Video Search With Layered Audio-Video Indexing and Progressive Transmission [J]. IEEE Transactions on Multimedia, 2014, 16(8):2242-2255.

[152]Liu X, Hull J J, Graham J, et al. Mobile Visual Search, Linking Printed Documents to Digital Media[C]. Proceedings of the IEEE Conference on Computer Vision and Pattern Recognition, 2010.

[153]Louis M R, Sutton R I. Switching cognitive gears:From habits of mind to active thinking. [J]. Human Relations, 1991, 44(1): 55-76.

[154]Lowe D G. Distinctive Image Features from Scale-Invariant Keypoints[J]. International Journal of Computer Vision, 2004, 60 (2):91-110.

[155]Lowe D G. Object Recognition from Local Scale-Invariant Features [C]//Proc of IEEE International Conference on Computer Vision, 1999, 99(2):1150-1157.

[156]Luo J, Lang B. Efficient Geometric Re-ranking for Mobile Visual Search[M]//Computer Vision-ACCV 2012 Workshops. Springer Berlin Heidelberg, 2013:520-532.

[157]Lyu X, Li H, Flierl M. Hierarchically Structured Multi-view Features for Mobile Visual Search[C]//Data Compression Conference. 2014:23-32.

[158]Maccallum R C, Widaman K F, Zhang S, et al. Sample size in factor analysis. [J]. Psychological Methods, 1999, 4(1):84-99.

[159] Mahlke S. Factors influencing the experience of website usage[C]//CHI '02 Extended Abstracts on Human Factors in Computing Systems. ACM, 2002:846-847.

[160]Mahlke S. Understanding users' experience of interaction[C]// Proceedings of the 2005 annual conference on European association of cognitive ergonomics. University of Athens, 2005:251-254.

[161]Mandryk R L, Inkpen K M, Calvert T W. Using psychophysiolog-

273

ical techniques to measure user experience with entertainment technologies[J]. Behaviour & information technology, 2006, 25 (2):141-158.

[162] Mars D E. Multi-View Vocabulary Trees for Mobile 3D Visual Search[D]. Stockholm:Kungliga Tekniska högskolan, 2015.

[163] Masa'deh R, Al-Badi A, Abu-Hlalah A, et al. Factors Affecting User's Satisfaction of Tourism Board Website and Its Impact on Continuous Intention to Use[J]. International Journal of Business Administration, 2017, 8(4):1-15.

[164] Mason R O. Measuring information output:A communication systems approach[J]. Information & Management, 1978, 1(4): 219-234.

[165] Masrek M N, Gaskin J E. Assessing users satisfaction with web digital library:the case of Universiti Teknologi MARA[J]. International Journal of Information & Learning Technology, 2016, 33 (1):36-56.

[166] Masrek M N, Jamaludin A, Mukhtar S A. Evaluating academic library portal effectiveness:A Malaysian case study[J]. Library Review, 2010, 59(3):198-212.

[167] Matsuzaki K, Uchida Y, Sakazawa S, et al. Local feature reliability measure using multiview synthetic images for mobile visual search [C]//Iapr Asian Conference on Pattern Recognition. IEEE, 2015:156-160.

[168] Mckinney V, Yoon K, Zahedi F. The Measurement of Web-Customer Satisfaction:An Expectation and Disconfirmation Approach [J]. Information Systems Research, 2002, 13(3):296-315.

[169] Mehrabian A, Russell J A. An approach to environmental psychology. [M]//Cambridge:the MIT Press, 1974:34-46.

[170] Melian-Alzola L, Padron-Robaina V. Tangibility as a quality factor in electronic commerce B2C[J]. Journal of Service Theory and Practice, 2006, 16(3):320-338.

[171] Mennesson J, Tirilly P, Martinet J. Elementary block extraction for mobile image search[C]//IEEE International Conference on Image Processing. IEEE, 2014:3958-3962.

[172] Miao S, Li Z, Qu W, et al. Progressive transmission based on wavelet used in mobile visual search[J]. International Journal of Embedded Systems, 2014, 6(2/3):114-123.

[173] Michalco J, Simonsen J G, Hornbæk K. An exploration of the relation between expectations and user experience[J]. International Journal of Human-Computer Interaction, 2015, 31(9):603-617.

[174] Mikolajczyk K, Schmid C. A performance evaluation of local descriptors[J]. IEEE transactions on pattern analysis and machine intelligence, 2005, 27(10):1615-1630.

[175] Mikolajczyk K, Schmid C. Indexing based on scale invariant interest points[C]//In:8th IEEE International Conference on Computer Vision, Vancouver, Canada, 2001, 1:525-531.

[176] Mikolajczyk K, Tuytelaars T, Schmid C, et al. A Comparison of Affine Region Detectors[J]. International Journal of Computer Vision, 2005, 65(1-2):43-72.

[177] Minge M, Thüring M. Hedonic and pragmatic halo effects at early stages of user experience[J]. International Journal of Human-Computer Studies, 2018, 109:13-25.

[178] Mohammadi H. Investigating users perspectives on e-learning:An integration of TAM and IS success model[J]. Computers in Human Behavior, 2015, 45(C):359-374.

[179] Moore C N. Mooers' Law or Why Some Retrieval Systems Are Used and Others Are Not[J]. Bulletin of the American Society for Information Science & Technology, 2010, 23(1):22-23.

[180] Mun Y Y, Hwang Y. Predicting the use of web-based information systems:self-efficacy, enjoyment, learning goal orientation, and the technology acceptance model[J]. International journal of human-computer studies, 2003, 59(4):431-449.

275

[181] Muneesawang P, Zhang N, Guan L. Interactive Mobile Visual Search and Recommendation at Internet Scale[M]//Multimedia Database Retrieval. Springer International Publishing, 2014:101-130.

[182] Na S I, Lee K D, Lee S J, et al. Intensity comparison based compact descriptor for mobile visual search[C]//Frontiers of Computer Vision. IEEE, 2013:103-106.

[183] Nascimento R, Limeira C D, de Pinho A L S, et al. Emotion, Affectivity and Usability in Interface Design[M]. Design, User Experience, and Usability. User Experience Design Practice. Springer International Publishing, 2014:339-346.

[184] Ng T W H, Feldman D C. How broadly does education contribute to job performance? [J]. Personnel Psychology, 2010, 62(1): 89-134.

[185] Nikolopoulos S, Nikolov S G, Kompatsiaris I. Study on Mobile Image Search[C]//NEM Summit:Implementing Future Media Internet. 2011.

[186] Nister D, Stewenius H. Scalable recognition with a vocabulary tree[C]//Computer vision and pattern recognition, 2006 IEEE computer society conference on. Ieee, 2006, 2:2161-2168.

[187] Nodari A, Ghiringhelli M, Zamberletti A, et al. A mobile visual search application for content based image retrieval in the fashion domain[C]//International Workshop on Content-Based Multimedia Indexing. 2012:1-6.

[188] Norman D, Miller J, Henderson A. What you see, some of what's in the future, and how we go about doing it:HI at Apple Computer[C]//Conference Companion on Human Factors in Computing Systems. 1995:155.

[189] Novak J D, Tyler R W. A Theory of Education[M]. Ithaca, NY: Cornell University Press, 1977.

[190] Nunnally J C and Bernstein I H. Psychometric Theory, 3rd

edn[M], New York:McGraw-Hill, 1994.

[191] O'Brien H L, Toms E G. The development and evaluation of a survey to measure user engagement[J]. Journal of the American Society for Information Science and Technology, 2010, 61(1): 50-69.

[192] Oliver R L, Desarbo W S. Response Determinants in Satisfaction Judgments[J]. Journal of Consumer Research, 1988, 14(4): 495-507.

[193] Oliver R L. A Cognitive Model of the Antecedents and Consequences of Satisfaction Decisions[J]. Journal of Marketing Research, 1980, 17(4):460-469.

[194] Olsson T. Concepts and subjective measures for evaluating user experience of mobile augmented reality services [M]//Human factors in augmented reality environments. Springer, New York, NY, 2013:203-232.

[195] Palau-Saumell R, Forgas-Coll S, Sánchez-García J, et al. User acceptance of mobile apps for restaurants:an expanded and extended UTAUT-2[J]. Sustainability, 2019, 11(4):1210.

[196] Parasuraman A, Zeithaml V A, Berry L L. A conceptual model of service quality and its implications for future research. [J]. Journal of Marketing, 1985, 49(4):41-50.

[197] Parasuraman A, Zeithaml V A, Berry L L. SERVQUAL:A multiple-item scale for measuring consumer perceptions of service quality. [J]. Journal of Retailing, 1988, 64(1):12-40.

[198] Parboteeah D V, Valacich J S, Wells J D. The Influence of Website Characteristics on a Consumer's Urge to Buy Impulsively[J]. Information Systems Research, 2009, 20(1):60-78.

[199] Park J, Han S H, Kim H K, et al. Modeling user experience:A case study on a mobile device[J]. International Journal of Industrial Ergonomics, 2013, 43(2):187-196.

[200] Patel H. Visual Search Application For Android[D]. San Jose:

San Jose State University, 2012:17-33.

[201] Pendell K D, Bowman M S. Usability study of a library's mobile website: An example from Portland State University[J]. Information technology and libraries, 2012, 31(2):45-62.

[202] Peng C, Kim Y G. Application of the stimuli-organism-response (SOR) framework to online shopping behavior[J]. Journal of Internet Commerce, 2014, 13(3-4):159-176.

[203] Peng P, Li J, Li Z N. Quality-aware Mobile Visual Search[J]. Procedia-Social and Behavioral Sciences, 2014, 147:383-389.

[204] Peter Morville. User Experience Design [EB/OL]. [2019-05-12]. http://semanticstudios. com/user_experience_design/

[205] Philbin J, Chum O, Isard M, et al. Object retrieval with large vocabularies and fast spatial matching[C]//Computer Vision and Pattern Recognition, 2007. CVPR '07. IEEE Conference on. IEEE, 2007:1-8.

[206] Podsakoff P M, MacKenzie S B, Lee J Y, et al. Common method biases in behavioral research: a critical review of literature and recommended remedies [J]. Journal of Applied Psychology, 2003, 88(5):879-903.

[207] Podsakoff P M, Organ D W. Self-Report in Organizational Research[J]. Journal of Management, 1986, 12(4):531-544.

[208] Postrel V. The substance of style: How the rise of aesthetic value is remaking commerce, culture, and consciousness [M]. New York: Harper Perennial, 2004:179-180.

[209] Premchaiswadi W. A mobile image search for tourist information system[C]//Wseas International Conference on Signal Processing, Computational Geometry and Artificial Vision. World Scientific and Engineering Academy and Society (WSEAS), 2009:62-67.Press, 1949:1-54.

[210] Qi H, Liu W, Liu L. An efficient deep learning hashing neural network for mobile visual search[C]//2017 IEEE Global Confer-

ence on Signal and Information Processing (GlobalSIP). IEEE, 2017:701-704.

[211]Qi H, Stojmenovic M, Li K, et al. A Low Transmission Overhead Framework of Mobile Visual Search Based on Vocabulary Decomposition[J]. IEEE Transactions on Multimedia, 2014, 16(7): 1963-1972.

[212]Rai A, Lang S S, Welker R B. Assessing the Validity of IS Success Models:An Empirical Test and Theoretical Analysis[J]. Information Systems Research, 2002, 13(1):50-69.

[213]Rastegar N. Adoption of Self-service Kiosks in Quick-service Restaurants[D]. The University of Guelph, 2018.

[214]Ringle C M, Sarstedt M, Straub D W. A critical look at the use of PLS-PM in MIS quarterly[J]. MIS Quarterly, 2012, 36(1):iii-xiv.

[215]Robert R. How to quantify the user experience[EB/OL]. [2019-05-12]. https://www. sitepoint. com/quantify-user-experience/.

[216]Roca J C, Chiu C M, Martínez F J. Understanding e-learning continuance intention:An extension of the Technology Acceptance Model[J]. International Journal of Human-Computer Studies, 2006, 64(8):683-696.

[217]Rodden K, Hutchinson H, Fu X. Measuring the user experience on a large scale:user-centered metrics for web applications[C]// Proceedings of the SIGCHI Conference on Human Factors in Computing Systems. ACM, 2010:2395-2398.

[218]Rosario J A, Ascher M T, Cunningham D J. A study in usability: redesigning a health sciences library's mobile site[J]. Medical reference services quarterly, 2012, 31(1):1-13.

[219]Kühn S W, Petzer D J. Fostering Purchase Intentions Toward Online Retailer Websites in an Emerging Market:An S-O-R Perspective[J]. Journal of Internet Commerce, 2018, 17(3):255-282.

[220]Sang J, Mei T, Xu Y Q, et al. Interaction Design for Mobile Vis-

ual Search[J]. IEEE Transactions on Multimedia, 2013, 15(7):
1665-1676.

[221]Schmitt B. Experiential marketing[J]. Journal of marketing man-
agement, 1999, 15(1-3):53-67.

[222]Seddon P B. A Respecification and Extension of the DeLone and
McLean Model of IS Success[J]. Information Systems Research,
1997, 8(3):240-253.

[223]Segars A H. Assessing the Unidimensionality of Measurement:A
Paradigm and Illustration within the Context of Information Sys-
tems Research[C]//2009:107-121.

[224]Seo J J, Yoona K R. Modified Speeded Up Robust Features
(SURF) for Performance Enhancement of Mobile Visual Search
System[J]. Journal of Broadcast Engineering, 2012, 17(2):388-
399.

[225]Shaham S, Avci T, Sumaneeva K A. Servqual, Customer Loyal-
ty, Word of Mouth:the Mediating Role of Customer Satisfaction
[C]//8th Advances in Hospitality and Tourism Marketing and
Management (AHTMM) Conference. 2018:373.

[226]Shakhnarovich G. Learning task-specific similarity[D]. PhD the-
sis, Massachusetts Institute of Technology, 2005.

[227]Shannon C E, Weaver W. The Mathematical Theory of Communi-
cation[M]. Urbana, IL:University of Illinois Press, 1949.

[228]Shatford S. Analyzing the subject of a picture:a theoretical ap-
proach[J]. Cataloging & classification quarterly, 1986, 6(3):
39-62.

[229]Shen X, Lin Z, Brandt J, et al. Mobile Product Image Search by
Automatic Query Object Extraction[M]//Computer Vision-ECCV
2012. Springer Berlin Heidelberg, 2012:114-127.

[230]Sivakumar P, Perumal Sankar S, Praksh M, et al. An Efficient
Interactive Mobile Visual Search Using Multipart Region based
Matching (MRM) Algorithm[J]. Australian Journal of Basic &

Applied Sciences, 2014:7-11.

[231] Sivic J, Zisserman A. Video Google: A Text Retrieval Approach to Object Matching in Videos [C]//IEEE International Conference on Computer Vision. IEEE Computer Society, 2003:1470.

[232] Spicer J. Making Sense of Multivariate Data Analysis [J]. Annals of Pharmacotherapy, 2005, 46(6):812-821.

[233] Spicer J. Making Sense of Multivariate Data Analysis [M]. London: Stage, 2005.

[234] Stone M. Cross-validatory choice and assessment of statistical predictions [J]. Journal of the royal statistical society. Series B (Methodological), 1974:111-147.

[235] Straub D, Boudreau M C, Gefen D. Validation guidelines for IS positivist research [J]. Communications of the Association for Information systems, 2004, 13(1):380-427.

[236] Sun H, Zhang P. Causal relationships between perceived enjoyment and perceived ease of use: An alternative approach [J]. Journal of the Association for Information Systems, 2006, 7(9):618-645.

[237] Sun Huiguang. Mobile visual search [D]. Master of Engineering by Research thesis, School of Electrical, Computer and Telecommunications Engineering, University of Wollongong, 2013. http://ro. uow. edu. au/theses/4108.

[238] Symeonaki E, Papoutsidakis M, Tseles D, et al. Post-Implementation Evaluation of a University Management Information System (UMIS) [C]//International Conference on Mathematics & Computers in Sciences & in Industry. IEEE, 2017:14-19.

[239] Tabachnick B G, Fidell L S. Using multivariate statistics (5th ed.) [M]. Boston, MA: Allyn and Bacon, 2007.

[240] Tam C, Oliveira T. Understanding the impact of m-banking on individual performance: DeLone & McLean and TTF perspective [J]. Computers in Human Behavior, 2016, 61:233-244.

［241］Tan C W, Benbasat I, Cenfetelli R T. IT-mediated customer service content and delivery in electronic governments：An empirical investigation of the antecedents of service quality［J］. MIS quarterly, 2013, 37(1)：77-109.

［242］Tan F B, Chou J P C. The relationship between mobile service quality, perceived technology compatibility, and users' perceived playfulness in the context of mobile information and entertainment services［J］. International Journal of Human-Computer Interaction, 2008, 24(7)：649-671.

［243］Tenenhaus M, Vinzi V E, Chatelin Y M, et al. PLS path modeling［J］. Computational statistics & data analysis, 2005, 48(1)：159-205.

［244］Teo H H, Wei K K, Benbasat I. Predicting Intention to Adopt Interorganizational Linkages：An Institutional Perspective［J］. MIS Quarterly, 2003, 27(1)：19-49.

［245］The Importance of User Experience［EB/OL］. ［2018-06-22］. https://experiencedynamics. blogs. com/site _ search _ usability/2006/09/the_importance_html.

［246］Thüring M, Mahlke S. Usability, aesthetics and emotions in human-technology interaction［J］. International journal of psychology, 2007, 42(4)：253-264.

［247］Tous R, Delgado J. Standards for query formalization in mobile visual search［C］//International Conference on Mobile Multimedia Communications. Springer, Berlin, Heidelberg, 2011：180-193.

［248］Tous R, Delgado J. Uniform query formalization in mobile visual search：From standards to practice［J］. Signal Processing Image Communication, 2012, 27(8)：883-892.

［249］Tsai S S, Chen D, Takacs G, et al. Fast geometric re-ranking for image-based retrieval［C］//Image Processing (ICIP), 2010 17th IEEE International Conference on. IEEE, 2010：1029-1032.

［250］Tsai S S, Chen H, Chen D M, et al. Mobile Visual Search with

Word-HOG Descriptors [C]//Data Compression Conference. IEEE, 2015:343-352.

[251] Tsai S S, Chen H, Chen D, et al. Mobile visual search on printed documents using text and low bit-rate features [C]//IEEE International Conference on Image Processing. IEEE, 2011: 2601-2604.

[252] Tsai S S, Chen H, Chen D, et al. Mobile visual search using image and text features [C]//Signals, Systems and Computers. IEEE, 2012:845-849.

[253] UPA (Usability Professional's Association). Usability Body of Knowledge [EB/OL]. [2018-06-20]. http://usabilitybok. org/glossary/19#letteru.

[254] Urbach N, Ahlemann F. Structural equation modeling in information systems research using Partial Least Squares [J]. Jitta Journal of Information Technology Theory & Application, 2010, 11(2): 5-40.

[255] Vajda P, Ivanov I, Goldmann L, et al. On optimal solutions for mobile image retrieval applications [EB/OL]. [2019-08-26]. http://infoscience. epfl. ch/record/167602/files/Article. pdf.

[256] Venkatesh V, Davis F D. A Theoretical Extension of the Technology Acceptance Model:Four Longitudinal Field Studies [J]. Management Science, 2000, 46(2):186-204.

[257] Venkatesh V, Thong J Y L, Xu X. Consumer acceptance and use of information technology:extending the unified theory of acceptance and use of technology [J]. MIS quarterly, 2012:157-178.

[258] Venkatesh V, Morris M G. Why don't men ever stop to ask for directions? Gender, social influence, and their role in technology acceptance and usage behavior [J]. MIS quarterly, 2000:115-139.

[259] Venkatesh V, Morris M G, Davis G B, et al. User acceptance of information technology:Toward a unified view [J]. MIS quarterly,

2003:425-478.

[260] Vyas D, van der Veer G C. APEC:A framework for designing experience[EB/OL]. [2019-05-11]. https://www. researchgate. net/publication/251990033_APEC_A_Framework_for_Designing _Experience.

[261] Wallace W L. The logic of science in sociology[M]. New York: Transaction Publishers, 1971:18.

[262] Wang C Y, Ke H R, Lu W C. Design and performance evaluation of mobile web services in libraries:A case study of the Oriental Institute of Technology Library[J]. The Electronic Library, 2012, 30(1):33-50.

[263] Wang E T G, Wang E T G, Fang Y H, et al. Understanding customers' repeat purchase intentions in B2C e-commerce: the roles of utilitarian value, hedonic value and perceived risk[J]. Information Systems Journal, 2013, 24(1):85-114.

[264] Wang J, Shen H T, Song J, et al. Hashing for Similarity Search: A Survey [OL]. [2019-06-25]. https://arxiv. org/pdf/1408. 2927. pdf.

[265] Wang Y, Chen K, Zhou Y, et al. An Improved Offline Stable Point Filtering Method for Mobile Search Application[C]//International Conference on Information Engineering and Computer Science. IEEE, 2009:1-5.

[266] Wang Y, Mei T, Wang J, et al. JIGSAW:interactive mobile visual search with multimodal queries[C]//ACM International Conference on Multimedia. ACM, 2011:73-82.

[267] Webb H W, Webb L A. SiteQual:an integrated measure of Web site quality[J]. Journal of Enterprise Information Management, 2004, 17(6):430-440.

[268] Quesenbery W. Balancing the 5Es of Usability[J]. Cutter IT Journal, 2004, 17(2):4-11.

[269] Wixom B H, Todd P A. A Theoretical Integration of User Satis-

faction and Technology Acceptance[J]. Information Systems Research, 2005, 16(1):85-102.

[270]Wu B, Chen X. Continuance intention to use MOOCs: Integrating the technology acceptance model (TAM) and task technology fit (TTF) model[J]. Computers in Human Behavior, 2017, 67 (FEB.):221-232.

[271]Wu H, Li H, Flierl M. An embedded 3D geometry score for mobile 3D visual search[C]//IEEE, International Workshop on Multimedia Signal Processing. IEEE, 2017:1-6.

[272]Xia J, Gao K, Zhang D, et al. Geometric context-preserving progressive transmission in mobile visual search[C]//ACM International Conference on Multimedia. ACM, 2012:953-956.

[273]Xie H, Gao K, Zhang Y, et al. Efficient feature detection and effective post-verification for large scale near-duplicate image search[J]. IEEE TRANSACTIONS on multimedia, 2011, 13 (6):1319-1332.

[274]Xu D J, Abdinnour S, Chaparro B. An Integrated Temporal Model of Belief and Attitude Change: An Empirical Test With the iPad[J]. Journal of the Association for Information Systems, 2017, 18(2):113-140.

[275]Xu F, Tian M, Xu G, et al. Understanding Chinese users' switching behaviour of cloud storage services[J]. The Electronic Library, 2017, 35(2):214-232.

[276]Xu J D, Benbasat I, Cenfetelli R T. Integrating service quality with system and information quality: An empirical test in the e-service context[J]. MIS Quarterly, 2013, 37(3):337-352.

[277]Xu J, Benbasat I, Cenfetelli R T. The nature and consequences of trade-off transparency in the context of recommendation agents[J]. MIS Quarterly, 2014, 38(2):379-406.

[278]Yabushita H, Osawa T, Shimamura J, et al. Mobile visual search for 3-D objects: Matching user-captured video to single reference

image[C]//Consumer Electronics. IEEE, 2013:122-123.

[279] Yang D S, Lee Y H. Mobile image retrieval using integration of geo-sensing and visual descriptor[C]//Network-Based Information Systems (NBiS), 2012 15th International Conference on. IEEE, 2012:743-748.

[280] Yang X, Cheng K T T. Mobile Image Search: Challenges and Methods[M]//Mobile Cloud Visual Media Computing. Springer International Publishing, 2015.

[281] Yang X, Liu L, Qian X, et al. Mobile visual search via hievarchical sparse coding[C]//IEEE International Conference on Multimedia and Expo. IEEE, 2014:1-6.

[282] Yang X, Pang S, Cheng K T T. Mobile image search with multimodal context-aware queries[C]//Computer Vision and Pattern Recognition Workshops. IEEE, 2010:25-32.

[283] Yeh S T, Fontenelle C. Usability study of a mobile website: the Health Sciences Library, University of Colorado Anschutz Medical Campus, experience[J]. Journal of the Medical Library Association:JMLA, 2012, 100(1):64-68.

[284] Ylitalo J. Controlling for common method variance with partial least squares path modeling: A Monte Carlo study[J]. Research project, Helsinki University of Technology, 2009.

[285] Zeng K, Wu N, Kang K Y. A Color Boosted Local Feature Extraction Method for Mobile Product Search[J]. International Journal on Recent Trends in Engineering & Technology, 2014, 10 (2):78-84.

[286] Zeng L, Salvendy G, Zhang M. Factor structure of web site creativity[J]. Computers in Human Behavior, 2009, 25(2):568-577.

[287] Zhang D, Adipat B. Challenges, methodologies, and issues in the usability testing of mobile applications[J]. International journal of human-computer interaction, 2005, 18(3):293-308.

[288]Zhang G, Zeng Z, Zhang S, et al. Transmitting informative components of fisher codes for mobile visual search[C]//IEEE International Conference on Acoustics, Speech and Signal Processing. IEEE, 2015:1136-1140.

[289]Zhang K Z K, Lee M K O, Cheung C M K, et al. Understanding the role of gender in bloggers' switching behavior[J]. Decision Support Systems, 2009, 47(4):540-546.

[290]Zhang M, Li S, Lin X, et al. Fast verification via statistical geometric for mobile visual search[J]. Multimedia Systems, 2016, 22(4):525-534.

[291]Zhang M, Qiu G, Alechina N, et al. A Preliminary Examination of the User Behavior in Query-by-Drawing Portrait Painting Search on Mobile Devices[C]//International Conference on Advances in Mobile Computing & Multimedia. ACM, 2015:117-121.

[292]Zhang N, Mei T, Hua X S, et al. Interactive mobile visual search for social activities completion using query image contextual model[C]//IEEE, International Workshop on Multimedia Signal Processing. IEEE, 2012:238-243.

[293]Zhang N, Mei T, Hua X S, et al. TapTell:Interactive visual search for mobile task recommendation[J]. Journal of Visual Communication & Image Representation, 2015, 29:114-124.

[294]Zhang N, Mei T, Hua X S, et al. Tap-to-search:Interactive and contextual visual search on mobile devices[C]//IEEE, International Workshop on Multimedia Signal Processing. IEEE, 2011:1-5.

[295]Zhang P, Li N. The importance of affective quality[J]. Communications of the ACM, 2005, 48(9):105-108.

[296]Zhang Q, Li Z, Du Y, et al. A Novel Progressive Transmission in Mobile Visual Search[C]//IEEE, International Conference on Dependable, Autonomic and Secure Computing. IEEE, 2014:259-264.

［297］Zhang X, Wang Y, Liu Z, et al. Selectively Aggregated Fisher Vectors of Query Video for Mobile Visual Search［C］//IEEE Second International Conference on Multimedia Big Data. IEEE, 2016:334-341.

［298］Zhao B, Zhao H W, Liu P P, et al. A New Mobile Visual Search System Based on the Human Visual System［J］. Applied Mechanics & Materials, 2013, 461(461):792-800.

［299］Zhou W, Yang M, Li H, et al. Towards Codebook-Free:Scalable Cascaded Hashing for Mobile Image Search［J］. IEEE Transactions on Multimedia, 2014, 16(3):601-611.

［300］Zhao Y, Liu J, Tang J, et al. Conceptualizing perceived affordances in social media interaction design［C］//Aslib Proceedings. Emerald Group Publishing Limited, 2013, 65(3):289-303.

［301］Zhu Q, Ma T. A Research Framework for Mobile Visual Search of Digital Library［C］//KLISS 2016 Proceedings of Korean Library and Information Science Society No. 1, 2016:215-223.

二、中文参考文献

［1］艾媒咨询. 2017—2018 中国移动电商行业研究报告［EB/OL］.［2018-05-20］. http://report. iimedia. cn/report. jsp? reportId=2468.

［2］艾媒咨询. 2018Q1 中国移动搜索市场研究报告［EB/OL］.［2018-05-20］. http://report. iimedia. cn/report. jsp? reportId=2442.

［3］陈娟, 邓胜利. 社会化问答平台用户体验影响因素实证分析——以知乎为例［J］. 图书情报工作, 2015, 59(24):102-108.

［4］陈娟, 钟雨露, 邓胜利. 移动社交平台用户体验的影响因素分析与实证——以微信为例［J］. 情报理论与实践, 2016, 39(1):95-99.

［5］陈明红, 甄慧琳, 韦芷晴, 张玉子, 徐玮婕. 移动视觉搜索行为

意向模型及实证研究[J].图书馆论坛,2018(12):1-10.

[6]陈向明.扎根理论的思路和方法[J].教育研究与实验,1999(4):58-63.

[7]崔竞烽,郑德俊,孙钰越,等.用户体验视角下的图书馆微信公众平台满意度研究[J].图书馆论坛,2018(3):133-140.

[8]丁一,郭伏,胡名彩等.用户体验国内外研究综述[J].工业工程与管理,2014,19(4):92-97.

[9]段凌宇,黄铁军,高文.移动视觉搜索技术研究与标准化进展[J].信息通信技术,2012(6):51-58.

[10]董晶,吴丹.基于移动视觉搜索技术的智慧公共文化服务模型研究[J].图书与情报,2018(02):16-23.

[11]段凌宇,黄铁军,等.移动视觉搜索技术瓶颈与挑战[J].中国计算机学会通讯,2012,8(12):8-15.

[12]范哲,刘轶伦.感知有用与易用对用户移动视觉搜索行为意向的影响分析[J].情报资料工作,2020,41(01):79-86.

[13]关磊.高校图书馆微信平台阅读推广成效影响因素研究——以TAM和D&M模型为视角[J].图书馆,2020(06):80-89.

[14]国际电信联盟(ITU).2017年全球信息通信技术事实与数字[EB/OL].[2018-05-18].https://www.itu.int/en/ITU-D/Statistics/Documents/facts/ICTFactsFigures2017.pdf.

[15]韩玺,张玥,朱庆华.基于移动视觉搜索的图书馆、档案馆、博物馆资源融合服务模式研究[J].情报资料工作,2018(02):63-70.

[16]何秀美,朱庆华,沈超.用户场景驱动的移动视觉搜索资源组织研究[J].图书馆学研究,2019(04):46-52.

[17]衡星.基于几何信息的近相似图像检索[D].电子科技大学,2016:3-4.

[18]胡昌平,邓胜利.基于用户体验的网站信息构建要素与模型分析[J].情报科学,2006,24(3):321-325.

[19]胡蓉,唐振贵,朱庆华.混合需求驱动的文内视觉资源移动视觉搜索框架[J].情报学报,2018,37(03):285-293.

[20] 黄丽姿. 基于服务融合的数字图书馆移动视觉搜索研究 [D]. 华中师范大学, 2019:32-47.

[21] 黄务兰, 张涛. 基于结构方程模型的移动图书馆用户体验研究——以常州大学移动图书馆为例 [J]. 图书馆志, 2017, 36 (04):80-89.

[22] 贾佳, 唐胜, 谢洪涛, 等. 移动视觉搜索综述 [J]. 计算机辅助设计与图形学学报, 2017, 29(6):1007-1021.

[23] 金小璞, 毕新. 基于用户体验的移动图书馆服务质量影响因素分析 [J]. 情报理论与实践, 2016, 39(06):99-103.

[24] 金小璞, 毕新. 基于结构方程的移动图书馆用户体验满意度模型研究 [J]. 情报科学, 2017, 35(11):94-98,131.

[25] 金小璞, 陈娇, 徐芳. 基于用户体验的移动图书馆服务质量提升机制构建 [J]. 现代情报, 2017, 37(11):87-92,104.

[26] 金燕. 基于用户体验的协同内容创建系统质量保证措施——以百度百科为例 [J]. 情报理论与实践, 2016, 39(03):6-9,25.

[27] 金燕, 杨康. 基于用户体验的信息质量评价指标体系研究——从用户认知需求与情感需求角度分析 [J]. 情报理论与实践, 2017, 40(2):97-101.

[28] 雷方元, 戴青云, 赵慧民, 蔡君, 魏文国. 移动视觉搜索中无线网络带宽技术研究进展 [J]. 中山大学学报(自然科学版), 2016, 55(01):68-74,79.

[29] 李晨晖, 张兴旺, 秦晓珠. 基于大数据的文化遗产数字图书馆移动视觉搜索机制建设研究 [J]. 情报理论与实践, 2018, 41 (04):139-144,133.

[30] 林杰. 面向移动视觉搜索的紧凑聚合描述子研究 [D]. 北京交通大学, 2014:1.

[31] 李君君, 叶凤云, 曹园园. 移动数字阅读用户体验态行为模型及实证研究 [J]. 现代情报, 2019, 39(03):24-34,149.

[32] 李君君, 曹园园. 基于用户体验的电子政务门户网站公众采纳行为的实证研究 [J]. 现代情报, 2015, 35(12):25-30.

[33] 李默. 基于深度学习的智慧图书馆移动视觉搜索服务模式研

究[J]. 现代情报, 2019, 39(05):89-96.

[34]李宇佳, 张向先, 张克永. 用户体验视角下的移动图书馆用户需求研究——基于系统动力学方法[J]. 图书情报工作, 2015, 59(06):90-96, 119.

[35]廖小丽, 胡媛. 基于用户体验的团购网站信息构建模型研究[J]. 图书情报工作, 2012, 56(10):138-143.

[36]刘鲁川, 李旭, 张冰倩. 基于扎根理论的社交媒体用户倦怠与消极使用研究[J]. 情报理论与实践, 2017, 40(12):100-106.

[37]刘阳, 朱君璇. 基于移动社交网络的用户体验动态测量研究[J]. 情报理论与实践, 2018, 41(06):106-110.

[38]马腾腾, 赵宇翔, 朱庆华. 国外移动视觉搜索产品的比较分析研究[J]. 图书馆杂志, 2016(9):81-88.

[39]孟猛, 朱庆华. 数字图书馆信息质量、系统质量与服务质量整合研究[J]. 现代情报, 2017(08):5-13.

[40]明均仁, 张俊. 高校移动图书馆 APP 用户满意度的影响因素[J]. 图书馆论坛, 2018, 38(04):84-94.

[41][美]阿尔文·托夫勒著; 蔡伸章译. 未来的冲击[M]. 北京: 中信出版社, 2006:128.

[42][美]安德森. 怦然心动: 情感化交互设计指南(修订版)[M]. 侯景艳等, 译. 2版. 北京: 人民邮电出版社, 2015:11-12.

[43][美]施密特. 体验营销: 如何增强公司及品牌的亲和力[M]. 刘银娜等, 译. 清华大学出版社, 2004:60-65.

[44][美]加瑞特. 用户体验要素: 以用户为中心的产品设计[M]. 范晓燕, 译. 北京: 机械工业出版社, 2011:28-30.

[45][美]唐纳德·A. 诺曼. 情感化设计[M]. 何笑梅等, 译. 北京: 中信出版集团, 2015:48-75.

[46]裴一蕾, 薛万欣, 李丹丹. 基于 TAM 的搜索引擎用户体验与用户忠诚关系的实证研究[J]. 情报科学, 2017, V35(1):84-87.

[47]彭柯, 胡蓉, 朱庆华. 数字阅读平台的用户体验影响因素实证研究[J]. 数字图书馆论坛, 2015(11):2-10.

[48]齐炳金, 武忠. 移动社会化媒体用户体验与知识共享的关系研

究[J]. 情报理论与实践, 2015, 38(03):35-39.

[49] 齐云飞, 赵宇翔, 朱庆华. 关联数据在数字图书馆移动视觉搜索系统中的应用研究[J]. 数据分析与知识发现, 2017, 1(01):81-90.

[50] 乔红丽. 移动图书馆用户体验的结构方程模型分析[J]. 情报科学, 2017, 35(02):56-62.

[51] 邱皓政. 量化研究与统计分析:SPSS(PASW)数据分析范例解析[M]. 重庆:重庆大学出版社, 2017:333-343.

[52] 曲霏, 张慧颖. 高校虚拟社区用户体验的量表设计与实证分析[J]. 天津大学学报(社会科学版), 2016, 18(1):38-43.

[53] 沈军威, 倪峰, 郑德俊. 移动图书馆平台的用户体验测评[J]. 图书情报工作, 2014, 58(23):54-60.

[54] 施国洪, 王凤. 基于用户体验的高校移动图书馆服务质量评价体系研究[J]. 情报资料工作, 2017(06):62-67.

[55] 施涛, 姜亦珂, 陈倩. 网络问答社区用户知识创新行为模式的影响因素:基于扎根理论的研究[J]. 图书情报知识, 2017(5):120-128.

[56] 史昱天, 韩玺, 朱庆华, 等. 国内主流移动视觉搜索工具的比较研究[J]. 图书馆学研究, 2017(21):65-71.

[57] 孙利. 用户体验形成基本机制及其设计应用[J]. 包装工程, 2014(10):29-32.

[58] 孙翌, 周锋, 张浩. 移动视觉搜索在特色资源服务中的应用实践[J]. 现代情报, 2017, 37(09):107-113.

[59] 孙晓枫, 赵新军, 钟莹. 基于技术进化定律的用户体验设计模型研究[J]. 工业技术经济, 2017, 36(10):145-150.

[60] 王丙炎, 张卫. 手机阅读平台用户体验影响因子分析[J]. 出版科学, 2016, 24(05):91-96.

[61] 王济川等. 结构方程模型:方法与应用[M]. 北京:高等教育出版社, 2011:1-2.

[62] 王靖芸, 魏群义. 移动图书馆用户体验影响因素 Meta 分析[J]. 国家图书馆学刊, 2018, 27(05):44-53.

[63]王陆军.基于情景感知的移动应用用户体验设计研究[D].北京邮电大学,2014:19-20.

[64]王晰巍,任明铭.移动阅读工具对用户体验的影响因素研究[J].现代情报,2019,39(02):73-84.

[65]王玉风,孙宇,宫承波.基于视频新闻的用户体验要素模型探究[J].当代传播,2018(05):101-106.

[66]王毅,魏扣.优化用户体验的数字档案资源服务策略研究[J].档案学通讯,2017(01):64-69.

[67]魏群义,李艺亭,姚媛.移动图书馆用户体验评价指标体系研究——以重庆大学微信图书馆平台为例[J].国家图书馆学刊,2018,27(05):21-31.

[68]吴丹,毕仁敏.移动图书馆与非移动图书馆用户检索点比较分析[J].图书情报工作,2016,60(18):21-26.

[69]吴丹,冉爱华.移动阅读应用的用户体验比较研究[J].现代图书情报技术,2015(Z1):73-79.

[70]吴明隆.结构方程模型:AMOS的操作与应用.第2版[M].重庆大学出版社,2010.

[71]吴寿进,方文昌,黄恒奖.虚拟社群成员识别匿名性与群体规范之研究:外在自我觉察与社群认同之中介效果[J].资讯管理学报,2012,19(02):315-347.

[72]谢金文,邹霞.移动新闻用户体验模型构建及实证研究——基于上海5所高校学生的调查[J].西南民族大学学报(人文社科版),2017,38(7):119-124.

[73]闫亚婷.基于移动视觉搜索的户外植物知识拓展学习系统的研究与实现[D].华中师范大学,2016:18-50.

[74]杨雪梅,李信,沈丽宁.用户体验视角下APP评价指标体系构建[J].数字图书馆论坛,2017(2):59-66.

[75]姚媛,许天才.移动图书馆用户体验评价结构模型研究[J].国家图书馆学刊,2018,27(05):32-43.

[76]袁红.消费者社会化搜寻行为研究[M].武汉大学出版社,2014.

293

[77] 曾子明, 蒋琳. 融合情境的智慧图书馆移动视觉搜索服务研究[J]. 现代情报, 2019, 39(12):46-54.

[78] 曾子明, 秦思琪. 智慧图书馆移动视觉搜索服务及其技术框架研究[J]. 情报资料作, 2017, (04):61-67.

[79] 曾子明, 秦思琪. 去中心化的智慧图书馆移动视觉搜索管理体系[J]. 情报科学, 2018, 36(01):11-15,60.

[80] 曾子明, 秦思琪. 面向数字人文的移动视觉搜索模型研究[J]. 情报资料工作, 2018(06):21-28.

[81] 曾子明, 宋扬扬. 面向文化遗产领域的移动视觉搜索模型研究[J]. 图书馆论坛, 2019, 39(03):64-71.

[82] 曾子明, 宋扬扬. 基于 SoLoMo 的智慧图书馆移动视觉搜索服务研究[J]. 图书馆, 2017, (07):92-98.

[83] 曾子明, 周知. 大数据环境下面向科研用户的移动视觉搜索模型研究[J]. 情报理论与实践, 2017, 40(08):126-130,98.

[84] 张晋朝. 信息需求调节下社会化媒体用户学术信息搜寻行为影响规律研究[D]. 武汉大学, 2015:66-67.

[85] 张亭亭, 赵宇翔, 朱庆华. 数字图书馆移动视觉搜索的众包模式初探[J]. 情报资料工作, 2016, (04):11-18.

[86] 张晓飞. 基于现状偏差理论在线医疗服务采纳阻碍因素研究[D]. 哈尔滨工业大学, 2014:38-39.

[87] 张兴旺, 黄晓斌. 国外移动视觉搜索研究述评[J]. 中国图书馆学报, 2014, 40(3):114-128.

[88] 张兴旺, 李晨晖. 数字图书馆移动视觉搜索机制建设的若干关键问题[J]. 图书情报工作, 2015, 59(15):42-48.

[89] 张兴旺, 郑聪. 领域导向的数字图书馆移动视觉搜索引擎建设研究[J]. 图书与情报, 2016(05):40-47.

[90] 赵卫东, 吴继红, 王颖. 组织学习对员工—组织匹配的影响——知识惯性调节作用的实证研究[J]. 管理工程学报, 2012, 26(3):7-14.

[91] 赵宇翔, 薛翔. 移动音乐 App 用户体验设计中感知示能性的理论构建与验证:基于版本数据的内容分析[J]. 图书馆论坛,

2019, 39(05):67-78.

[92]张熠,朱琪,李孟.用户体验视角下国内移动学习 APP 评价指标体系构建——基于 D-S 证据理论[J].情报杂志,2019,38(02):187-194.

[93]赵宇翔,张苹,朱庆华.社会化媒体中用户体验设计的理论视角:动因支撑模型及其设计原则[J].中国图书馆学报,2011,37(5):36-45.

[94]赵宇翔,朱庆华.大数据环境下移动视觉搜索的游戏化机制设计[J].情报资料工作,2016,(04):19-25.

[95]中国互联网络信息中心(CNNIC).第 42 次中国互联网络发展状况统计报告[EB/OL].[2018-08-21].http://www.cnnic.net.cn/gywm/xwzx/rdxw/20172017_7047/201808/P020180820603445431468.pdf.

[96]钟志鹏,王涌天,陈靖,刘越.一个基于移动视觉搜索技术的博物馆导览系统[J].计算机辅助设计与图形学学报,2012,24(04):555-562.

[97]周德民等.社会调查方法教程[M].北京:中国劳动社会保障出版社,2008.

[98]周涛.移动商务用户行为机理研究[M].北京:清华大学出版社,2017:20-28.

[99]朱庆华.大数据环境下数字资源移动视觉搜索机制[J].情报资料工作,2016,37(4):5-5.

[100]樽本徹也.用户体验与可用性测试[M].陈啸,译.北京:人民邮电出版社,2015:7.

[101]左文明.电子商务服务设计与管理[M].北京:科学出版社,2017:17-18.

附录1 移动视觉搜索平台用户体验访谈提纲

为了帮助访谈对象更好地了解移动视觉搜索,保证访谈的顺利进行,首先对移动视觉搜索概念进行简单介绍,并列举一些移动视觉搜索产品,以辅助本次访谈活动。

1. 移动视觉搜索概念

移动视觉搜索是指利用移动终端将真实世界中实体对象的图像或视频(视觉对象)作为检索项,通过移动互联网搜索视觉对象关联信息的一种交互式信息检索方式。

2. 移动视觉搜索平台

国内移动视觉搜索平台,诸如淘宝的"拍立淘"、京东的"拍照购"、当当的"拍照购"、搜狗的"拍照搜衣"、拍图购、衣+、手机百度、手机360搜索、微软识花和形色等。

国外移动视觉搜索平台,比如 Google Goggles、Nokia's Point & Find、Kooaba、oMoby 和 Mobile Acuity 等。

提醒:本研究移动视觉搜索平台主要指淘宝的"拍立淘"和京东的"拍照购"等移动电子商务平台的拍照搜索。

第一部分　基本信息

1. 您的性别

□男

□女

2. 您的年龄段

□24 岁以下

□25～30 岁

□31～35 岁

□36～40 岁

□41 岁以上

3. 您目前的受教育水平

□专科及以下

□本科

□硕士

□博士及以上

4. 您的专业＿＿＿＿＿＿

5. 您使用 MVS 平台的经验

□半年以下

□半年～1 年(不含 1 年)

□1 年～2 年(不含 2 年)

□2 年～3 年(不含 3 年)

□3 年及以上

6. 您的职业＿＿＿＿＿＿

第二部分　访谈内容

1. 您是否使用过移动视觉搜索或者对移动视觉搜索是否有所了解？（如果您使用过，访谈内容为2、3、6；如果您未使用过，但是有所了解时，访谈内容为4、5、6）

2. 请您打开手机，演示一下使用移动视觉搜索的过程？

3. 请问您对刚才的移动视觉搜索体验满意还是不满意？

（1）（倾向满意时）就您的体验来说，您感觉刚才搜索过程中让您感到满意的因素有哪些？

（2）（倾向不满意时）就您的体验来说，您感觉刚才搜索过程中让您感到不满意的因素有哪些？

4. 请介绍一下您对移动视觉搜索的认识和了解？

5. 您现在已经对移动视觉搜索有一些基本的了解，接下来您有愿意去尝试吗？

6. 您对移动视觉搜索以后的发展有什么期望？

访谈结束后，请受访者提供其他有资格可以接受访谈的人员名单，扩大被访者范围。

附录2 移动视觉搜索平台用户体验访谈名单

姓名	性别	学历	专业	职业	年龄段	使用经验
史**	男	硕士	情报学	学生	24岁以下	3年及以上
何**	男	博士	情报学	学生	25~30岁	2年~3年（不含3年）
程**	女	博士	情报学	学生	25~30岁	2年~3年（不含3年）
齐**	女	博士	情报学	学生	25~30岁	3年及以上
肖**	男	博士	情报学	学生	25~30岁	2年~3年（不含3年）
钱**	女	硕士	情报学	学生	25~30岁	2年~3年（不含3年）
朱**	男	硕士	情报学	学生	24岁以下	3年及以上
董**	男	硕士	情报学	学生	25~30岁	3年及以上
刘**	女	本科	社会学	学生	24岁以下	2年~3年（不含3年）
剧**	女	博士	情报学	学生	25~30岁	3年及以上
刘**	男	本科	汉语言文学	学生	24岁以下	2年~3年（不含3年）

续表

姓名	性别	学历	专业	职业	年龄段	使用经验
王　*	女	本科	汉语言文学	学生	24 岁以下	2 年~3 年 (不含 3 年)
蔡**	女	本科	汉语言文学	学生	24 岁以下	2 年~3 年 (不含 3 年)
张**	女	本科	汉语言文学	学生	24 岁以下	2 年~3 年 (不含 3 年)
高**	男	本科	汉语言文学	学生	24 岁以下	1 年~2 年 (不含 2 年)
彭**	男	本科	汉语言文学	学生	24 岁以下	1 年~2 年 (不含 2 年)
李**	女	本科	汉语言文学	学生	24 岁以下	2 年~3 年 (不含 3 年)
苏**	女	本科	市场营销	学生	24 岁以下	2 年~3 年 (不含 3 年)
吴**	女	本科	市场营销	学生	24 岁以下	2 年~3 年 (不含 3 年)
钱**	女	本科	市场营销	学生	24 岁以下	2 年~3 年 (不含 3 年)
舒**	女	本科	市场营销	学生	24 岁以下	2 年~3 年 (不含 3 年)
刘**	女	本科	市场营销	学生	24 岁以下	2 年~3 年 (不含 3 年)
李**	女	本科	市场营销	学生	24 岁以下	2 年~3 年 (不含 3 年)
邱**	男	本科	市场营销	学生	24 岁以下	2 年~3 年 (不含 3 年)
饶**	男	本科	计算机科学 与技术	程序员	25~30 岁	1 年~2 年 (不含 2 年)

姓名	性别	学历	专业	职业	年龄段	使用经验
王 *	女	本科	计算机科学与技术	前端设计师	25~30 岁	1 年~2 年（不含 2 年）
李 **	女	本科	计算机科学与技术	原型设计师	25~30 岁	1 年~2 年（不含 2 年）
陈 **	女	本科	电子信息	核保员	25~30 岁	1 年~2 年（不含 2 年）
潘 **	女	本科	税务	核保主管	31~35 岁	1 年~2 年（不含 2 年）
潘 **	男	本科	土木工程	学生	24 岁以下	2 年~3 年（不含 3 年）
冯 **	男	本科	数学	核保主管	31~35 岁	2 年~3 年（不含 3 年）
冯 **	男	本科	电气自动化	公务员	36~40 岁	1 年~2 年（不含 2 年）
王 **	男	博士	农业经济管理	科研人员	31~35 岁	半年以下
梅 **	男	博士	汉语言文学	教师	41 岁以上	1 年~2 年（不含 2 年）
黎 **	女	硕士	汉语言文学	教师	31~35 岁	1 年~2 年（不含 2 年）
曾 **	男	硕士	农学	教师	31~35 岁	1 年~2 年（不含 2 年）
詹 **	男	本科	通信工程	工程师	31~35 岁	1 年~2 年（不含 2 年）
孟 **	女	硕士	会计学	出纳	31~35 岁	1 年~2 年（不含 2 年）
陈 **	男	本科	计算机科学与技术	工程师	36~40 岁	2 年~3 年（不含 3 年）

附录3 移动视觉搜索平台用户体验影响因素初始量表修订意见的征求

尊敬的女士/先生：

您好！

感谢您参与此次初始量表的修订工作，您的意见将对修订"移动视觉搜索平台用户体验影响因素初始量表"起到重要的作用。初始量表共有45个测量题目，请您对这些测量题目的质量（包括测量题目的清晰度，测量题目之间的相关度以及测量题目对潜变量的解释程度）进行"专家认可程度"评分，认可度分为五个等级，其中"1"为非常不同意、"2"为不同意、"3"为无看法、"4"为同意、"5"为非常同意。请在每个测量题目后面的空格中打"√"或标记"1"等字样或做出其他明显的标记。

如果您认为某些测量题目有多余或重复之嫌，可通过选择"非常不同意"表示您的意见。除此之外，还有11个关于问卷反馈意见的问题。如对于该初始量表有任何问题，可随时与笔者联系。您的支持将是本次研究成功的关键，衷心感谢您的参与和合作！

1. 移动视觉搜索概念

移动视觉搜索是指利用移动终端将真实世界中实体对象的图像或视频（视觉对象）作为检索项，通过移动互联网搜索视觉对象关联信息的一种交互式信息检索方式。

2. 移动视觉搜索平台

国内移动视觉搜索平台，诸如淘宝的"拍立淘"、京东的"拍照购"、当当的"拍照购"、搜狗的"拍照搜衣"、拍图购、衣+、手机百度、手机 360 搜索、微软识花和形色等。

国外移动视觉搜索平台，比如 Google Goggles、Nokia's Point&Find、Kooaba、oMoby 和 Mobile Acuity 等。

提醒：本研究移动视觉搜索(MVS)平台主要指淘宝的"拍立淘"和京东的"拍照购"等移动电子商务平台的拍照搜索。

第一部分　MVS 平台用户体验影响因素初始量表初稿

请您对测量题目的质量(包括测量题目的清晰度，测量题目之间的相关度以及测量题目对潜变量的解释程度)进行"专家认可程度"评分，如您认为"MVS 平台搜索出的产品图片等信息是正确的。"能够有效反映"准确性"并且非常同意，请您在专家认可程度"非常同意"这一列标空格中打"√"或标记"1"等字样或做出其他明显的标记。

1. 信息质量(Information Quality)：在利用 MVS 平台进行图片搜索时，用户对 MVS 平台搜索出的产品图片等信息的感知，并且受到"准确性、真伪性、完整性"三个维度的影响。

1.1　准确性(Accuracy)是指 MVS 平台搜索出的产品图片等信息的准确程度。

测　量　题　目	专家认可程度				
	非常不同意	不同意	无看法	同意	非常同意
MVS 平台搜索出的产品图片等信息是正确的					

续表

测　量　题　目	专家认可程度				
	非常不同意	不同意	无看法	同意	非常同意
MVS平台搜索出的产品图片等信息很少有错误					
MVS平台搜索出的产品图片等信息是准确的					
MVS平台搜索出的产品图片等信息正是我需要的					
MVS平台搜索出的产品图片等信息在颜色、纹理、形状等方面符合我的要求					
如果您认为需要添加哪些测量题目？删除哪些测量题目？合并哪些测量题目？可在此提出修改建议：					

1.2　真伪性(Authenticity)是指MVS平台搜索出的产品图片的真实程度。

测　量　题　目	专家认可程度				
	非常不同意	不同意	无看法	同意	非常同意
我感觉MVS平台搜索出的有些产品图片是PS过的					
我感觉MVS平台搜索出的有些产品等是廉价的					

续表

测 量 题 目	专家认可程度				
	非常不同意	不同意	无看法	同意	非常同意
我感觉 MVS 平台搜索出的有些产品等是仿制的					
我感觉 MVS 平台搜索出的有些产品等是盗版的					
MVS 平台搜索出的有些产品图片等信息与实际产品不符					
如果您认为需要添加哪些测量题目？删除哪些测量题目？合并哪些测量题目？可在此提出修改建议：					

1.3　完整性(Completeness)是指 MVS 平台搜索出的产品图片等信息内容的全面性以及产品种类的丰富性。

测 量 题 目	专家认可程度				
	非常不同意	不同意	无看法	同意	非常同意
MVS 平台搜索出的产品描述信息是完整的					
MVS 平台搜索出的产品描述信息是详细的					
MVS 平台搜索出的产品描述信息是全面的					
MVS 平台搜索出的产品型号非常全					

续表

测量题目	专家认可程度				
	非常不同意	不同意	无看法	同意	非常同意
MVS平台搜索出的产品种类非常多					
如果您认为需要添加哪些测量题目？删除哪些测量题目？合并哪些测量题目？可在此提出修改建议：					

2. 系统质量(System Quality)：在利用MVS平台进行图片搜索时，用户对MVS平台在搜索和输出产品图片等信息过程中的性能的感知，并且受到"便利性、及时性、可达性、灵活性"四个维度的影响。

2.1 便利性(Convenience)是指用户使用MVS平台进行图片搜索的轻松或困难程度。

测量题目	专家认可程度				
	非常不同意	不同意	无看法	同意	非常同意
对我来说，MVS平台的操作很简单					
对我来说，MVS平台的操作很方便					
对我来说，MVS平台的操作很快捷					
对我来说，使用MVS平台很省事					
MVS平台为我的生活提供很多便利					

续表

测 量 题 目	专家认可程度				
	非常 不同 意	不同 意	无看 法	同意	非常 同意
如果您认为需要添加哪些测量题目？删除哪些测量题目？合并哪些测量题目？可在此提出修改建议：					

2.2 及时性(Timeliness)是指 MVS 平台提供用户想要搜索结果的速度快慢。

测 量 题 目	专家认可程度				
	非常 不同 意	不同 意	无看 法	同意	非常 同意
MVS 平台操作响应及时					
MVS 平台搜索请求响应快速					
MVS 平台图片识别速度很快					
MVS 平台信息检索速度很快					
MVS 平台搜索结果立刻反馈					
如果您认为需要添加哪些测量题目？删除哪些测量题目？合并哪些测量题目？可在此提出修改建议：					

2.3　可达性(Accessibility)是指用户能够快速访问 MVS 平台的普及程度。

测　量　题　目	专家认可程度				
	非常不同意	不同意	无看法	同意	非常同意
对我来说，MVS 平台入口很方便					
对我来说，MVS 平台访问很轻松					
对我来说，MVS 平台访问很容易					
我可以使用"一键"打开 MVS 平台					
使用 MVS 平台进行搜索时，我不用点击几步即可进入					
如果您认为需要添加哪些测量题目？删除哪些测量题目？合并哪些测量题目？可在此提出修改建议：					

2.4　灵活性(Flexibility)是指 MVS 平台根据新的情况、需求或环境而改变或调整的能力。

测　量　题　目	专家认可程度				
	非常不同意	不同意	无看法	同意	非常同意
MVS 平台能够灵活地圈定图片搜索范围					
MVS 平台能够灵活地调整图片搜索范围大小					

续表

测量题目	专家认可程度				
	非常不同意	不同意	无看法	同意	非常同意
MVS 平台能够适应各种各样的需求，如各类产品的图片搜索					
MVS 平台能够灵活地适应新的需求，如搜索结果可以根据圈定图片搜索范围大小而自动改变					
MVS 平台能够灵活地应对图片搜索过程中出现的需求，如从各种视角拍摄图片进行搜索					
如果您认为需要添加哪些测量题目？删除哪些测量题目？合并哪些测量题目？可在此提出修改建议：					

3. 服务质量（Service Quality）：在 MVS 平台支持产品图片搜索和个人用户的具体任务过程中，用户对 MVS 平台提供的服务的感知，并且受到"有形性、移情性"两个维度的影响。

3.1　有形性（Tangibility）是指 MVS 平台操作界面的清晰性，版面的简洁性，以及视觉上的吸引力。

测量题目	专家认可程度				
	非常不同意	不同意	无看法	同意	非常同意
MVS 平台的按钮清楚					

续表

测 量 题 目	专家认可程度				
	非常 不同 意	不同 意	无看 法	同意	非常 同意
MVS平台的入口清晰					
MVS平台的页面简洁					
MVS平台的页面布局合理、长度合适					
MVS平台的页面在视觉上很吸引人					
如果您认为需要添加哪些测量题目？删除哪些测量题目？合并哪些测量题目？可在此提出修改建议：					

3.2 移情性(Empathy)是指MVS平台为用户在搜索产品图片等信息过程中提供关心和关注。

测 量 题 目	专家认可程度				
	非常 不同 意	不同 意	无看 法	同意	非常 同意
MVS平台能够给我提供推荐服务，如"猜你喜欢"					
MVS平台能够给我提供信息提示服务，如"点我照亮"					
MVS平台能够给我提供搜索"历史记录"服务					

续表

测 量 题 目	专家认可程度				
	非常 不同 意	不同 意	无看 法	同意	非常 同意
MVS 平台能够给我提供"打开相册"或"操作帮助"等服务					
MVS 平台能够给我提供二次筛选服务，如按照销量或其他分类进行筛选					
如果您认为需要添加哪些测量题目？删除哪些测量题目？合并哪些测量题目？可在此提出修改建议：					

第二部分　问卷反馈

1. 该调查问卷的说明部分是否清晰(　　　)

A 是　　　　B 否

如果否，请给出解释：

2. "1.1 准确性"中各个测量题目是否清晰(　　　)

A 是　　　　B 否

如果否，请给出解释：

3. "1.2 真伪性"中各个测量题目是否清晰(　　　)

A 是　　　　B 否

如果否，请给出解释：

4. "1.3 完整性"中各个测量题目是否清晰( )

A 是　　　B 否

如果否，请给出解释：

5. "2.1 便利性"中各个测量题目是否清晰( )

A 是　　　B 否

如果否，请给出解释：

6. "2.2 及时性"中各个测量题目是否清晰( )

A 是　　　B 否

如果否，请给出解释：

7. "2.3 可达性"中各个测量题目是否清晰( )

A 是　　　B 否

如果否，请给出解释：

8. "2.4 灵活性"中各个测量题目是否清晰( )

A 是　　　B 否

如果否，请给出解释：

9. "3.1 有形性"中各个测量题目是否清晰( )

A 是　　　B 否

如果否，请给出解释：

10. "3.2 移情性"中各个测量题目是否清晰( )

A 是　　　B 否

如果否，请给出解释：

11. 请从总体上对如何改进该问卷提出意见或建议。

附录 4 移动视觉搜索平台用户体验影响因素初始量表修订稿的预调研

尊敬的女士/先生：

您好！

感谢您参与此次初始量表的预调研工作。作为移动视觉搜索（MVS）平台的使用者，您的答案将给笔者开展"MVS 平台用户体验研究"带来很大帮助。本次调研主要目的是进一步分析"修订后的 MVS 平台用户体验影响因素初始量表"是否能够真正反映影响 MVS 平台用户体验的因素，以及检验初始量表的可行性和各个测量题目的含义是否清晰、易理解。请您根据自己使用 MVS 平台的实际情况，在每个测量题目后面的空格中打"√"或做出其他明显的标记（若无特别说明，每题只选一个答案）。其中，"1"为完全不同意、"2"为不同意、"3"为比较不同意、"4"为不确定、"5"为比较同意、"6"为同意、"7"为完全同意。

目前，问卷初稿有 44 个问题项（均为选择题）。请您在回答完问卷的第一部分后，根据自己使用 MVS 平台的实际情况，填写问卷的第二部分。您的支持将是本次研究成功的关键，衷心感谢您的参与和合作！

1. 移动视觉搜索概念

移动视觉搜索是指利用移动终端将真实世界中实体对象的图像或视频（视觉对象）作为检索项，通过移动互联网搜索视觉对象关联信息的一种交互式信息检索方式。

2. 移动视觉搜索平台

国内移动视觉搜索平台，诸如淘宝的"拍立淘"、京东的"拍照购"、当当的"拍照购"、搜狗的"拍照搜衣"、拍图购、衣+、手机百度、手机360搜索、微软识花和形色等。

国外移动视觉搜索平台，比如 Google Goggles、Nokia's Point&Find、Kooaba、oMoby 和 Mobile Acuity 等。

提醒：本研究移动视觉搜索(MVS)平台主要指淘宝的"拍立淘"和京东的"拍照购"等移动电子商务平台的拍照搜索。

第一部分　MVS平台用户体验影响因素初始量表修订稿

1. 信息质量(Information Quality)：在利用 MVS 平台进行图片搜索时，用户对 MVS 平台搜索出的产品图片等信息的感知，并且受到"准确性、真伪性、完整性"三个维度的影响。

1.1　准确性(Accuracy)是指 MVS 平台搜索出的产品图片等信息的准确程度。

测　量　题　目	1	2	3	4	5	6	7
MVS平台搜索出的产品图片等信息是正确的							
MVS平台搜索出的产品图片等信息很少有错误							
MVS平台搜索出的产品图片等信息是准确的							
MVS平台搜索出的产品图片等信息正是我需要的							

续表

测 量 题 目	1	2	3	4	5	6	7
MVS 平台搜索出的产品图片等信息在颜色、纹理、形状等方面符合我的要求							

1.2　真伪性(Authenticity)是指 MVS 平台搜索出的产品图片的真实程度。

测 量 题 目	1	2	3	4	5	6	7
我感觉 MVS 平台搜索出的有些产品图片是处理过的							
我感觉 MVS 平台搜索出的有些产品是廉价的							
我感觉 MVS 平台搜索出的有些穿戴类产品是仿制的							
我感觉 MVS 平台搜索出的有些书籍影像制品是盗版的							
MVS 平台搜索出的有些产品图片等信息与实际产品不符							

1.3　完整性(Completeness)是指 MVS 平台搜索出的产品图片等信息内容的全面性以及产品种类的丰富性。

测 量 题 目	1	2	3	4	5	6	7
MVS 平台搜索出的产品描述信息是完整的(Complete)							
MVS 平台搜索出的产品描述信息是详细的							

续表

测 量 题 目	1	2	3	4	5	6	7
MVS平台搜索出的产品描述信息是全面的(Comprehensive)							
MVS平台搜索出的产品数量非常多							
MVS平台搜索出的产品种类非常多							

2. 系统质量(System Quality)：在利用MVS平台进行图片搜索时，用户对MVS平台在搜索和输出产品图片等信息过程中的性能的感知，并且受到"便利性、及时性、可达性、灵活性"四个维度的影响。

2.1 便利性(Convenience)是指用户使用MVS平台进行图片搜索的轻松或困难程度。

测 量 题 目	1	2	3	4	5	6	7
对我来说，MVS平台的操作很简单							
对我来说，MVS平台的操作很方便							
对我来说，MVS平台的操作很快捷							
MVS平台为我的生活提供很多便利							

2.2 及时性(Timeliness)：是指MVS平台提供用户想要搜索的结果的速度快慢。

测 量 题 目	1	2	3	4	5	6	7
MVS平台打开界面响应快速							
MVS平台搜索请求响应快速							
MVS平台图片识别速度很快							
MVS平台信息检索速度很快							
MVS平台搜索结果立刻反馈							

2.3 可达性（Accessibility）：是指用户能够快速访问MVS平台的普及程度。

测 量 题 目	1	2	3	4	5	6	7
我很方便就找到MVS平台的入口							
我很轻松就能访问MVS平台							
我很容易就能访问MVS平台							
我可以使用"一键"打开MVS平台							
使用MVS平台进行搜索时，我不用点击几步即可进入							

2.4 灵活性（Flexibility）：是指MVS平台根据新的情况、需求或环境而改变或调整的能力。

测 量 题 目	1	2	3	4	5	6	7
在使用MVS平台时，我能够灵活地在图片上圈定搜索范围							
在使用MVS平台时，我能够灵活地在图片上调整搜索范围大小							
MVS平台能够适应各种各样的需求，如各类产品的图片搜索							
MVS平台能够灵活地适应新的需求，如搜索结果可以根据圈定图片搜索范围大小而自动改变							
MVS平台能够灵活地应对图片搜索过程中出现的需求，如从各种视角拍摄图片进行搜索							

3. 服务质量(Service Quality)：在 MVS 平台支持产品图片搜索和个人用户的具体任务过程中，用户对 MVS 平台提供的服务的感知，并且受到"有形性、移情性"两个维度的影响。

3.1 有形性(Tangibility)：是指 MVS 平台操作界面的清晰性，版面的简洁性，以及视觉上的吸引力。

测 量 题 目	1	2	3	4	5	6	7
MVS 平台的按钮清楚							
MVS 平台的入口清晰							
MVS 平台的页面简洁							
MVS 平台的页面布局合理、长度合适							
MVS 平台的页面在视觉上很吸引人							

3.2 移情性(Empathy)：是指 MVS 平台为用户在搜索产品图片等信息过程中提供关心和关注。

测 量 题 目	1	2	3	4	5	6	7
MVS 平台能够给我提供推荐服务，如"猜你喜欢"							
MVS 平台能够给我提供信息提示服务，如"点我照亮"							
MVS 平台能够给我提供搜索"历史记录"服务							
MVS 平台能够给我提供"打开相册"或"操作帮助"等服务							
MVS 平台能够给我提供二次筛选服务，如按照销量或其他分类进行筛选							

第二部分 问卷反馈

1. 该调查问卷的说明部分是否清晰，为什么？

2. 您如何理解 MVS 平台？

3. 您如何理解"1.1 准确性"中各个测量题目，这些题目表述是否清晰。

   如果否，请给出解释：

4. 您如何理解"1.2 真伪性"中各个测量题目，这些题目表述是否清晰。

   如果否，请给出解释：

5. 您如何理解"1.3 完整性"中各个测量题目，这些题目表述是否清晰。

   如果否，请给出解释：

6. 您如何理解"2.1 便利性"中各个测量题目，这些题目表述是否清晰。

   如果否，请给出解释：

7. 您如何理解"2.2 及时性"中各个测量题目，这些题目表述是否清晰。

   如果否，请给出解释：

8. 您如何理解"2.3 可达性"中各个测量题目，这些题目表述是否清晰。

如果否，请给出解释：

9. 您如何理解"2.4 灵活性"中各个测量题目，这些题目表述是否清晰。

如果否，请给出解释：

10. 您如何理解"3.1 有形性"中各个测量题目，这些题目表述是否清晰。

如果否，请给出解释：

11. 您如何理解"3.2 移情性"中各个测量题目，这些题目表述是否清晰。

如果否，请给出解释：

12. 请从总体上对如何改进该调查表提出意见或建议？

附录5 移动视觉搜索平台用户体验影响因素探索性因子分析调查问卷

尊敬的女士/先生：

您好！

本次调查问卷旨在了解被调查者对移动视觉搜索(MVS)平台用户体验影响因素的理解和判断。为了确保本研究的有效性，请根据您使用MVS平台的实际体验填写此问卷，您的答卷对做好本研究非常重要。本问卷实行匿名制，所有数据仅用于学术研究，题目选项无对错之分，绝不单独对外公开，请您放心填写。感谢您的大力支持！

1. 移动视觉搜索概念

移动视觉搜索是指利用移动终端将真实世界中实体对象的图像或视频(视觉对象)作为检索项，通过移动互联网搜索视觉对象关联信息的一种交互式信息检索方式。

2. 移动视觉搜索平台

国内移动视觉搜索平台，诸如淘宝的"拍立淘"、京东的"拍照购"、当当的"拍照购"、搜狗的"拍照搜衣"、拍图购、衣+、手机百度、手机360搜索、微软识花和形色等。

国外移动视觉搜索平台，比如Google Goggles、Nokia's Point & Find、Kooaba、oMoby和Mobile Acuity等。

提醒：本研究移动视觉搜索(MVS)平台主要指淘宝的"拍立淘"和京东的"拍照购"等移动电子商务平台的拍照搜索。

第一部分　基本信息

1. 您的性别

□男

□女

2. 您的年龄段

□24 岁以下

□25～30 岁

□31～35 岁

□36～40 岁

□41 岁以上

3. 您目前的受教育水平

□专科及以下

□本科

□硕士

□博士及以上

4. 您是否使用过 MVS 平台(淘宝的"拍立淘"、京东的"拍照购"、当当的"拍照购"、搜狗的"拍照搜衣"、拍图购、衣+)

□是(继续问卷)

□否(结束问卷，感谢您的配合)

5. 您使用 MVS 平台的经验

□半年以下

□半年～1 年(不含 1 年)

□1 年～2 年(不含 2 年)

□2 年～3 年(不含 3 年)

□3 年及以上

第二部分　MVS平台用户体验影响因素调查

请根据您对下列各项描述的主观感受，在对应的数字上打
"√"。其中，"1"为完全不同意、"2"为不同意、"3"为比较不同
意、"4"为不确定、"5"为比较同意、"6"为同意、"7"为完全
同意。

注：

（1）如您对第 26 题、27 题、28 题不熟悉或不明白，请参见下
图 1 或打开手机试一试。

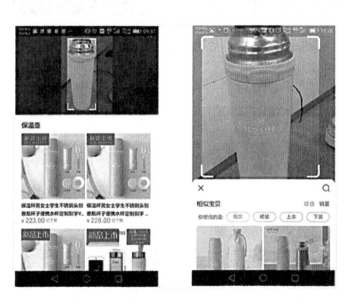

（2）如您对第 35 题不熟悉或不明白，请参见下图 2 或打开手
机试一试。

（3）如您对第 36 题、37 题不熟悉或不明白，请参见下图 3 或打开手机试一试。

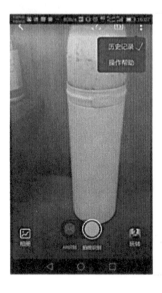
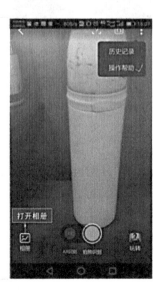

1. MVS 平台搜索出的产品图片等信息是正确的(Correct)。

| 1 | 2 | 3 | 4 | 5 | 6 | 7 |

完全
不同意

完全
同意

2. MVS 平台搜索出的产品图片等信息很少有错误。

| 1 | 2 | 3 | 4 | 5 | 6 | 7 |

完全
不同意

完全
同意

3. MVS 平台搜索出的产品图片等信息是准确的(Accurate)。

| 1 | 2 | 3 | 4 | 5 | 6 | 7 |

完全
不同意

完全
同意

4. MVS 平台搜索出的产品图片等信息正是我需要的。

| 1 | 2 | 3 | 4 | 5 | 6 | 7 |

完全
不同意

完全
同意

5. MVS 平台搜索出的产品图片等信息在颜色、纹理、形状等方面符合我的要求。

| 1 | 2 | 3 | 4 | 5 | 6 | 7 |

完全
不同意

完全
同意

6. 我感觉 MVS 平台搜索出的有些产品图片是修饰过的。

1	2	3	4	5	6	7

完全
不同意

完全
同意

7. 我感觉 MVS 平台搜索出的有些产品图片是伪造的。

1	2	3	4	5	6	7

完全
不同意

完全
同意

8. 我感觉 MVS 平台搜索出的有些产品图片是假冒的。

1	2	3	4	5	6	7

完全
不同意

完全
同意

9. 我感觉 MVS 平台搜索出的有些产品图片不是实际产品拍摄的。

1	2	3	4	5	6	7

完全
不同意

完全
同意

10. MVS 平台搜索出的产品描述信息是完整的(Complete)。

1	2	3	4	5	6	7

完全
不同意

完全
同意

11. MVS 平台搜索出的产品描述信息是详细的(Detailed)。

1	2	3	4	5	6	7

完全
不同意

完全
同意

12. MVS 平台搜索出的产品描述信息是全面的(Comprehensive)。

1	2	3	4	5	6	7

完全
不同意

完全
同意

13. MVS 平台搜索出的产品数量非常多。

1	2	3	4	5	6	7

完全
不同意

完全
同意

14. MVS 平台搜索出的产品种类比较多。

1	2	3	4	5	6	7

完全
不同意

完全
同意

15. 对我来说，MVS 平台的操作很简单。

1	2	3	4	5	6	7

完全
不同意

完全
同意

16. 对我来说，MVS 平台的操作很方便。

1	2	3	4	5	6	7

完全
不同意

完全
同意

17. 对我来说，MVS 平台的操作很快捷。

1	2	3	4	5	6	7

完全
不同意

完全
同意

18. MVS 平台搜索请求响应快速。

1	2	3	4	5	6	7

完全
不同意

完全
同意

19. MVS 平台图片识别速度很快。

1	2	3	4	5	6	7

完全
不同意

完全
同意

20. MVS 平台信息检索速度很快。

1	2	3	4	5	6	7

完全
不同意

完全
同意

21. MVS 平台搜索结果立刻反馈。

1	2	3	4	5	6	7

完全
不同意

完全
同意

22. 我很方便就找到 MVS 平台的入口。

1	2	3	4	5	6	7

完全
不同意

完全
同意

23. 我可以很轻松打开 MVS 平台。

1	2	3	4	5	6	7

完全
不同意

完全
同意

24. 我很容易就能访问 MVS 平台。

1	2	3	4	5	6	7

完全
不同意

完全
同意

25. 我感觉使用 MVS 平台的步骤很简单。

1	2	3	4	5	6	7

完全
不同意

完全
同意

26. 在使用 MVS 平台时,我能够灵活地在图片上圈定搜索范围(请参见上图 1 或打开手机试一试)。

1	2	3	4	5	6	7

完全
不同意

完全
同意

27. 在使用 MVS 平台时,我能够灵活地在图片上调整搜索范围大小(请参见上图 1 或打开手机试一试)。

1	2	3	4	5	6	7

完全
不同意

完全
同意

28. MVS 平台能够灵活地适应新的需求,如搜索结果可以根据圈定图片搜索范围大小而自动改变(请参见上图 1 或打开手机试一试)。

1	2	3	4	5	6	7

完全
不同意

完全
同意

29. MVS 平台能够适应各种各样的需求,如各类产品的图片搜索。

1	2	3	4	5	6	7

完全
不同意

完全
同意

30. MVS 平台的按钮清楚。

1	2	3	4	5	6	7

完全　　　　　　　　　　　　　　　　　　　　　　　　完全
不同意　　　　　　　　　　　　　　　　　　　　　　　同意

31. MVS 平台的入口清晰。

1	2	3	4	5	6	7

完全　　　　　　　　　　　　　　　　　　　　　　　　完全
不同意　　　　　　　　　　　　　　　　　　　　　　　同意

32. MVS 平台的页面简洁。

1	2	3	4	5	6	7

完全　　　　　　　　　　　　　　　　　　　　　　　　完全
不同意　　　　　　　　　　　　　　　　　　　　　　　同意

33. MVS 平台的页面布局合理、长度合适。

1	2	3	4	5	6	7

完全　　　　　　　　　　　　　　　　　　　　　　　　完全
不同意　　　　　　　　　　　　　　　　　　　　　　　同意

34. MVS 平台能够给我提供推荐服务，如"猜你喜欢"。

1	2	3	4	5	6	7

完全　　　　　　　　　　　　　　　　　　　　　　　　完全
不同意　　　　　　　　　　　　　　　　　　　　　　　同意

35. MVS 平台能够给我提供信息提示服务，如"对准目标拍照识别""点击开启闪光灯"等(请参见上图 2 或打开手机试一试)。

1	2	3	4	5	6	7

完全
不同意

完全
同意

36. MVS 平台能够给我提供搜索"历史记录"服务(请参见上图 3 或打开手机试一试)。

1	2	3	4	5	6	7

完全
不同意

完全
同意

37. MVS 平台能够给我提供"打开相册"或"操作帮助"等服务 (请参见上图 3 或打开手机试一试)。

1	2	3	4	5	6	7

完全
不同意

完全
同意

38. MVS 平台能够给我提供二次筛选服务，如按照销量或其他分类进行筛选。

1	2	3	4	5	6	7

完全
不同意

完全
同意

附录6 移动视觉搜索平台用户体验影响因素验证性因子分析调查问卷

尊敬的女士/先生：

您好！

本次调查问卷旨在了解被调查者对移动视觉搜索（MVS）平台用户体验影响因素的理解和判断。为了确保本研究的有效性，请根据您使用 MVS 平台的实际体验填写此问卷，您的答卷对做好本研究非常重要。本问卷实行匿名制，所有数据仅用于学术研究，题目选项无对错之分，绝不单独对外公开，请您放心填写。感谢您的大力支持！

1. 移动视觉搜索概念

移动视觉搜索是指利用移动终端将真实世界中实体对象的图像或视频（视觉对象）作为检索项，通过移动互联网搜索视觉对象关联信息的一种交互式信息检索方式。

2. 移动视觉搜索平台

国内移动视觉搜索平台，诸如淘宝的"拍立淘"、京东的"拍照购"、当当的"拍照购"、搜狗的"拍照搜衣"、拍图购、衣+、手机百度、手机360搜索、微软识花和形色等。

国外移动视觉搜索平台，比如 Google Goggles、Nokia's Point&Find、Kooaba、oMoby 和 Mobile Acuity 等。

提醒：本研究移动视觉搜索（MVS）平台主要指淘宝的"拍立淘"和京东的"拍照购"等移动电子商务平台的拍照搜索。

第一部分　基本信息

1. 您的性别

□ 男

□ 女

2. 您的年龄段

□ 24 岁以下

□ 25 ~ 30 岁

□ 31 ~ 35 岁

□ 36 ~ 40 岁

□ 41 岁以上

3. 您目前的受教育水平

□ 专科及以下

□ 本科

□ 硕士

□ 博士及以上

4. 您是否使用过 MVS 平台(淘宝的"拍立淘"、京东的"拍照购"、当当的"拍照购"、搜狗的"拍照搜衣"、拍图购、衣+)

□ 是(继续问卷)

□ 否(结束问卷，感谢您的配合)

5. 您使用 MVS 平台的经验

□ 半年以下

□ 半年 ~ 1 年(不含 1 年)

□ 1 年 ~ 2 年(不含 2 年)

□ 2 年 ~ 3 年(不含 3 年)

□ 3 年及以上

第二部分　MVS平台用户体验影响因素调查

请根据您对下列各项描述的主观感受，在对应的数字上打"√"。其中，"1"为完全不同意、"2"为不同意、"3"为比较不同意、"4"为不确定、"5"为比较同意、"6"为同意、"7"为完全同意。

注：

（1）如您对第20题、21题、22题不熟悉或不明白，请参见下图1或打开手机试一试。

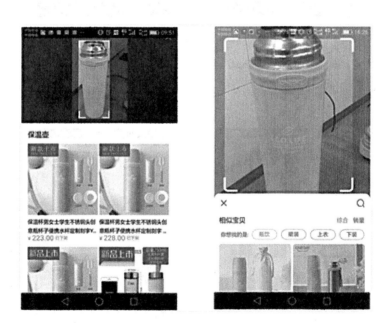

（2）如您对第24题不熟悉或不明白，请参见下图2或打开手机试一试。

（3）如您对第25题、26题不熟悉或不明白，请参见下图3或打开手机试一试。

1. MVS 平台搜索出的产品图片等信息是正确的(Correct)。

| 1 | 2 | 3 | 4 | 5 | 6 | 7 |

完全
不同意　　　　　　　　　　　　　　　　　　　　　　　完全
　　　　　　　　　　　　　　　　　　　　　　　　　　同意

2. MVS 平台搜索出的产品图片等信息很少有错误。

| 1 | 2 | 3 | 4 | 5 | 6 | 7 |

完全
不同意　　　　　　　　　　　　　　　　　　　　　　　完全
　　　　　　　　　　　　　　　　　　　　　　　　　　同意

3. MVS 平台搜索出的产品图片等信息是准确的(Accurate)。

| 1 | 2 | 3 | 4 | 5 | 6 | 7 |

完全
不同意　　　　　　　　　　　　　　　　　　　　　　　完全
　　　　　　　　　　　　　　　　　　　　　　　　　　同意

4. MVS 平台搜索出的产品图片等信息正是我需要的。

| 1 | 2 | 3 | 4 | 5 | 6 | 7 |

完全
不同意　　　　　　　　　　　　　　　　　　　　　　　完全
　　　　　　　　　　　　　　　　　　　　　　　　　　同意

5. MVS 平台搜索出的产品图片等信息在颜色、纹理、形状等方面符合我的要求。

| 1 | 2 | 3 | 4 | 5 | 6 | 7 |

完全
不同意　　　　　　　　　　　　　　　　　　　　　　　完全
　　　　　　　　　　　　　　　　　　　　　　　　　　同意

6. MVS 平台搜索出的产品描述信息是完整的（Complete）。

1	2	3	4	5	6	7

完全
不同意

完全
同意

7. MVS 平台搜索出的产品描述信息是详细的（Detailed）。

1	2	3	4	5	6	7

完全
不同意

完全
同意

8. MVS 平台搜索出的产品描述信息是全面的（Comprehensive）。

1	2	3	4	5	6	7

完全
不同意

完全
同意

9. 对我来说，MVS 平台的操作很简单。

1	2	3	4	5	6	7

完全
不同意

完全
同意

10. 对我来说，MVS 平台的操作很方便。

1	2	3	4	5	6	7

完全
不同意

完全
同意

11. 对我来说，MVS 平台的操作很快捷。

| 1 | 2 | 3 | 4 | 5 | 6 | 7 |

完全
不同意

完全
同意

12. MVS 平台搜索请求响应快速。

| 1 | 2 | 3 | 4 | 5 | 6 | 7 |

完全
不同意

完全
同意

13. MVS 平台图片识别速度很快。

| 1 | 2 | 3 | 4 | 5 | 6 | 7 |

完全
不同意

完全
同意

14. MVS 平台信息检索速度很快。

| 1 | 2 | 3 | 4 | 5 | 6 | 7 |

完全
不同意

完全
同意

15. MVS 平台搜索结果立刻反馈。

| 1 | 2 | 3 | 4 | 5 | 6 | 7 |

完全
不同意

完全
同意

16. 我很方便就找到 MVS 平台的入口。

1	2	3	4	5	6	7

完全
不同意

完全
同意

17. 我可以很轻松打开 MVS 平台。

1	2	3	4	5	6	7

完全
不同意

完全
同意

18. 我很容易就能访问 MVS 平台。

1	2	3	4	5	6	7

完全
不同意

完全
同意

19. 我感觉使用 MVS 平台的步骤很简单。

1	2	3	4	5	6	7

完全
不同意

完全
同意

20. 在使用 MVS 平台时，我能够灵活地在图片上圈定搜索范围(请参见上图 1 或打开手机试一试)。

1	2	3	4	5	6	7

完全
不同意

完全
同意

21. 在使用 MVS 平台时，我能够灵活地在图片上调整搜索范围大小(请参见上图 1 或打开手机试一试)。

1	2	3	4	5	6	7

完全
不同意

完全
同意

22. MVS 平台能够灵活地适应新的需求，如搜索结果可以根据圈定图片搜索范围大小而自动改变(请参见上图 1 或打开手机试一试)。

1	2	3	4	5	6	7

完全
不同意

完全
同意

23. MVS 平台能够适应各种各样的需求，如各类产品的图片搜索。

1	2	3	4	5	6	7

完全
不同意

完全
同意

24. MVS 平台能够给我提供信息提示服务，如"对准目标拍照识别""点击开启闪光灯"等(请参见上图 2 或打开手机试一试)。

1	2	3	4	5	6	7

完全
不同意

完全
同意

341

25. MVS平台能够给我提供搜索"历史记录"服务(请参见上图3或打开手机试一试)。

| 1 | 2 | 3 | 4 | 5 | 6 | 7 |

完全
不同意

完全
同意

26. MVS平台能够给我提供"打开相册"或"操作帮助"等服务(请参见上图3或打开手机试一试)。

| 1 | 2 | 3 | 4 | 5 | 6 | 7 |

完全
不同意

完全
同意

27. MVS平台能够给我提供二次筛选服务,如按照销量或其他分类进行筛选。

| 1 | 2 | 3 | 4 | 5 | 6 | 7 |

完全
不同意

完全
同意

附录7　移动视觉搜索平台用户体验调查问卷

尊敬的女士/先生：

您好！

本次调查问卷旨在进一步研究移动视觉搜索（MVS）平台用户体验影响因素的作用机理。为了确保本研究的有效性，请根据您使用MVS平台的实际体验填写此问卷，您的答卷对做好本研究非常重要。本问卷实行匿名制，所有数据仅用于学术研究，题目选项无对错之分，绝不单独对外公开，请您放心填写。感谢您的大力支持！

1. 移动视觉搜索概念

移动视觉搜索是指利用移动终端将真实世界中实体对象的图像或视频（视觉对象）作为检索项，通过移动互联网搜索视觉对象关联信息的一种交互式信息检索方式。

2. 移动视觉搜索平台

国内移动视觉搜索平台，诸如淘宝的"拍立淘"、京东的"拍照购"、当当的"拍照购"、搜狗的"拍照搜衣"、拍图购、衣+、手机百度、手机360搜索、微软识花和形色等。

国外移动视觉搜索平台，比如Google Goggles、Nokia's Point&Find、Kooaba、oMoby和Mobile Acuity等。

提醒：本研究移动视觉搜索（MVS）平台主要指淘宝的"拍立淘"和京东的"拍照购"等移动电子商务平台的拍照搜索。

第一部分 基本信息

1. 您的性别

□男

□女

2. 您的年龄段

□24 岁以下

□25~30 岁

□31~35 岁

□36~40 岁

□41 岁以上

3. 您目前的受教育水平

□专科及以下

□本科

□硕士

□博士及以上

4. 您是否使用过 MVS 平台(淘宝的"拍立淘"、京东的"拍照购"、当当的"拍照购"、搜狗的"拍照搜衣"、拍图购、衣+)

□是(继续问卷)

□否(结束问卷,感谢您的配合)

5. 您使用 MVS 平台的经验

□半年以下

□半年~1 年(不含 1 年)

□1 年~2 年(不含 2 年)

□2 年~3 年(不含 3 年)

□3 年及以上

第二部分 MVS平台用户体验调查

请根据您对下列各项描述的主观感受，在对应的数字上打"√"。其中，"1"为完全不同意、"2"为不同意、"3"为比较不同意、"4"为不确定、"5"为比较同意、"6"为同意、"7"为完全同意。

注：

（1）如您对第16题、17题、18题不熟悉或不明白，请参见下图1或打开手机试一试。

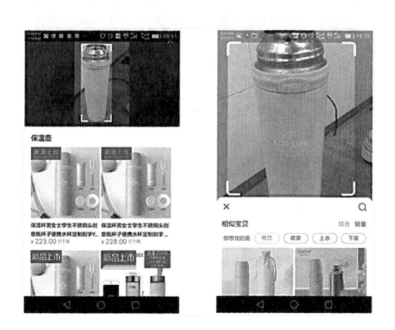

（2）如您对第23题、24题不熟悉或不明白，请参见下图2或打开手机试一试。

（说明：1-10题是对 MVS 平台信息质量的测量。）

1. MVS 平台搜索出的产品图片等信息是正确的（Correct）。

1	2	3	4	5	6	7

完全
不同意

完全
同意

2. MVS 平台搜索出的产品图片等信息很少有错误。

1	2	3	4	5	6	7

完全
不同意

完全
同意

3. MVS 平台搜索出的产品图片等信息是准确的（Accurate）。

1	2	3	4	5	6	7

完全
不同意

完全
同意

4. MVS 平台搜索出的产品图片等信息正是我需要的。

1	2	3	4	5	6	7

完全
不同意

完全
同意

5. MVS 平台搜索出的产品描述信息是完整的（Complete）。

1	2	3	4	5	6	7

完全
不同意

完全
同意

6. MVS 平台搜索出的产品描述信息是详细的（Detailed）。

1	2	3	4	5	6	7

完全
不同意

完全
同意

7. MVS 平台搜索出的产品描述信息是全面的（Comprehensive）。

1	2	3	4	5	6	7

完全
不同意

完全
同意

8. 总的来说，我会给 MVS 平台的图片等信息打高分。

1	2	3	4	5	6	7

完全
不同意

完全
同意

9. 总的来说，我会在质量方面对 MVS 平台提供的图片等信息给予很高的评价。

1	2	3	4	5	6	7

完全
不同意

完全
同意

10. 一般来说，MVS 平台为我提供了高质量的图片等信息。

1	2	3	4	5	6	7

完全
不同意

完全
同意

（说明：11-22 题是对 MVS 平台系统质量的测量）

11. 对我来说，MVS 平台的操作很简单。

1	2	3	4	5	6	7

完全
不同意

完全
同意

12. 对我来说，MVS 平台的操作很快捷。

1	2	3	4	5	6	7

完全
不同意 　　　　　　　　　　　　　　　　　　　　完全
　　　　　　　　　　　　　　　　　　　　　　　同意

13. MVS 平台搜索结果立刻反馈。

1	2	3	4	5	6	7

完全
不同意 　　　　　　　　　　　　　　　　　　　　完全
　　　　　　　　　　　　　　　　　　　　　　　同意

14. 我可以很轻松打开 MVS 平台。

1	2	3	4	5	6	7

完全
不同意 　　　　　　　　　　　　　　　　　　　　完全
　　　　　　　　　　　　　　　　　　　　　　　同意

15. 我感觉使用 MVS 平台的步骤很简单。

1	2	3	4	5	6	7

完全
不同意 　　　　　　　　　　　　　　　　　　　　完全
　　　　　　　　　　　　　　　　　　　　　　　同意

349

16. 在使用 MVS 平台时，我能够灵活地在图片上圈定搜索范围(请参见上图 1 或打开手机试一试)。

1	2	3	4	5	6	7

完全
不同意 　　　　　　　　　　　　　　　　　　　　完全
　　　　　　　　　　　　　　　　　　　　　　　同意

17. 在使用 MVS 平台时，我能够灵活地在图片上调整搜索范围大小(请参见上图 1 或打开手机试一试)。

1	2	3	4	5	6	7

完全　　　　　　　　　　　　　　　　　　　　　完全
不同意　　　　　　　　　　　　　　　　　　　　同意

18. MVS 平台能够灵活地适应新的需求，如搜索结果可以根据圈定图片搜索范围大小而自动改变(请参见上图 1 或打开手机试一试)。

1	2	3	4	5	6	7

完全　　　　　　　　　　　　　　　　　　　　　完全
不同意　　　　　　　　　　　　　　　　　　　　同意

19. MVS 平台能够适应各种各样的需求，如各类产品的图片搜索。

1	2	3	4	5	6	7

完全　　　　　　　　　　　　　　　　　　　　　完全
不同意　　　　　　　　　　　　　　　　　　　　同意

20. 在系统质量方面，我对 MVS 平台的评价很高。

1	2	3	4	5	6	7

完全　　　　　　　　　　　　　　　　　　　　　完全
不同意　　　　　　　　　　　　　　　　　　　　同意

21. 总的来说，我使用的 MVS 平台系统是高质量的。

1	2	3	4	5	6	7

完全　　　　　　　　　　　　　　　　　　　　　完全
不同意　　　　　　　　　　　　　　　　　　　　同意

22. 总的来说，我对 MVS 平台系统的质量给予很高的评价。

1	2	3	4	5	6	7

完全　　　　　　　　　　　　　　　　　　　　　完全
不同意　　　　　　　　　　　　　　　　　　　　同意

（说明：23-28 题是对 MVS 平台服务质量的测量）

23. MVS 平台能够给我提供搜索"历史记录"服务（请参见上图 2 或打开手机试一试）。

1	2	3	4	5	6	7

完全　　　　　　　　　　　　　　　　　　　　　完全
不同意　　　　　　　　　　　　　　　　　　　　同意

24. MVS 平台能够给我提供"打开相册"或"操作帮助"等服务（请参见上图 2 或打开手机试一试）。

1	2	3	4	5	6	7

完全　　　　　　　　　　　　　　　　　　　　　完全
不同意　　　　　　　　　　　　　　　　　　　　同意

25. MVS 平台能够给我提供二次筛选服务，例如按照销量或其他分类进行筛选。

1	2	3	4	5	6	7

完全
不同意   完全
                                                                同意

26. 总的来说，我从 MVS 平台上获得的服务质量水平是不错的。

1	2	3	4	5	6	7

完全
不同意   完全
                                                                同意

27. 总的来说，我从 MVS 平台上获得的服务质量水平是非常好的。

1	2	3	4	5	6	7

完全
不同意   完全
                                                                同意

28. 总的来说，我从 MVS 平台上获得的服务质量水平是很高的。

1	2	3	4	5	6	7

完全
不同意   完全
                                                                同意

（说明：29-52，56-58 题是对 MVS 平台用户体验心理反应的测量）

29. 使用 MVS 平台提高了搜索效能。

1	2	3	4	5	6	7

完全
不同意   完全
                                                                            同意

30. 使用 MVS 平台提高了搜索效率。

1	2	3	4	5	6	7

完全
不同意   完全
                                                                            同意

31. 使用 MVS 平台增强了搜索效果。

1	2	3	4	5	6	7

完全
不同意   完全
                                                                            同意

32. 我发现 MVS 平台对我搜索产品是有用的。

1	2	3	4	5	6	7

完全
不同意   完全
                                                                            同意

33. 使用 MVS 平台提高搜索效能，比我最初的预期要好。

1	2	3	4	5	6	7

完全
不同意   完全
                                                                            同意

34. 使用 MVS 平台提高搜索效率, 比我最初的预期要好。

1	2	3	4	5	6	7

完全
不同意 完全
同意

35. 使用 MVS 平台增强搜索效果, 比我最初的预期要好。

1	2	3	4	5	6	7

完全
不同意 完全
同意

36. MVS 平台对我搜索产品有用, 比我最初的预期要好。

1	2	3	4	5	6	7

完全
不同意 完全
同意

37. 学习使用 MVS 平台很容易。

1	2	3	4	5	6	7

完全
不同意 完全
同意

38. 熟练使用 MVS 平台很容易。

1	2	3	4	5	6	7

完全
不同意 完全
同意

39. 总的来说，我发现使用 MVS 平台很容易。

1	2	3	4	5	6	7

完全
不同意　　　　　　　　　　　　　　　　　　　　完全
　　　　　　　　　　　　　　　　　　　　　　　同意

40. 学习使用 MVS 平台很容易，超出了我的最初预期。

1	2	3	4	5	6	7

完全
不同意　　　　　　　　　　　　　　　　　　　　完全
　　　　　　　　　　　　　　　　　　　　　　　同意

41. 熟练使用 MVS 平台很容易，超出了我的最初预期。

1	2	3	4	5	6	7

完全
不同意　　　　　　　　　　　　　　　　　　　　完全
　　　　　　　　　　　　　　　　　　　　　　　同意

42. 总的来说，使用 MVS 平台很容易，超出了我的最初预期。

1	2	3	4	5	6	7

完全
不同意　　　　　　　　　　　　　　　　　　　　完全
　　　　　　　　　　　　　　　　　　　　　　　同意

43. 使用 MVS 平台是愉快的。

1	2	3	4	5	6	7

完全
不同意　　　　　　　　　　　　　　　　　　　　完全
　　　　　　　　　　　　　　　　　　　　　　　同意

44. 使用 MVS 平台是令人兴奋的。

1	2	3	4	5	6	7

完全
不同意   完全
                                                                      同意

45. 使用 MVS 平台是令人感兴趣的。

1	2	3	4	5	6	7

完全
不同意   完全
                                                                      同意

46. 使用 MVS 平台是好玩的。

1	2	3	4	5	6	7

完全
不同意   完全
                                                                      同意

47. 使用 MVS 平台是乐享的。

1	2	3	4	5	6	7

完全
不同意   完全
                                                                      同意

48. 使用 MVS 平台是愉快的，比我预想的要好。

1	2	3	4	5	6	7

完全
不同意   完全
                                                                      同意

49. 使用 MVS 平台是令人兴奋的，比我预想的要好。

1	2	3	4	5	6	7

完全
不同意　　　　　　　　　　　　　　　　　　　完全
　　　　　　　　　　　　　　　　　　　　　　同意

50. 使用 MVS 平台是令人感兴趣的，比我预想的要好。

1	2	3	4	5	6	7

完全
不同意　　　　　　　　　　　　　　　　　　　完全
　　　　　　　　　　　　　　　　　　　　　　同意

51. 使用 MVS 平台是好玩的，比我预想的要好。

1	2	3	4	5	6	7

完全
不同意　　　　　　　　　　　　　　　　　　　完全
　　　　　　　　　　　　　　　　　　　　　　同意

52. 使用 MVS 平台是乐享的，比我预想的要好。

1	2	3	4	5	6	7

完全
不同意　　　　　　　　　　　　　　　　　　　完全
　　　　　　　　　　　　　　　　　　　　　　同意

53. 我相信网商能够提供与其承诺一致的产品。

1	2	3	4	5	6	7

完全
不同意　　　　　　　　　　　　　　　　　　　完全
　　　　　　　　　　　　　　　　　　　　　　同意

54. 我相信我选择的网商能够提供优质的服务。

1	2	3	4	5	6	7

完全
不同意

完全
同意

55. 我相信网商会考虑消费者的利益。

1	2	3	4	5	6	7

完全
不同意

完全
同意

56. 我对 MVS 平台的性能感到满意。

1	2	3	4	5	6	7

完全
不同意

完全
同意

57. 我对使用 MVS 平台的体验感到满意。

1	2	3	4	5	6	7

完全
不同意

完全
同意

58. 我决定使用 MVS 平台是明智之举。

1	2	3	4	5	6	7

完全
不同意

完全
同意

（说明：59-61 题是对 MVS 平台用户体验行为反应的测量）

59. 我打算将来继续使用 MVS 平台。

1	2	3	4	5	6	7

完全
不同意

完全
同意

60. 我将来会继续使用 MVS 平台。

1	2	3	4	5	6	7

完全
不同意

完全
同意

61. 我将来会定期使用 MVS 平台。

1	2	3	4	5	6	7

完全
不同意

完全
同意

附录 8 一阶副范畴构念模型的样本协方差矩阵

rowtype_	varname_	eSysQ17	eSQ25	eSQ26	eSQ27	eSysQ20	eSysQ21	eSysQ22	eSysQ23	eIQ6	eIQ7	eIQ8	eIQ1	eIQ2	eIQ3	eIQ4	eSysQ9	eSysQ11	eSysQ15	eSysQ19
cov	eSysQ17	1.292																		
cov	eSQ25	0.376	1.171																	
cov	eSQ26	0.567	0.835	1.342																
cov	eSQ27	0.378	0.829	0.794	1.228															
cov	eSysQ20	0.645	0.622	0.741	0.661	1.767														
cov	eSysQ21	0.481	0.595	0.724	0.676	1.253	1.796													
cov	eSysQ22	0.372	0.602	0.667	0.737	1.111	1.416	1.718												

rowtype_	varname_	eSysQ17	eSQ25	eSQ26	eSQ27	eSysQ20	eSysQ21	eSysQ22	eSysQ23	eIQ6	eIQ7	eIQ8	eIQ1	eIQ2	eIQ3	eIQ4	eSysQ9	eSysQ11	eSysQ15	eSysQ19
cov	eSysQ23	0.203	0.618	0.519	0.614	0.788	0.879	0.855	1.485											
cov	eIQ6	0.245	0.405	0.405	0.488	0.352	0.357	0.38	0.328	1.118										
cov	eIQ7	0.377	0.477	0.492	0.483	0.451	0.402	0.349	0.382	0.844	1.301									
cov	eIQ8	0.365	0.378	0.469	0.459	0.637	0.614	0.526	0.438	0.552	0.8	1.132								
cov	eIQ1	0.332	0.231	0.228	0.22	0.277	0.224	0.313	0.438	0.214	0.37	0.36	0.95							
cov	eIQ2	0.291	0.3	0.47	0.422	0.347	0.286	0.415	0.429	0.336	0.479	0.412	0.561	1.385						
cov	eIQ3	0.351	0.369	0.387	0.261	0.339	0.174	0.362	0.36	0.282	0.411	0.373	0.579	0.711	1.004					
cov	eIQ4	0.302	0.317	0.349	0.324	0.303	0.192	0.236	0.333	0.259	0.404	0.399	0.512	0.539	0.624	0.863				
cov	eSysQ9	0.776	0.364	0.463	0.348	0.568	0.506	0.429	0.348	0.127	0.296	0.293	0.426	0.216	0.285	0.358	1.305			
cov	eSysQ11	0.747	0.462	0.586	0.401	0.523	0.426	0.315	0.405	0.208	0.345	0.311	0.343	0.239	0.257	0.296	0.674	0.978		
cov	eSysQ15	0.732	0.279	0.459	0.36	0.475	0.304	0.206	0.286	0.26	0.283	0.25	0.319	0.28	0.288	0.344	0.553	0.638	1.036	
cov	eSysQ19	0.93	0.597	0.637	0.529	0.635	0.433	0.376	0.358	0.265	0.341	0.305	0.388	0.254	0.345	0.401	0.8	0.834	0.791	1.403
n		280	280	280	280	280	280	280	280	280	280	280	280	280	280	280	280	280	280	280

361

附录9 因子载荷和交叉载荷

	ACC	COM	CUI	ED	EMP	EOUD	FLE	IQ	PE	PEOU	PT	PU	QUI	SAT	SQ	SysQ	UD
ACC1	0.818	0.547	0.354	0.367	0.287	0.209	0.33	0.585	0.366	0.187	0.341	0.378	0.247	0.447	0.432	0.481	0.471
ACC2	0.869	0.666	0.302	0.399	0.229	0.201	0.314	0.655	0.402	0.098	0.298	0.36	0.148	0.478	0.518	0.561	0.474
ACC3	0.898	0.669	0.367	0.448	0.204	0.242	0.299	0.671	0.441	0.127	0.348	0.388	0.181	0.518	0.553	0.578	0.526
ACC4	0.833	0.642	0.388	0.473	0.218	0.235	0.339	0.695	0.467	0.111	0.345	0.403	0.19	0.497	0.547	0.568	0.491
COM1	0.681	0.857	0.319	0.329	0.215	0.249	0.315	0.626	0.333	0.107	0.295	0.271	0.139	0.413	0.481	0.492	0.417
COM2	0.578	0.865	0.358	0.378	0.257	0.283	0.371	0.609	0.373	0.148	0.309	0.334	0.243	0.423	0.467	0.498	0.441
COM3	0.678	0.897	0.386	0.429	0.302	0.289	0.41	0.712	0.402	0.108	0.34	0.348	0.2	0.481	0.557	0.54	0.533
CUI1	0.387	0.382	0.931	0.608	0.335	0.394	0.359	0.483	0.525	0.372	0.371	0.55	0.306	0.66	0.478	0.455	0.512

续表

	ACC	COM	CUI	ED	EMP	EOUD	FLE	IQ	PE	PEOU	PT	PU	QUI	SAT	SQ	SysQ	UD
CUI2	0.379	0.343	0.943	0.579	0.324	0.387	0.336	0.448	0.531	0.342	0.336	0.537	0.332	0.641	0.43	0.434	0.472
CUI3	0.345	0.375	0.812	0.542	0.31	0.354	0.333	0.41	0.521	0.271	0.36	0.41	0.232	0.527	0.443	0.419	0.455
ED1	0.449	0.403	0.584	0.893	0.268	0.502	0.41	0.529	0.757	0.272	0.411	0.515	0.303	0.687	0.569	0.587	0.587
ED2	0.456	0.385	0.565	0.901	0.253	0.466	0.416	0.534	0.751	0.267	0.43	0.516	0.242	0.66	0.587	0.604	0.575
ED3	0.47	0.406	0.597	0.916	0.27	0.469	0.434	0.517	0.771	0.283	0.431	0.511	0.309	0.647	0.568	0.586	0.559
ED4	0.423	0.374	0.584	0.916	0.285	0.494	0.382	0.503	0.746	0.291	0.405	0.518	0.286	0.664	0.577	0.575	0.558
ED5	0.45	0.407	0.584	0.907	0.252	0.493	0.406	0.507	0.756	0.291	0.413	0.499	0.295	0.683	0.527	0.551	0.564
EMP1	0.201	0.179	0.221	0.249	0.743	0.288	0.354	0.257	0.322	0.277	0.196	0.272	0.362	0.244	0.301	0.316	0.306
EMP2	0.185	0.197	0.333	0.202	0.816	0.332	0.345	0.208	0.275	0.425	0.115	0.319	0.5	0.219	0.294	0.242	0.224
EMP3	0.255	0.31	0.309	0.251	0.845	0.283	0.412	0.301	0.314	0.365	0.168	0.347	0.415	0.273	0.443	0.313	0.277
EOUD1	0.235	0.29	0.353	0.424	0.357	0.878	0.463	0.274	0.387	0.507	0.224	0.309	0.402	0.338	0.388	0.397	0.44
EOUD2	0.241	0.277	0.385	0.472	0.296	0.872	0.42	0.277	0.414	0.522	0.239	0.348	0.361	0.36	0.372	0.368	0.48
EOUD3	0.208	0.258	0.369	0.501	0.319	0.873	0.411	0.298	0.474	0.541	0.272	0.329	0.473	0.429	0.374	0.381	0.411
FLE1	0.277	0.334	0.304	0.287	0.416	0.438	0.805	0.341	0.264	0.475	0.236	0.342	0.54	0.322	0.384	0.412	0.382

续表

	ACC	COM	CUI	ED	EMP	EQUD	FLE	IQ	PE	PEOU	PT	PU	QUI	SAT	SQ	SysQ	UD
FLE2	0.228	0.275	0.298	0.314	0.393	0.395	0.806	0.295	0.325	0.388	0.185	0.349	0.494	0.29	0.359	0.415	0.33
FLE3	0.29	0.334	0.289	0.376	0.376	0.423	0.846	0.411	0.36	0.36	0.302	0.345	0.495	0.387	0.486	0.512	0.358
FLE4	0.363	0.371	0.315	0.421	0.315	0.325	0.727	0.471	0.374	0.191	0.311	0.306	0.276	0.429	0.539	0.603	0.427
IQ1	0.674	0.696	0.474	0.54	0.262	0.317	0.444	0.902	0.505	0.211	0.407	0.45	0.288	0.615	0.602	0.641	0.569
IQ2	0.698	0.668	0.444	0.513	0.292	0.302	0.479	0.922	0.518	0.175	0.43	0.508	0.282	0.606	0.647	0.7	0.602
IQ3	0.696	0.655	0.434	0.493	0.323	0.259	0.409	0.882	0.478	0.167	0.345	0.492	0.284	0.559	0.609	0.627	0.585
PE1	0.436	0.404	0.524	0.695	0.345	0.463	0.412	0.521	0.826	0.314	0.371	0.566	0.399	0.64	0.583	0.595	0.584
PE2	0.417	0.393	0.504	0.711	0.323	0.429	0.407	0.49	0.866	0.276	0.424	0.495	0.304	0.569	0.556	0.537	0.537
PE3	0.452	0.361	0.473	0.716	0.311	0.392	0.388	0.486	0.889	0.266	0.413	0.508	0.355	0.571	0.481	0.52	0.533
PE4	0.4	0.319	0.502	0.724	0.312	0.408	0.289	0.429	0.839	0.295	0.343	0.468	0.303	0.532	0.487	0.482	0.422
PE5	0.4	0.332	0.492	0.723	0.325	0.394	0.314	0.441	0.858	0.299	0.366	0.488	0.292	0.55	0.492	0.519	0.438
PEOU1	0.139	0.139	0.329	0.267	0.405	0.5	0.357	0.167	0.286	0.886	0.137	0.338	0.583	0.249	0.266	0.258	0.207
PEOU2	0.166	0.158	0.307	0.271	0.394	0.575	0.406	0.208	0.317	0.926	0.163	0.327	0.568	0.256	0.334	0.264	0.231
PEOU3	0.107	0.081	0.369	0.305	0.406	0.558	0.399	0.181	0.321	0.916	0.199	0.417	0.598	0.265	0.315	0.247	0.281

续表

	ACC	COM	CUI	ED	EMP	EOUD	FLE	IQ	PE	PEOU	PT	PU	QUI	SAT	SQ	SysQ	UD
PT1	0.36	0.331	0.373	0.439	0.218	0.293	0.311	0.406	0.425	0.182	0.899	0.369	0.179	0.485	0.42	0.45	0.42
PT2	0.326	0.317	0.34	0.396	0.197	0.256	0.311	0.375	0.359	0.223	0.902	0.271	0.193	0.435	0.319	0.349	0.364
PT3	0.351	0.314	0.336	0.389	0.112	0.196	0.272	0.383	0.408	0.085	0.865	0.261	0.082	0.415	0.296	0.366	0.386
PU1	0.345	0.287	0.462	0.441	0.348	0.33	0.341	0.431	0.484	0.415	0.274	0.859	0.392	0.489	0.473	0.479	0.527
PU2	0.341	0.274	0.461	0.466	0.35	0.324	0.365	0.416	0.497	0.378	0.262	0.882	0.395	0.519	0.451	0.499	0.523
PU3	0.434	0.36	0.449	0.486	0.301	0.269	0.369	0.493	0.497	0.276	0.328	0.864	0.32	0.576	0.536	0.539	0.562
PU4	0.405	0.324	0.542	0.533	0.348	0.363	0.364	0.491	0.542	0.306	0.3	0.825	0.339	0.619	0.523	0.511	0.648
QUI1	0.194	0.196	0.254	0.217	0.46	0.375	0.422	0.27	0.276	0.506	0.129	0.364	0.851	0.245	0.26	0.292	0.24
QUI2	0.269	0.205	0.27	0.259	0.485	0.372	0.462	0.321	0.337	0.532	0.159	0.409	0.886	0.306	0.359	0.386	0.29
QUI3	0.202	0.234	0.293	0.349	0.387	0.383	0.496	0.298	0.382	0.46	0.194	0.332	0.779	0.33	0.378	0.382	0.294
QUI4	0.107	0.153	0.255	0.226	0.398	0.384	0.443	0.206	0.276	0.538	0.063	0.29	0.847	0.214	0.247	0.281	0.194
QUI5	0.13	0.125	0.291	0.253	0.472	0.479	0.479	0.203	0.332	0.672	0.151	0.355	0.838	0.231	0.269	0.312	0.254
SAT1	0.535	0.473	0.588	0.683	0.32	0.429	0.451	0.625	0.63	0.26	0.519	0.586	0.322	0.913	0.598	0.65	0.65
SAT2	0.543	0.481	0.617	0.689	0.287	0.416	0.424	0.608	0.614	0.282	0.447	0.605	0.301	0.928	0.611	0.624	0.663

365

续表

	ACC	COM	CUI	ED	EMP	EOUD	FLE	IQ	PE	PEOU	PT	PU	QUI	SAT	SQ	SysQ	UD
SAT3	0.474	0.422	0.659	0.639	0.237	0.334	0.384	0.563	0.586	0.228	0.407	0.574	0.259	0.889	0.565	0.59	0.58
SQ1	0.484	0.476	0.471	0.57	0.446	0.429	0.505	0.577	0.55	0.371	0.331	0.533	0.4	0.59	0.883	0.653	0.54
SQ2	0.568	0.558	0.451	0.571	0.408	0.4	0.554	0.647	0.557	0.303	0.356	0.53	0.343	0.586	0.944	0.76	0.553
SQ3	0.606	0.553	0.46	0.579	0.376	0.366	0.52	0.669	0.572	0.258	0.392	0.54	0.279	0.617	0.93	0.759	0.622
SysQ1	0.581	0.545	0.459	0.595	0.397	0.465	0.595	0.661	0.587	0.275	0.431	0.545	0.402	0.638	0.725	0.923	0.627
SysQ2	0.599	0.542	0.441	0.596	0.342	0.398	0.589	0.663	0.58	0.264	0.398	0.534	0.371	0.629	0.731	0.941	0.58
SysQ3	0.61	0.545	0.454	0.595	0.276	0.356	0.572	0.705	0.566	0.246	0.398	0.574	0.346	0.637	0.743	0.925	0.611
UD1	0.524	0.519	0.444	0.531	0.273	0.433	0.422	0.575	0.502	0.198	0.356	0.583	0.247	0.628	0.562	0.572	0.88
UD2	0.489	0.456	0.458	0.57	0.334	0.492	0.466	0.548	0.529	0.277	0.372	0.615	0.308	0.596	0.539	0.587	0.908
UD3	0.531	0.494	0.519	0.59	0.313	0.475	0.46	0.597	0.551	0.255	0.44	0.598	0.293	0.632	0.569	0.59	0.927
UD4	0.531	0.463	0.511	0.578	0.293	0.434	0.383	0.627	0.549	0.228	0.421	0.605	0.269	0.652	0.581	0.608	0.902

附录 10 区别效度分析

Variable	AVE	ACC	COM	CUI	ED	EMP	EOUD	FLE	IQ	PE	PEOU	PT	PU	QUI	SAT	SQ	SysQ	UD
ACC	0.731	**0.855**																
COM	0.763	0.741	**0.873**															
CUI	0.804	0.413	0.407	**0.897**														
ED	0.822	0.496	0.436	0.643	**0.907**													
EMP	0.644	0.272	0.297	0.360	0.293	**0.803**												
EOUD	0.764	0.260	0.313	0.422	0.535	0.370	**0.874**											
FLE	0.635	0.375	0.420	0.381	0.452	0.466	0.492	**0.797**										

367

续表

Variable	AVE	ACC	COM	CUI	ED	EMP	EOUD	FLE	IQ	PE	PEOU	PT	PU	QUI	SAT	SQ	SysQ	UD
IQ	0.814	0.764	0.746	0.499	0.571	0.324	0.325	0.493	**0.902**									
PE	0.732	0.493	0.424	0.584	0.834	0.378	0.489	0.425	0.555	**0.856**								
PEOU	0.827	0.151	0.137	0.369	0.310	0.442	0.600	0.427	0.204	0.339	**0.909**							
PT	0.790	0.389	0.361	0.395	0.461	0.200	0.282	0.336	0.437	0.449	0.184	**0.889**						
PU	0.736	0.447	0.365	0.561	0.565	0.393	0.376	0.421	0.537	0.591	0.398	0.341	**0.858**					
QUI	0.707	0.222	0.222	0.326	0.317	0.525	0.473	0.551	0.316	0.387	0.641	0.171	0.420	**0.841**				
SAT	0.828	0.569	0.504	0.683	0.737	0.309	0.432	0.461	0.658	0.670	0.282	0.503	0.647	0.323	**0.91**			
SQ	0.845	0.602	0.577	0.501	0.624	0.445	0.432	0.573	0.687	0.609	0.336	0.392	0.581	0.369	0.650	**0.919**		
SysQ	0.865	0.642	0.585	0.486	0.641	0.364	0.437	0.630	0.728	0.621	0.282	0.440	0.593	0.401	0.683	0.789	**0.93**	
UD	0.818	0.574	0.534	0.535	0.627	0.335	0.507	0.478	0.649	0.590	0.265	0.440	0.663	0.309	0.694	0.622	0.652	**0.905**

注：对角线粗体字为 AVE 的算术平方根，下三角为构念之间的皮尔逊（Pearson）相关系数。

附录 11　HTMT

	ACC	COM	CUI	ED	EMP	EOUD	FLE	IQ	PE	PEOU	PT	PU	QUI	SAT	SQ	SysQ
COM	0.856															
CUI	0.471	0.474														
ED	0.542	0.485	0.706													
EMP	0.334	0.359	0.447	0.349												
EOUD	0.302	0.371	0.49	0.595	0.476											
FLE	0.43	0.494	0.448	0.499	0.603	0.598										

续表

	ACC	COM	CUI	ED	EMP	EOUD	FLE	IQ	PE	PEOU	PT	PU	QUI	SAT	SQ	SysQ
IQ	0.865	0.86	0.567	0.625	0.394	0.374	0.56									
PE	0.549	0.481	0.657	0.899	0.462	0.554	0.48	0.617								
PEOU	0.173	0.16	0.413	0.336	0.546	0.687	0.518	0.229	0.375							
PT	0.446	0.42	0.454	0.507	0.247	0.325	0.386	0.498	0.503	0.207						
PU	0.505	0.419	0.631	0.615	0.483	0.434	0.496	0.604	0.657	0.45	0.384					
QUI	0.244	0.25	0.363	0.337	0.65	0.541	0.658	0.347	0.421	0.719	0.186	0.47				
SAT	0.64	0.577	0.767	0.8	0.376	0.493	0.524	0.739	0.742	0.315	0.568	0.722	0.352			
SQ	0.67	0.655	0.564	0.674	0.528	0.495	0.645	0.765	0.669	0.374	0.437	0.647	0.401	0.721		
SysQ	0.711	0.662	0.541	0.686	0.439	0.495	0.703	0.805	0.678	0.311	0.489	0.656	0.432	0.751	0.861	
UD	0.636	0.6	0.594	0.67	0.406	0.574	0.541	0.716	0.64	0.29	0.489	0.73	0.332	0.761	0.678	0.705

附录 12 决定系数、效应值与预测相关性

Construct	R Square	Q Square	f Square											
			CUI	ED	EOUD	IQ	PE	PEOU	PU	SAT	SQ	SysQ	UD
ACC						0.127							
COM						0.149							
CUI	0.466	0.355											
ED	0.706	0.541								0.127			
EMP											0.074		
EOUD	0.39	0.279								0.002			

续表

Construct	R Square	Q Square	f Square										
			CUI	ED	EOUD	IQ	PE	PEOU	PU	SAT	SQ	SysQ	UD
FLE													
IQ	0.726	0.556							0.068		0.069	0.291	
PE	0.423	0.288		1.675				0.05		0			
PEOU	0.123	0.095			0.509				0.086	0			
PU	0.423	0.289								0.06			0.587
QUI			0.873				0.385						
SAT	0.671	0.519											
SQ	0.674	0.537				0.202		0.009	0.083				
SysQ	0.46	0.374									0.447		
UD	0.492	0.377								0.075			

附录13 标准化路径系数

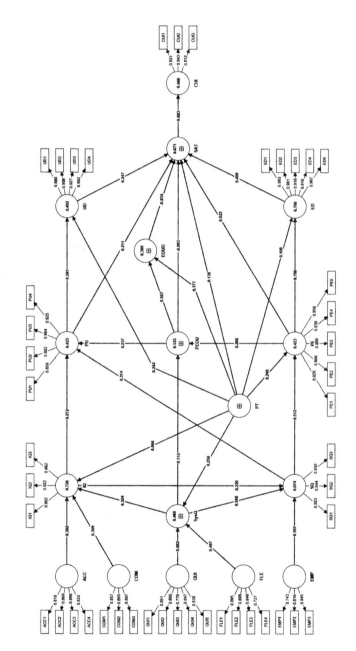

附录14 显著性值

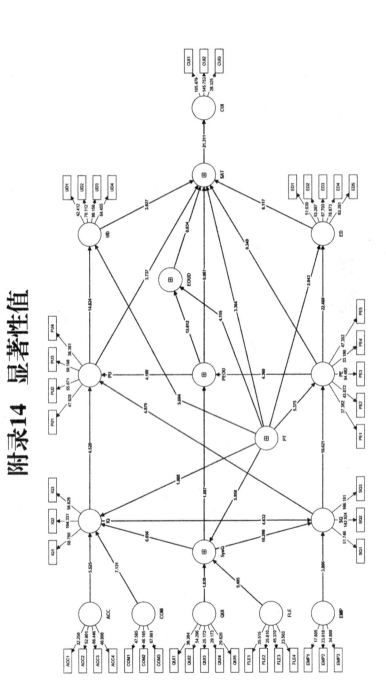